유럽민사법 공통참조기준안(DCFR) 부당이득편 연구

유럽민사법 공통참조기준안(DCFR) 부당이득편 연구

이상훈

景仁文化社

머리말

2009년 2월, '유럽민사법 공통참조기준안'(Draft Common Frame of Reference, DCFR) 최종본이 발표되었다. DCFR은 종래 유럽에서 시도된 개별 법분야에서의 법통일을 넘어 (동산에 관한) 재산법 전반의 법통일이라는 야심찬 기획하에 유럽민법전연구회와 현존EC사법연구단이 공동으로 성안하여 발표한 국제모델규정이다. 장차 '유럽민법전'을 염두에 둔 DCFR은 발표 전후는 물론 - 최근 유럽연합 통합 원동력의 상실로 주춤해진 것이 사실이나 - 지금까지도 유럽 각국의 학계에서 화제가 되고 있고, 그동안 우리나라에서도 많은 관심을 보이며 이에 대한 소개와 번역, 나아가 개별 편에 대한 연구성과 발표가 이어지고 있다. DCFR은 종래 우리가 접하기 어려웠던 유럽연합 개별 국가들의 법상황을 정리한 비교법 자료를 기반으로 하면서 유럽 법통일을 지향점 삼아 민사법상 적용되는 원리와 개념에 대한 정의를 넘어서 나름의 모델규정까지 제시하였다는 점에서 그야말로 획기적이다. 그 중에서도 제7편은 최초로 시도된 부당이득법분야의 국제모델규정의 성안이라는 점에서 그 의미가 더욱 크다.

종래 유럽에서는 역내시장 실현을 위하여 私法통일의 노력을 꾸준히 기울여왔다. 특히 1980년대부터는 다양한 학술단체가 결성되어 비교법 연구를 토대로 계약법과 불법행위법분야의 모델규정 성안이라는 성과에 이르렀다. 그런데 이와는 대조적으로 채권법의 또 다른 축에 해당하는 부당이득법분야는 각국의 역사적 발전과정과 규율체계가 매우 상이하여 비교법 연구조차 진행되고 있지 못한 상태에 머무르고 있었다. 그러던 중 1990년대 들어 두 가지 중요한 계기가 제공되었는데, 하나는 오랫동안 부당이득법 원리를 인정하지 않던 영국에서 1991년에 이를 승인하는 귀족원 판결(Lipkin

Gorman v Karpnale Ltd. [1991] 2 AC 548)이 내려졌고, 이를 계기로 대륙법, 특히 독일법과의 활발한 비교법 연구가 이루어진 것이다. 다른 하나는 유럽 의회가 1989년 私法통화를 위한 결의안 채택 이후 별다른 진척이 없자 1994 년에 유럽통일민법전 제정을 촉구하였고 이에 1997년 2월에 당시 의장국이 었던 네덜란드 법무부가 주최한 "유럽민법전을 향하여"(Towards a European Civil Code)라는 주제의 국제학술회의가 헤이그에서 개최된 것이다. 그 학술 회의를 계기로 이듬해인 1998년 유럽민법전연구회(Study Group on a European Civil Code, SGECC)가 결성되어 유럽민법전 제정을 위한 연구를 지속하게 되었고, 그중에서 부당이득법분야의 성과는 2006년에 유럽부당이 득법원칙(PEL Unj. Enr.)의 발표로 이어졌다. 마침 동 연구회는 그 무렵인 2005년부터 유럽위원회로부터 DCFR 성안 연구를 위탁받았고, 이를 계기로 유럽부당이득법원칙은 2009년 DCFR 최종본에 반영된다.

　DCFR은 세간의 관심과 주목을 받았으나 발표 직후 유럽 각국의 법학자 들로부터 거센 비판과 저항을 받았다. 우선 위탁받은 연구범위를 현저히 초과하였다는 점, 그 방식으로 '법전편찬' 방식을 취하였다는 점을 비롯하 여 개별 법분야에서의 구체적인 성안작업에 있어서 비교법적 공통점을 추 출하고 이에 기반하여 조화를 도모하기보다는 경우에 따라서는 독자적인 입장을 취하였다는 점 등, DCFR의 과감성과 급진성이 오히려 유럽의 법통 일이라는 목표에 반하는 점이 있다는 지적은 일리가 있다. 그러나 유럽연 합에 속하지 않는 우리에게는 이것이 DCFR에 대한 연구를 기피할 이유가 되지 못한다. 오히려 DCFR은 유럽연합 회원국들의 법상황에 대한 광범위 한 비교법적 연구에 기반하고 있다는 점에서 그 자체로 유용한 비교법 자 료일 뿐만 아니라, 그것을 넘어서서 국제적 추세를 반영한 나름의 결단의 산물인 모델규정이라는 점에서 현재의 법실무에서는 물론 학문적 관심을 끌기에 충분하고 나아가 장차 있을 민법개정작업에서 좋은 참고자료가 될 수 있을 것이다.

본서는 DCFR 중에서 제7편 부당이득의 규정을 검토하고 이를 우리 민법과 비교함으로써 시사점을 얻으려는 것을 목표로 한다. 이를 위해 우선 DCFR 부당이득편의 개별 규정을 검토하고 민법과의 차이점을 중심으로 그 특징 및 시사점을 살펴본다. 이를 토대로 부당이득법상 전형적으로 문제된 사안유형별로 해결법을 비교하고, 마지막으로 사안해결에서 동원된 핵심논거들을 추출하여 이를 민법과 비교 고찰한다.

본서는 필자의 박사학위논문을 기초로 하고 있는데, 다만 다음의 점에서 차이를 두었다. 우선 글의 체제를 변경하였다. 학위논문 제1부 DCFR 부당이득편 규정의 축조검토 부분은 본서에서는 요건론과 효과론으로 나누고 관련되는 쟁점별로 DCFR의 내용을 소개하고 이를 민법과 비교하였다. 서술 내용은 이를 위해 필요한 한도로 대폭 축약하였다. 그리고 최근 국내의 학설과 판례에서 증폭되고 있는 부당이득법에 대한 관심을 반영하여, 가급적 최신의 성과들을 반영하고자 하였다. 여기에는 지난 1년간 필자가 학위논문을 기초로 심화시킨 연구성과들도 포함된다.

본서가 나오기까지 도움을 주신 분들께 감사의 마음을 전하고 싶다. 우선 지도교수이신 최병조 교수님께 깊이 감사드린다. 최 교수님께서는 필자에게 학문의 즐거움을 알게 해주셨고 필자가 학문의 길을 가기로 결심하는 데 있어서는 물론 무사히 학업을 마칠 수 있도록 가르침과 성원을 아끼지 않아 주셨다. 특히 교수님께서 좌장으로 이끌어 주신 로마법상의 condictio 관련 학설휘찬(Digesta) 강독회는 논문을 쓰는 동안 훌륭한 학문적 자양분이 되었다. 그리고 김형석 교수님께서는 학위논문의 예비심사 단계부터 자상하게 지도해주셨을 뿐만 아니라, 강독회를 통해 독일에서의 부당이득법 논의지형과 관련 쟁점을 잘 이해할 수 있도록 해주셨고, 필자가 미궁에 빠져있을 때 명쾌하게 길을 제시해 주셨다. 아울러 심사위원장이셨던 김재형 교수님(현재는 대법관님)과 외부심사위원이셨던 이화여자대학교 정태윤 교수님, 한양대학교 제철웅 교수님의 가르침과 격려를 통해 논문이 무사히 완성될 수 있었다. 무엇보다 논문을 작성하는 동안 양창수 교수님의 부당이득법에 대한 선도적이면서 심도 있는 연구성과에 큰 도움을 입었다. 이 자리를 빌려 여러 선생님들의 학은(學恩)에 깊은 감사의 말씀을 올린다.

마지막으로 넉넉지 않은 여건에서도 학업을 이어나갈 수 있도록 물심양면으로 성원과 지지를 해 주신 부모님과 결혼 이후에도 변함없이 책가방을 메고 학교에 나가 밤늦도록 공부와 논문에 전념할 수 있게 해 준 아내 김선경에게 진심으로 감사의 마음을 전하고 싶다.

2017년 9월
이상훈

목 차

서 론

1. 부당이득에 관한 최신 모델규정으로서의 DCFR

2009년 2월 『유럽민사법 공통참조기준안』(Draft Common Frame of Reference, 이하 "DCFR"[1]) 최종본이 발표되었다. 이는 2005년 유럽위원회(European Commission)가 유럽의 계약법 통합을 위한 참고자료로서 CFR의 연구과제를 '유럽사법 공동학술네트워크(Joint Network on European Private Law 또는 Common Principles of European Contract Law, 줄여서 CoPECL Network라고 함)'에 소속된 여러 연구단체에 의뢰하였는데, 그 중에서 유럽민법전연구회(Study Group on a European Civil Code, SGECC)와 현존EC사법연구단(Research Group on Existing EC Private Law, Acquis Group)이 공동 성안하여 2007년 12월에 제출한 연구보고서로서, 제목 그대로 유럽 민사법 통합에 참조될 수 있는 기준(CFR)으로서의 초안(Draft)을 마련한 것이다. 이 듬해인 2008년 2월에 임시개요판(Interim Outline Edition)이 발표되었고[2] 의견수렴을 거쳐 2009년 2월에 제2판이자 최종본인 개요판(Outline edition)이 발표되었다.[3] 그리고 그 다음해인 2010년에는 각 조문에 대한 해설(Comments)과 비교법적 참조사항(Notes)까지 달린 종합판(Full Edition)이 총 6권으로 출간되었다.[4]

---

1) 국내에서는 '공통참조요강초안' 또는 '공통준거기준안', '공통참조기준초안', '공통적 원용의 기초', '공통기준틀', 유럽사법에 대한 '공통기준 예비초안', 나아가 '유럽통일민사법안'으로 번역된다. '유럽민사법 공통기준안'이라는 번역은 법무부 발간 해제 및 조문번역에 따른 것인데 의역이기는 하나 가장 의미를 잘 드러내준다.

2) von Bar/Clive/Schulte-Nölke et al. (eds.), *Principles, Definitions and Model Rules of European Private Law. Draft Common Frame of Reference*, Interim Outline Edition (2008).

3) von Bar/Clive/Schulte-Nölke et al. (eds.), *Principles, Definitions and Model Rules of European Private Law. Draft Common Frame of Reference*, Outline Edition (2009).

4) von Bar/Clive (eds.), Principles, *Definitions and Model Rules of European Private Law: Draft Common Frame of Reference (DCFR)*, Full edition (2010), Vol. 1~6.

 DCFR의 가장 큰 특징은 우선 계약법의 경우 (前)유럽계약법위원회에서 성안한 PECL을 저본으로 삼으면서, Acquis Group의 연구성과로서 계약법에 관한 현존 공동체법(acquis communautaire)을 반영한 점을 들 수 있다. 그리고 또 한 가지 주목할 점으로, 이를 성안한 연구회의 명칭이 표방하는 바와 같이 "유럽민법전"의 초안을 염두에 두고, 유럽 계약법 통합이라는 원래 위탁받은 연구용역의 범위를 현저히 넘어서 유럽 차원에서 동산과 관련한 재산법 전 분야를 포괄하는 모델법의 성안을 최초로 시도하였다는 점이다. 그리하여 DCFR에는 계약법 외에도 불법행위, 부당이득, 사무관리, 나아가 동산물권법 등이 포함되어 있는데, 본 연구에서 주목하고자 하는 부분은 제7편 부당이득(Book VII Unjustified enrichment)이다. '부당이득법'은 유럽 공통의 법유산으로 인식되면서도[5] 각국별로 역사적으로 상이한 발전과정을 겪으면서 규율체계상 극심한 차이가 생기게 되었고, 이로 인해 비교법 연구조차 더디게 진행되었다.[6] 그러다가 1990년대에 들어서면서, 그리고 2000년대에 비로소 의미 있는 연구성과들이 나타나기 시작하였다.[7] DCFR 부당이득편은 이러한 유럽연합 회원국들의 법상황에 대한 폭넓은 비교법적 연구성과를 참조하고 한 걸음 더 나아가 최초로 본격적인 모델규정을 성안하였다는 점에서 그 의의가 적지 않다.

---

5) Clive (1998), 383f. 특히 386: "part of the common European legal heritage".
6) Schlechtriem, Coen, Hornung (2001), 377: "far less explored and not yet mapped."
7) 주로 독일과 영국 간의 접근법에 있어서의 비교(sine causa 접근법과 unjust factor 접근법)가 중심을 이룬다. 특히 영국에서 최초로 부당이득원칙을 승인한 1991년 Lipkin Gorman v Karpnale Ltd. 판결을 필두로 이후 이자율 스왑거래와 관련한 판결들(대표적으로 1996년 Westdeutsche Landesbank Girozentrale v Islington London 과 1999년 Kleinwort Benson Ltd v Lincoln CC)이 비교법 연구의 기폭제가 되었다. 무엇보다 2000년대 들어서 본격적인 비교법 연구를 다룬 문헌이 출간된다. Schlechtriem, Bd. 1 (2000), Bd. 2 (2001); von Caemmerer/Schlechtriem (eds.), International Encyclopedia of Comparative Law, Vol. X (2007). 그 밖에 비교법 문헌에 대한 소개로는 Zimmermann (2005), 42ff. 참조.

2008년 임시개요판과 2009년 최종본 발표 이후 DCFR에 대한 유럽 각국의 법률가들은 거센 저항과 비판으로 대응하고 있다. 그것이 유럽민법 통합에 정치적으로 어느 정도 기여할지는 현재로서는 불투명하지만, '학문적' DCFR이 가지는 의미는 음미해 볼 필요가 있다. 특히 부당이득법 분야의 경우 종래 시도되지 못했던 유럽 차원의 모델법으로서 그 자체로 획기적인 성과물임에 분명하다. 그 점에서 DCFR은 유럽연합에 속하지 않은 우리의 관점에서 볼 때에도 다양한 각국의 비교법적 성과를 반영한 최신의 국제모델규정으로서 중요한 의미를 가진다. 이를 통해 민법전 제정 이후 반세기 남짓 학설과 판례를 통해 이룩해 온 발전상을 평가해 볼 수 있음은 물론이고 나아가 장차 민법개정과정에서도 중요한 참고자료로 활용될 수 있다는 점에서 큰 가치를 가진다고 할 것이다.

2. DCFR 부당이득편의 구성 및 기본결정

본격적으로 DCFR 부당이득편(이하에서 별도의 편명의 언급이 없으면 제7편 부당이득을 의미한다)을 다루기에 앞서 서술의 편의상 그 구성과 성안 당시의 기본결정을 살펴볼 필요가 있다. 그 후에 간단한 총평을 덧붙인다.

가. 구성

DCFR 제7편 부당이득은 7개 장(Chapter), 총 23개 조문으로 구성되어 있다. 각 장의 순서와 제목은 아래와 같다.

제1장: 기본규정	제5장: 이득의 반환
제2장: 이득이 부당해지는 때	제6장: 항변사유
제3장: 이득과 손실	제7장: 다른 법규정과의 관계
제4장: 손실에 해당하는 경우	

DCFR은 제1장에서 기본규정을 두고 제2장에서 제4장까지는 반환청구의 요건을, 제5장은 효과론에 해당하는 반환의 방법과 범위를, 제6장은 수익자 측의 항변사유를, 제7장에서는 다른 법규정과의 관계를 규정하고 있다.

나. 8가지 기본결정

DCFR 부당이득편의 전신(前身)은 유럽부당이득법원칙(PEL Unj. Enr.)인 데,[8] 그 해설서에서는 성안작업에 있어 8가지 사항에 대한 기본결정을 내렸다고 한다.[9]

> ① 준계약 범주의 불채택. 부당이득법의 독자영역 인정("넓은 개념화")
> ② 무효·취소(소급적 무효)된 계약의 청산관계 포함
> ③ 계약해제의 경우와 소비자의 철회권 행사의 경우(장래효)는 불포함
> ④ 채권법상 편제
> ⑤ 단일한 기본규정(single basic norm)을 기점으로 전개
> ⑥ 후속 장(章)의 규정에서 요건과 효과를 상세히 규정
> ⑦ 보충성 원칙 불채택, 즉 다른 구제수단과의 자유로운 경합 인정
> ⑧ 입증책임은 일반규정에 따름, 즉 각자 자신에게 유리한 사실 입증

---

8) 성안과정에 대하여는 이상훈(2016), 5면 이하 참조.

9) PEL/von Bar, Swann, *Unj. Enr.* (2010), Introduction, E 135, p. 173. 한편 그에 앞서 연구회에서 채택한 6가지 기본 결정(fundamental decisions)은 다음과 같고(von Bar (2006), 216), 이는 DCFR에서도 대체로 유지된다: (i) 준계약 범주 배제, (ii) 넓은 "부당이득법" 개념의 채택, 즉 법적 기초 없는 이행의 결과로 부여된 이익의 반환을 포괄, (iii) 계약 해제법과 취소법은 배제, (iv) 소유물반환청구권(rei vindicatio)과는 별도로(또는 부가적으로) 작동, (v) 단일한 기본 규범을 기초로 함, (vi) 기본규범의 구성요소의 상세한 해석을 단순히 단일 규정에 맡기지 않고, 대신 기본규범의 내부구조를 반영하여 정서(整序)된 추가적인 기본규정들에서 그것들을 설명함.

① 준계약 범주의 불채택과 부당이득법의 독자영역 인정

우선 부당이득법의 독자성 인정은 부당이득법이 더 이상 준계약 구성과 같이 다른 법분야에 의지하여 발전하는 법제도도 아니고,10) 다른 법분야의 구제수단 흠결을 메우기 위한 법도 아니라는 것을 의미한다. 그러면서 부당이득법의 "넓은 개념화"를 시도한다. 비교법적으로 영국, 프랑스, 독일의 "부당이득법" 적용범위를 살펴보면 영국의 원상회복법이 가장 넓은 적용영역을 가지고 있다. 영국법은 법률효과면에서 원상회복을 내용으로 하는 모든 법분야를 통틀어 "원상회복법(law of restitution)"으로 명명하고 있다.11) 한편 프랑스법의 경우 2016년 채권법 개정 전까지는 비채변제(paiment de l'indu, 제1376조 내지 제1381조)와 부합과 관련한 비용상환(accession, 제554조 내지 제555조, 제570조 내지 제571조)에 대하여만 명문의 규정을 두고 있었다. 그밖에 계약청산은 민법전 제정 전에 이미 학설·판례를 통해 발전되어 온 무효이론(théorie des nullités)을 통하여, 기타 규정이 없는 경우에 대한 비용상환은 민법전에 규정된 개별 규정들을 전체유추의 방식으로 19세기 중반에 판례가 발전시킨 비용3분설에 입각한 비용이론(théorie des impenses)으로 규율된다.12) 일반부당이득(les principes de l'enrichissement sans cause)은 1892년 부디에 판결(arrêt Boudier)에서 로마법상 이익전용소권

---

10) 준계약 교설의 극복에 관하여는 von Bar (2001), 93ff.

11) Goff/Jones (2007), para. 1-001: "The law of restitution is the law relating to all claims, quasi-contractual or otherwise, which are founded upon the principle of unjust enrichment. Restitutionary claims are to be found in equity as well as at law." 그러나 영국 내에서도 '원상회복법'이라는 명칭에 대하여 비판의 목소리가 높다. 대표적으로 Birks, "Misnomer", in Cornish, Nolan, O'Sullivan and Virgo (eds.), *Restitution: Past, Present and Future* (1998), chap. 1. 한편 영국에서 가장 권위있는 부당이득법 문헌인 Goff/Jones 저서명이 제7판(2007)까지는 *The Law of Restitution*이었다가 제8판(2011)부터는 *The Law of Unjust Enrichment*로 바꾸고 편제도 대폭 수정하였다는 점은 시사하는 바가 크다.

12) Schlechtriem, Bd. 2 (2001), 12ff. 참조.

(actio de rem in verso)을 차용하여 승인되지만,13) 곧이어 판례는 보충성 원칙(principe de subsidiarité)을 도입하여 일반부당이득은 다른 법적 구제수단이 없는 경우 그 흠결을 메우기 위해서만 적용하는 것으로 적용범위를 한정시킨다.14) 한편 2016. 2. 10.자로 개정되어 동년 10. 1.부터 시행된 개정 프랑스 채권법 제3편 제3부속편에서는 사무관리와 비채변제에 이어 부당이득(L'enrichissement injustifié)이 명문으로 민법전 내로 들어오게 되었는데(제1303조 이하의 총 5개 조문), 역사적 전통과 '부당이득법'의 보충성을 감안하여 비채변제는 여전히 '부당이득'에서 배제되고 있다. 이에 비하여 독일법상 부당이득법은 사비니가 "우리의 재산으로부터 타인의 원인 없는 이득"(grundlose Bereicherung des Andern aus unsrem Vermögen)이라는 공통원리가 적용되는 법영역으로 정초하였고,15) 법전편찬과정에서 이것이 수용되면서 모두(冒頭)에 일반조항(제812조)을 두게 된다. 이들 입법례 중에서는 DCFR은 규율영역과 편제면에서 독일법에 가장 가깝다.

② 무효·취소(소급적 무효)된 계약의 청산관계 포함 및 ③ 계약해제의 경우와 소비자의 철회권 행사의 경우(장래효)는 불포함

이는 부당이득법의 적용범위와 관련이 되는데, 무효·취소로 인한 계약의 청산을 부당이득법 내에서 처리하겠다는 것을 의미한다(II.-7:212(2), II.-7:303 참조). 이는 독일법과 같이 "법률상 원인" 개념을 매개로 하여 계약의 무효·

---

13) 이에 대하여는 정태윤(2003. 8), 293면 이하 참조. 한편 당시에는 비채변제를 제외한 일반부당이득금지소권을 '이익전용소권'으로 불렀다고 한다. Coing, Bd. 2 (1989), 505.

14) 그 후 1898년 10월 18일자 판결로 법률상 원인없음(sans cause légitime) 요건이, 1914년 5월 12일자 판결로 보충성 요건이 도입되었다. 프랑스법의 발전과정에 대한 간략한 설명으로는 Nicholas (2006), 77ff.; 국내문헌으로는 정태윤(2012. 8), 65면 이하 참조. 보충성 요건의 정확한 내용에 대하여는 아직도 논란 중에 있다. 해설서, VII.-7:101, Note I, 4180.

15) Savigny, *System des heutigen Römischen Rechts*, Bd. 5 (1841), 526.

취소로 인한 청산관계를 부당이득법 내에서 처리한다는 것을 의미한다.[16] 종래 PECL에서는 계약 취소로 인한 원상회복에 관한 조문(제4:115조 이하)을 두고 있었는데, DCFR은 이를 부당이득법 안으로 흡수하게 되었다.[17] 반면에 DCFR은 ③에서와 같이 계약관계에 기한 이득부여의 경우에도 계약해제나 소비자 철회권이 행사된 경우에는 부당이득법의 적용을 배제하겠다는 태도를 취하였다. 이는 형식적으로는 해제·철회의 장래효와 관련이 있다. 즉 계약해제와 관련하여 DCFR은, PECL 9:305(1)과 마찬가지로 계약해제에 소급효를 인정하지 않고 있으며, 별도의 반환체계를 두고 있다(III.-3:510 내지 514).[18]

④ 채권법상 편제

부당이득법을 채권법상 편제하는 것의 의미는 채권법 일반규정이 부당이득반환관계에도 적용된다는 것이다. 즉 이행기, 이행지, 불이행시 손해배상책임, 채권양도, 상계 및 소멸시효와 관련하여서 채권총칙에 해당하는 DCFR 제3편의 규정이 적용된다.[19] 다만 7:101(2)[20]에 의하면 부당이득편상

---

16) 이는 Swann (2005), 272에서도 확인된다. Krebs (2002), 93에서는 이와 같이 무효(취소)법과 부당이득법의 긴밀한 공조야말로 독일법의 "大美"(great beauty)라고 표현한다. 그는 부당이득법의 촉매로서 법전상 '무효'(nichtig)라는 용어 사용, 이득보유의 정당사유들의 제공, 그리고 유형론 전개로 일반조항의 적용을 제한하여 그때그때 법관의 공평감에 따른 재판('palm-tree justice')에 대한 공포를 몰아냈다고 한다. 영국과 독일의 계약법을 비교하며 이것이 부당이득법상 가지는 차이를 비교하는 글로는 Dannemann (2006), 363ff.

　한편 2016년 개정 프랑스민법에 의하면 종래 판례에 의해 발전해 온 무효이론을 제3권 제3편 제1부속편 제2장 제4절 제재에 규정하고(제1178조~제1185조), 그 원상회복(restitution)은 제3편 제4장(제1352조에서 제1352조의 9)에 의하도록 하고 있다.

17) Swann (2005), 273, Fn. 18.

18) 이에 관하여는 박영복(2017. 2), 215면 이하 참조.

19) PEL/von Bar, Swann, *Unj. Enr.* (2010), Intro. E 140, p. 176. 특히 DCFR III.-1:101

의 반환청구권이 물권적 효력을 가지는지 여부에 대하여는 정하지 않았다. 이는 경우에 따라서는 물권적 효력의 가능성도 열어둔 셈인데, 그 이유는 물권적(준물권적 또는 신탁적) 효력을 가지는지는 강제집행법과 밀접한 관련을 가지고 있으므로 DCFR에서 정하는 것이 적절하지 않다는 고려가 있었다고 한다.[21] 우리 민법이 속한 대륙법의 경우 로마법 이래 전통적으로 부당이득반환청구권은 채권으로서 대인적 효력만을 가진다. 반면 커먼로의 경우 일정한 경우 원상회복청구권이 물권적 효력을 가지는 경우가 있는데 (이른바 restitutionary proprietary claims),[22] DCFR은 이러한 비교법적 차이를 의식하여 물권적 효력 여부에 관하여는 각국법에 맡기는 태도를 취하였다.

⑤ 단일한 기본규정(single basic norm)을 기점으로 전개 및 ⑥ 후속 장 (章)의 규정에서 요건과 효과를 상세히 규정

이는 단일모델에 따른 일반조항 도입과 관련된 것으로 DCFR의 체계상 가장 큰 특징 중 하나이다.[23] DCFR은 제6편 불법행위법과 평행하게 제7편 부당이득법에서도 冒頭인 1:101에 기본규정(Basic rule)을 두고 있다. 이러한 기본규정은 불법행위법 또는 부당이득법상 단일한 訴因(single cause of action)을 구성한다는 의미가 있다.[24] 그러면서 후속 장들에서 각 요건에 관

참조.

20) 이하에서 편(Book)의 표기 없이 인용되는 규정은 DCFR 제7편(부당이득)의 규정이다.

21) PEL/von Bar, Swann, *Unj. Enr.* (2010), Intro. E 140, p. 176.

22) 영국에서는 이러한 '원상회복적 물권적 청구권'(restitutionary proprietary claims)과 진정한 물권적 청구권(proprietary claims)간의 구별은 아직도 진행중이라고 한다. 이에 관하여는 Lionel Smith (2003), 290ff. 참조.

23) 이러한 단일모델은 Clive (1998), 385f.에서도 "가장 논리적이며 편의로운 해결책" 으로 지지된다. 특히 각국마다 상이한 구별법이 적용되므로 법통일을 위하여는 오히려 단일모델이 지지되어야 한다고 본다.

24) 이에 대하여는 이상훈(2016), 16면 이하, 단일모델 채택의 배경과 그 평가에 대하여는 168면 이하 참조.

하여 상세히 규정하는 방식으로 부당이득법을 구현하였다. 이를 통해 체계성은 제고되었으나 조문화에 있어서 불가피하게 추상성을 수반하게 되었다.

⑦ 보충성 원칙 불채택, 즉 다른 구제수단과의 자유로운 경합 인정

보충성 원칙 불채택은 부당이득법의 독자성을 선언한 ①과도 관련이 있는데, 무엇보다 프랑스법에서와 같은 보충성 원칙은 배제하겠다는 의미로 풀이된다. 여기서의 보충성의 의미는 주의를 요한다.[25] 우선 유효한 계약이 존재하거나 사무관리가 성립하면 정의상(by definition) 이득의 정당화사유가 존재하여 요건 자체가 충족되지 않으므로 부당이득법은 적용되지 않는다. 이러한 의미에서 보충성 원칙은 부당이득법이 다른 법분야를 잠식하는 것을 막아준다는 점에서 의미가 있는데, DCFR은 이득의 정당화 사유로 계약을 인정함으로써 부당이득법에 의한 계약법의 잠탈을 불식시키고 있다(이른바 '계약법의 우위'). 그러나 부당이득 요건이 충족되면, 다른 구제수단과의 관계에서 손실자는 자유로이 부당이득반환청구를 선택할 수 있는데, 특히 소유물반환청구와 불법행위법상 손해배상청구권과의 관계에서 그러하다.[26] 즉 DCFR은 부당이득반환청구의 요건이 충족되는 한 자유경합을 인정하면서, 이중회복(double recovery) 금지 규정을 두는 방식을 취하였다(7:102).

---

25) Lionel Smith (2002), 596ff.는 비교법적으로 보충성 원칙과 관련하여, 법적 지위 간의 관계로서 하나가 적용되면 다른 것은 아예 적용이 배제되는 강한 보충성(strong subsidiarity, 가령 계약법과의 관계)과 청구권 간의 적용순서로서 하나가 적용되지 않으면 다른 것이 순차적으로 적용되는 약한 보충성(weak subsidiarity)으로 구분하여 설명하고 있다. 프랑스 판례법상의 보충성 원칙이 약한 보충성이라면, DCFR은 '강한 보충성'은 채택하면서도 '약한 보충성'은 배제하겠다는 것이다.

26) DCFR은 제6편 불법행위에서 "합리적인 경우에 한하여(only where this is reasonable)" "선택적으로(as an alternative)" 이득환수적 손해배상도 규정하고 있다(VI.-6:101(4)).

⑧ 입증책임은 일반규정에 따름

입증책임은 일반규정에 따르도록 한다는 것은 단일모델 채택과도 관련이 있는데, 즉 유형별로 차이를 두지 않고 공통된 입증책임 분배규칙에 따르도록 하고 있다. DCFR은 원칙적으로 이득의 부당성을 추정하면서 수익자가 이득의 정당화사유를 입증해야 하지만('unjustified unless' 또는 'justified if'), 예외적으로 손실자가 이득의 부당성을 입증해야 하는 경우도 규정하고 있다('unjustified if'). 그리고 반환청구에 대해 수익자의 항변들을 규정하고 있는데, 이에 관해서는 수익자가 입증책임을 부담한다.

다. 체계 및 접근법상의 특징

앞서 열거한 8가지 기본결정은 성안자 측에서 제시하고 있는 것이다. 여기에는 속하지 않지만 어쩌면 더 의미 있어 보이는 결정으로 법전편찬 방식의 채택과 소유물반환청구 유추의 접근법을 택한 것을 들 수 있다. 이하에서 상술한다.

(1) 법전편찬 방식의 채택

DCFR은 편제에 있어서 총칙-각칙 구조의 법전편찬 방식으로 성안되었다.[27] 법전편찬 전통에 익숙한 독일법권 학자들이 주축으로 구성된 연구회의 입장에서는 그것이 우선적으로 고려될 수 있는 방법이었을 것으로 짐작된다. 성안자 측에서 볼 때 당연시되었을지 모르는 이러한 방식에 대하여 부당이득법의 독자성이 확립되지 않은 비독일권 학자들로부터 유럽법통합의 관점에서 볼 때 '도구상자'로서의 기능에 반한다는 비판이 제기되고 있고,[28] 심지어 독일권 학자로부터도 일반부당이득법이라는 구상 자체에 대한

---

27) 가령 제2편에 민법총칙이나 계약총칙에 해당하는 규정들을 두고, 채권총칙에 상응하는 제3편에 이어 제4편에서는 계약 각칙의 편제를 취하고 있다.

회의에서 비롯한 비판이 유력하게 제기되고 있다.[29)]

법전편찬 방식은 법규범의 체계적인 정립에 있어 매우 효과적인 방법임에는 틀림없지만 그 운용에 있어서는 고도의 법해석학적 뒷받침을 요한다. 동일 편 내의 법조문 간의 상호유기성은 물론이고 DCFR의 다른 편에 규정된 조문들과의 체계적인 해석이 요구되는데, DCFR의 경우 성안과정이 각 팀별로 동시다발적으로 진행된 사정으로 인해 아직 이러한 부분까지 완비된 것으로 보이지 않는다.

물론 성안자 측에서는 법전편찬방식이 법전에 친숙하지 않은 국가나 이미 법전을 가지고 있는 국가 모두에게 거부감을 일으킨다는 점에서 여기서의 '법전'의 의미를 상당히 완화시켜 이해시키고자 하지만,[30)] 그것이 하나의 완결된 규율세트로 기능하기 위하여는 각 편간의 유기성 및 체계성의 제

28) 대표적으로 Smits/Mak (2011), 250.
29) Wendehorst (2008), 253ff. 이러한 입장은 그보다 2년 전 발표된 유럽부당이득법원칙에 대한 평가에서 예기되었다. 동 (2006), 260f. 평소 "독일민법의 부당이득규정을 절대시하지 않고 이를 상대화할 수 있는 리버럴한 입장으로 유명"한(이준형 (2013), 423면) 그녀는 추상도 높은 통일설에 반대하면서도 부당이득법 자체는 옹호하는 입장이었는데(가령 동 (2005), 135, 140), 2006년 이후에는 한 걸음 더 나아가 독자적인 부당이득법을 편성하는 것에 반대하는 입장을 피력한다. 이와 같은 입장은 DCFR 최종본에 대한 평가에서뿐만 아니라 같은 해 발표한 이스라엘 민법 초안에 대한 평가("No Headaches over Unjust Enrichment: Response to Daniel Friedmann", in Siehr/Zimmermann (Hrsg.), *The Draft Civil Code for Israel in Comparative Perspective* (2008), 121ff.)에서도 나타난다. 이러한 그녀의 입장은, 스스로 인정하는 바와 같이, 영국의 가장 강경한 부당이득법 회의론자인 Hedley의 견해를 연상시키는데, 그 역시 "부당이득"이라는 일반이론으로 모두 포섭하는 것 대신 다른 제도들(가령 property, tort, contract, various miscellaneous equitable doctrines, or notions of "unjust sacrifice")을 통한 해결을 주장한다(Hedley (1995), 587ff.).
30) von Bar (2008), 39f.는 CFR은 "법전"이 아니며, *私法*의 공통토대에 해당하는 매우 약화된 의미의 "법전", 오히려 Restatement의 의미로 이해해야 한다고 피력하고 있다. 그러면서도 방법론적으로 *one* coherent set of rules of European private law"의 초안을 지향하고 있다(41).

고가 요구되는데, 이는 부당이득법의 특성을 고려할 때 더욱 그러하다.

(2) 소유물반환청구 유추의 접근법

지금까지 언급했던 특징들은 비교법적 검토 결과 어떤 입장을 택일하거나 절충하는 것이었다면, 지금 언급하고자 하는 내용은 비교법적으로 독창적인 부분에 해당한다. DCFR은 로마법 이래 근대에 이르기까지 부당이득법의 역사적 발전의 노선을 따르지 않고 새로운 독자적 체계와 접근법을 취하였다. 이러한 새로운 체계에 기한 규정 성안에 있어서 원상회복의 가장 대표적인 권리로서 소유물반환청구를 모델로 삼았다. 이는 소유물반환청구를 과녁의 중심에 두고 그 효력을 점점 약화시키면서(물권적 → 준물권적 → 채권적) 적용범위를 확대시키는 방식으로 부당이득반환청구권을 구상한 것으로,[31] 소유자가 점유자를 상대로 소유물을 반환청구하는 것과 같이, 손실자는 수익자를 상대로 이득을 반환청구한다. 이때 반환청구를 특정하기 위해서 항목별 이득개념이 전제된다. 그리고 이러한 구상을 이득이 유체물이 아닌 경우(노무, 사용이익)에까지 확장시킨다. 그리고 점유자가 소유자를 상대로 점유할 권리를 주장해야 하듯이, 수익자는 손실자를 상대로 자신의 이득의 법률상 기초를 주장해야 한다. 그리고 소유물반환청구와 마찬가지로 이 경우 제3자와의 채권관계는 손실자를 상대로 이득의 법률상 기초로 원용할 수 없게 된다.[32]

DCFR이 취한 이러한 새로운 접근법은 전통적 방식의 입법태도를 취하고 있는 회원국에 속한 성원들로부터 반대에 부딪히기도 했지만(무리한 혁신,

---

31) Swann (2005), 270.
32) 해설서, VII.-2:101, p. 3891: "Entitlement as against third party insufficient". 이 경우 선의 유상수익자는 선의취득과 같은 법규정에 의한 이득의 권원부여, 6:102의 선의 유상취득자의 항변을 통하여, 단순한 선의 수익자의 경우에는 6:101의 이득소멸 항변, 이득이 노무나 사용이익과 같이 성질상 가액반환만 가능한 경우에는 5:102를 통한 책임제한 등을 통해 보호된다.

"innovative bridge too far"), 성안자 측에서는 결과적으로 이러한 방식이 "유용한 나침반"이 되었다고 자평한다.[33] 이러한 선택을 하게 된 배후에는 물권법규정이 완비되지 않은 채 부당이득법을 성안해야만 했던 특수한 사정이 있었지만, 오히려 그런 이유로 부당이득법의 독자성이 더 선명하게 자각되었고 그로 인해 특색있는 입법이 가능하였다고 한다.[34]

이러한 접근법으로 인해 원물반환에 있어서 민법에서는 소유물반환청구로 규율되는 영역까지도 부당이득반환청구로 처리되는 것이 확인된다. 급부부당이득의 경우 물권행위 유인성으로 인해 소유권이 자동복귀하게 되는데, 2자관계 사안에서는 소유물반환청구와 부당이득반환청구가 경합하게 되므로 이러한 차이는 선명하게 드러나지 않지만, 3자관계에서는 유의미한 차이가 발생된다. 가령 후술할 계약법의 기본원리의 예외로서 임의이행이 아님을 이유로 하는 직접청구권(2:102, 2:103)의 경우 우리 민법에서라면 의사표시의 하자를 이유로 원인관계를 해소시킨 후에 비로소 물권의 복귀로 소유물반환청구가 가능한 2단계를 취하고 있다면, DCFR은 그러한 원인관계 해소 없이 곧바로 부당이득반환청구가 가능한데, 기본구조에 있어서는 유사성이 나타난다.

라. 평가

DCFR 부당이득편 성안에 있어 연구회가 내린 기본결정은 대체로 근대 부당이득법상의 발전상을 수용하는 것을 의미한다. 근대 부당이득법이론을 수용하여 제정된 우리 민법과 상당 부분 유사성을 띠는 이유가 여기에서 비롯한다. 우리 민법도 부당이득법의 독자영역을 인정하면서, "법률상 원인" 개

---

33) Swann (2005), 274.
34) Swann (2005), 269. 물론 이러한 선택이 과격하고 혁신적이며 실행불가능(unworkable)한지에 대해 논란의 여지가 있음을 자인한다.

넘을 통하여 무효·취소로 인한 계약관계 청산을 부당이득법으로 처리하고 있다. 아울러 부당이득법을 채권법상 편제한 것과 모두(冒頭)에 일반조항을 두고 있는 점도 공통적이다. 한편 조문 성안 기술의 측면에서 DCFR에서 주목할 만한 부분은 일반조항에 이어 후속규정에서 그 요건과 효과를 보충해 나가는 구조를 취하고 있다는 점인데, 이는 종래에는 없었던 새로운 시도로서 체계성의 면에서 높이 평가될 만하다.35)

그중에서 가장 주목할 만한 점은 '소유물반환청구의 유추 접근법'을 택한 점이다. 해설서상에는 이에 대한 언급이 없고, 성안자 측에서도 이를 크게 부각시키고 있지는 않지만, 비교법적으로 이러한 접근법은 대단히 독창적이며 혁신적으로 평가된다. 이는 부당이득법도 결국 소유권법과 같이 재화의 정당한 귀속을 보장하기 위한 것으로 이해하고 그 원형으로 소유물반환청구를 모델로 삼은 것이다. 물론 이러한 접근법은 만기 스콜라학파와 그로티우스의 소유권 개념에 기반한 재화질서의 회복을 목표로 하는 원상회복법 모델에 영향을 받았을 것으로 추정되는데,36) 부당이득의 규율에 관한 법분열이 극심한 유럽에서 하나의 대안으로 고려될 수 있어 보인다. 그러나 이러한 접근법이 성공하기 위해서는 물권·채권 준별론을 택하고 있는 법제의 경우 부당이득반환청구권의 법적 성질의 결정과 기타 집행법상의 취급에 대한 전면적

---

35) 한편 Clive가 유럽민법전을 염두에 두고 성안한 부당이득법 초안(1998)도 일반원칙에 이어 요건과 효과를 구체화시키는 방식을 취하고 있으나(Clive (1998), 393ff.의 규정 초안 참조) 조문의 분량이나 체계성에 있어서 DCFR에는 훨씬 미치지 못한다.

36) 이에 대하여는 Feenstra (1999), 197ff. 참조. Jansen (2003), 134ff.는 만기 스콜라학파에서 소유권(dominium)이라는 새로운 개념틀로 원상회복이론의 설명을 시도하는데, 즉 부당이득 반환책임의 근거를 '물건의 수령을 이유로 한(ratione rei acceptae)' 타인의 귀속된 재화의 상실과 이로 인한 이득으로 본다. 따라서 물권적 반환청구권(vindicatio)과 채권적 청구권 간에는 원상회복에 있어서 분명하게 구별될 필요는 없는데, 원상회복에서 결정적인 문제는 누구에게 어떤 법익이 속하는지이기 때문이라고 한다.

재검토가 요구된다는 점에서 신중할 필요가 있다.[37]

3. 글의 구성

이하에서는 제1부와 제2부로 나누어 DCFR 부당이득편과 우리 민법상 부당이득법을 비교 고찰한다. 제1부에서는 부당이득법의 요건론과 효과론에 있어서 주요 쟁점별로 DCFR의 태도를 소개하고 이를 민법과 비교한다. 우선 요건론에서 DCFR은 그 '초석'(corner stone)으로 (i) 부당성, (ii) 이득, (iii) 손실, (iv) 이득의 손실해당성을 포석하고 있는데,[38] 이는 DCFR 성안 당시 비교법적으로 고려가능한 여러 입법례 중에서 택일 또는 절충한 것으로 평가된다. 그리고 각각의 요건에는 부당이득법의 주요 쟁점들, 즉 이득의 부당성 판단방식, 이득의 개념, 손실요건의 요부, 이득과 손실 간의 인과관계의 기능에 대한 나름의 고량(考量)이 담겨 있다. 우리 민법도 제741조에서 부당이득반환청구의 요건으로 (i) 법률상 원인 없음, (ii) 이익, (iii) 손해, (iv) 이득과 손실간의 인과관계를 규정하고 있는데, DCFR과의 비교작업을 통해 우리 민법상 부당이득법의 특징이 좀 더 명확하게 부각될 것이다.

한편 효과론에 있어서는 그 규정방식에서부터 확연히 차이가 드러난다. 반환방법 및 범위, 그리고 수익자의 항변과 관련하여 DCFR은 비교법 연구

---

37) 물권과 채권의 준별의 경계가 흐려지고 있는 현상에 대하여 이미 1970년대 카나리스가 지적한 바 있지만(Canaris, "Die Verdinglichung obligatorischer Rechte", *Festschrift für Werner Flume zum 70. Geburtstag* (1978)(= *Gesammelte Schriften*, Band 3: Privatrecht (2012)), 아직까지도 물권·채권 준별론은 적어도 대륙법계의 사법질서에 있어서는 근간을 이루고 있다. DCFR은 본편의 부당이득반환청구권이 물권적 성질을 가지는지 여부에 대하여는 의도적으로 규정을 두지 않고(7:101(2)) 각 회원국의 법에 맡기는 방식으로 이 문제를 회피하였다.

38) von Bar (2006), 217에서는 명칭과 관련해서 논란이 있었으나 실체적인 점에서 쉽게 초석에 관한 합의에 이르렀다는 점은 주목할 만한 성과라고 한다.

성과를 반영하여 상세하게 규정을 성안하거나 종래 시도되지 않은 혁신적
인 규정들을 두고 있다. 민법도 반환범위에 관한 규정을 두고 있고(제747조
내지 제749조) 반환청구를 저지하는 개별 사유들을 규정하고 있다(제742조,
제743조, 제745조, 제746조). 반환청구 제한사유들을 나열하는 민법의 이러
한 규정방식이 로마법 이래 역사적 산물로서의 성격을 보여주고 있다면,
DCFR은 이러한 역사성에 얽매이지 않고 체계성에 중점을 둔 규정방식이라
는 점에서 눈길을 끈다. 이러한 효과론상의 차이는 요건론과 결부하여 구체
적인 사안에 적용되었을 때 좀 더 명확하게 드러날 것이다.

　그리고 제1부를 맺기 전에 DCFR의 특색이 비교적 잘 드러나는 것으로
평가되는 규율분야로 노무부당이득, 선의 수익자 보호, 거래안전 보호, 불법
원인급여, 쌍무계약 청산, 입증책임 분배 부분을 차례대로 살펴보면서 민법
에의 시사점을 제시하고자 한다.

　제1부에서의 비교 고찰을 토대로 제2부에서는 부당이득이 문제되는 사안
유형군별로 그 해결법을 비교해본다. 기계에 비유해 보자면, 제1부가 설계
도면을 놓고 분석하는 것이라면 제2부는 만들어진 기계를 실제 작동시켜 봄
으로써 제대로 기능하는지를 살펴보는 것이라 할 수 있다. 선정된 사안유형
군은 비교법적으로 난제에 속하는 다수당사자 부당이득 사안들로, 3각관계
사안(지시 사안, 제3자를 위한 계약 사안, 채권 양도 사안), 도난차량 수리
사안, 편취금전 변제 사안, 첨부 사안이 여기에 속한다. DCFR과 민법을 각
사안유형에 적용해 봄으로써 결론 및 사안해결 논리의 異同을 살펴본다. 그
리고 제2부의 말미에서는 사안해결에서 동원된 논거들을 추출하여 민법과
비교해 봄으로써 DCFR과 민법에 대한 기능적 상호 평가를 시도한다.

　마지막으로 결론에서는 글을 마무리하며 DCFR이 민법에 주는 시사점들
을 다시 한 번 정리해보고, 이를 통해 향후 민법상 부당이득법의 운용이나
개정 작업에서 활용될 수 있도록 한다.

4. 연구 방법

본격적인 논의에 들어가기 앞서 연구 방법에 대하여 간략하게 언급하고자 한다. DCFR은 모델규정이고 어디까지나 공통참조기준(CFR)의 논의의 장을 열기 위하여 성안되었다는 점에서, 그 해석에 있어서 국내법에서와 같이 학설대립이나 판례를 논하는 것이 불가능하다. 따라서 우선 DCFR 규정에 대한 분석은 해설서에 나온 설명(Comments)과 사안(Illustration)에 의존할 수밖에 없고, 그에 대한 평가는 기존 입법례와의 기능적 비교, 특히 우리 민법과의 비교가 주종을 이룰 것이다.

DCFR 규정 검토를 위하여는 2010년에 출간된『DCFR 최종본 해설서』제4권 부당이득편 부분 및 같은 해 출간된『유럽부당이득법원칙 해설서』를 주로 참조하였다. DCFR 계약외편 법정채권관계의 경우 유럽민법전연구회가 전담하여 성안하였고, 2005년에 연구를 위탁받기 전부터 동 연구회가 자체적으로 착수해온 PEL(Principles of European Law) 시리즈로서 유럽부당이득법원칙 해설서도 DCFR 검토에 있어 중요 자료에 해당한다. 유럽부당이득법원칙 해설서와 DCFR 해설서는 약간의 수정(가령 사례 관련 단락 순서 조정, 사례해설 내용의 일부 수정 등) 외에는 내용상으로는 거의 동일하다. 다만 전자의 경우 서두에 90면 분량의 도입부(Introduction)가 있는데, 그곳에서는 동 원칙 성안의 배경이 되는 상세한 비교법적 설명과 아울러 사안 유형별 기능적 비교, 앞서 살펴본 8가지 기본결정, 그리고 용어설명이 수록되어 있는데, 이를 통해 어떠한 배경에서 DCFR 규정이 성안되었는지에 관해 알 수 있어 유용하다.

한편 DCFR 부당이득편의 경우 국내에 이미 2종의 번역본이 존재한다. 2009년 최종본 발표 직후 이를 소개하면서 부록으로 실린 박희호 역(2009)과 법무부 비교민법총서로 출간된 가정준 역(2015)이 있다. 양자는 번역어 선정에 있어서 일부 차이만을 보인다는 점에서 대동소이하다. 그러나 양자 모두 2009년 출간된 해설서 참조 없이 번역하였다는 점에서 규정의 내용에 대한 정확한 이해가 전제되었다고 보기 어렵고, 곳곳에서 적절치 못한 번역어 선정도 눈에 띈다. 따라서 이하 인용되는 DCFR 규정을 위해서 기존의 2종의 번역본 대신 새롭게 번역하였고 필요시 기존의 번역을 참조하였다(원문 대역은 [부록 1] 참조). 한편 DCFR은 영문으로 성안되었으나, 독일 오스나브릭 대학에서 Hans Schulte-Nölke 교수의 검독하에 DCFR 번역 프로젝트가 이루어졌고, 2012년 5월에 DCFR 전체에 대한 조문과 해설의 독일어 번역이 완료되었다.[39] 부당이득편의 경우 PEL 시리즈로서 동 원칙 해설서 앞부분에 영어를 포함한 유럽연합의 14개 회원국의 언어로 된 번역문이 수록되어 있다. 이하에서는 이해를 위해 필요한 경우 독어본은 오스나브릭 대학 DCFR 번역프로젝트 결과물(동 대학 Sandra Rohlfing 역/Hans Schulte-Nölke 검독)을, 불어본은 유럽부당이득법원칙 해설서에 수록된 번역(파리 대학 Jacques Ghestin 교수 역)을 병기한다.

---

39) 해당자료(총 분량 1,563면)는 유럽위원회 홈페이지에서 온라인 검색이 가능하다 (http://ec.europa.eu/justice/contract/files/european-private-law_de.pdf 최종방문: 2016년 6월 10일).

제1부

규정의 비교 검토

I. 요건론

DCFR은 단일모델에 입각하여 부당이득반환청구의 요건으로 (i) 이득의 부당성, (ii) 이득, (iii) 손실, (iv) 이득의 손실해당성을 요구하는데, 이는 제1장 총칙상의 冒頭규정에 반영되어 있다.

> **VII.–1:101: 기본규정**
> (1) 타인의 손실에 해당하는 부당한 이득을 얻은 자는 그 타인에게 그 이득을 반환할 의무를 진다.

제1장 총칙의 기본규정에 이어서 후속 장들에서는 부당이득반환청구의 요건을 구체화시키고 있다. 규정순서상으로는 이득의 부당성(제2장)이 이득과 손실(제3장)과 손실에의 해당(제4장)에 앞서 나오지만, 실제로는 우선 '이득', '손실', '이득의 손실해당성' 여부가 밝혀진 후에 마지막으로 이득의 부당성 여부가 검토되어야 할 것이다. 이하에서는 부당이득반환청구의 요건으로 '이득'과 '손실', 그리고 양자 간의 관계에 관한 '이득의 손실해당성'을 먼저 살펴보고 마지막으로 부당이득법의 가장 핵심요건인 '이득의 부당성'을 살펴보기로 한다.

1. 이득개념

가. DCFR

(1) 항목별 이득개념의 채택

부당이득반환청구권이 성립되려면 우선 '이득'이 있어야 한다. 비교법적으로 보면 여기에는 두 가지 방법, 즉 순이익 접근법(pure net enrichment approach, 또는 balance-sheet test)과 항목별 접근법(itemised approach)이 있다. 전자는 이득 발생 이후 반환의무자의 전체 재산의 변동, 즉 "손익계산서 상의" 수치, 다시 말해 모든 적극·소극 기입항목들의 총합으로서의 잔액(balance, Saldo)을 '이득'으로 보는 것이고, 후자는 구체적으로 얻은 개별적인 이득항목들을 '이득'으로 보는 것이다.

DCFR 성안과정에서 어떤 이득개념을 택할 것인지에 대한 논의가 있었는데, 항목별 이득개념을 채택하면서, 다음과 같이 구체적인 이득 항목들을 열거하는 방식을 취하였다.[1]

VII.-3:101: 이득
(1) 다음의 경우에 수익자가 된다:
  (a) 재산의 증가 또는 채무의 감소;
  (b) 용역을 받거나 일이 완성된 경우[2]; 또는
  (c) 타인 재산의 이용.
(2) 어떤 자가 이득을 얻은 것인지 여부 및 그 범위를 결정함에 있어서, 그 자가 이득을 대가로 또는 이득 후에 입은 손실은 고려하지 않는다.

---

1) 이는 소진적 열거라고 한다. 해설서, VII.-3:102, 4004.
2) service와 work의 구별과 각각의 번역어를 어떻게 할 것인지는 어려운 문제이나(가정준(2015), 311면: "서비스 또는 노무의 수령"; 박희호(2009), 123면: "손실자의 서비스나 노무가 수익자에게 제공된 경우") 본고에서는 전자는 '용역'으로 후자는 '일'로 번역하고, 그 합성어인 'service or work'는 '노무'라고 통칭한다. service or work의 의미에 관하여는 해설서, VII.-3:102, 4008.

그 이유로 항목별 이득개념은 반환대상을 명확히 한다는 장점이 있고, 총체재산설에 의하면 완전한 등가교환이 이루어진 경우 아무도 "이득"을 얻지 못했다고 볼 여지가 있다는 난점이 지적되고 있다.[3] 반면 항목별 이득개념에 따를 때에는 계약 청산시 등가교환이더라도 각각의 원상회복이 가능하다.[4] 다만 이 경우에도 가령 쌍무계약 청산의 경우 당사자의 의사표시에 의한 상계는 인정된다.[5] 차이점은 순이익 모델에 따를 경우 경제적 목표에만 기여하게 되어 실질적으로 상계를 강요(자동적 상계)하게 된다는 문제점이 있는 반면, 항목별 접근법의 경우 이전된 '것'(thing)의 반환청구를 허용함으로써 반환청구권자의 이해관계를 더 넓게 보호할 수 있게 된다. 무엇보다 항목별 이득개념의 장점은 반환대상을 명확히 하는 것에 있다. 수익자에게 경제적 가치가 없는 것뿐만 아니라 이로써 순수한 서비스(가령 이발, 청소, 공연 등)도 일단 '이득'에 포함된다. 그것이 강요된 이득인 경우 반환책임의 범위의 제한은 추후에 고려된다.[6]

항목별 이득개념에 따라 DCFR은 이득을 대가로 또는 이득 후에 발생한 손실을 별개의 항목으로 취급하고(3:101(2) 참조), 이로써 항목별 이득개념이 순이익 이득개념에 의해 희석되지 않도록 하고 있다.[7] 따라서 이득 후의 손실은 이득소멸항변으로 고려된다. 이로써 부당이득반환청구권 성립요건으로서의 '이득'개념과 실제 반환되어야 하는 '이득'은 명확히 구별되고, 양자를 같게 보는 것에서 출발하는 순이득 개념과 차이가 있다.

---

3) Swann (2006), 241.
4) 해설서, VII.-3:102, 4016f. 참조.
5) 해설서, VII.-2:101, 3876. 후술하듯이 노무제공이나 재산사용과 같이 가액반환이 이루어져야 하는 경우 5:102(3)에 따른 합의된 가액에 따른 중간책임이 인정되면 부당이득반환책임은 발생하지 않을 수 있다.
6) Clive (2004), 591은 이러한 접근법을 지지하면서, 그 이유로 그러한 상황은 예외적이며 그로 인해 사안해결이 쉬워지기 때문이라는 점을 든다.
7) 해설서, VII.-3:102, 4016.

(2) 이득항목

DCFR에 규정된 각 이득 항목을 살펴보면 다음과 같다. 그 특징으로 이득의 항목을 물건이나 금전에 국한하지 않고 노무나 재산이용까지도 포함시키고 있는데 이로써 현대사회에서 발생하는 이득의 객체를 빠짐없이 포괄하고자 시도하였다는 점에서 진일보한 것으로 볼 수 있다.

(가) 재산증가 또는 채무감소

DCFR은 이득항목에서 '재산'(asset)이라는 개념을 사용하고 있는데 이는 "소유물(property)을 포함하는 경제적 가치 있는 것, 금전가치 있는 권리 및 영업권"으로 정의된다.8) 이는 법적으로 보호받는 경제적 가치 있는 모든 형태의 지위에 대한 포괄개념에 해당한다. 여기서 중요한 것은 타인의 침해나 재산상 불이익한 간섭(adverse interference)을 배제할 권한이 있는지라고 한다.9)

한편 DCFR은 재산이 증가된 경우뿐만 아니라 채무, 즉 소극재산이 감소된 경우도 이득항목에 열거된다(3:101(1)(a)). 다만 재산증가든 채무감소든 그것이 대차대조표 항목에 반영될 수 있어야 하고 따라서 시가변동과 같은 단순한 재산가치 변화는 '이득'에 포함되지 않는다.10)

---

8) 해설서, Vol. I, 66: "anything of economic value, including property; rights having a monetary value; and goodwill." Clive (1998), 386 + n. 10은 여기에는 경제적 이득만이 포함되고, 감각적, 심리적, 영적 이득은 고려되지 않는다고 한다. 따라서 단순한 노무의 수령(가령 주유 중에 창문을 닦는 것, 거리의 악사)도 (고맙기는 하지만) 그것을 통해 비용절감한 것이 없으면 이득이 아니라고 본다. 한편 property란 "동산, 무동산, 유체물, 무체물을 포함하는 소유될 수 있는 것(anything which can be owned)"로 정의된다. 해설서, Vol. I, 77.

9) 해설서, VII.-3:102, 4005.

10) 해설서, VII.-3:102, 4005, 사례 1(폐기물 보관하던 곳을 상가용 부지로 사용하기 위해 폐기물을 치움으로써 인접한 토지 시가가 상승한 사안).

(나) 용역의 수령 또는 일의 완성(= 노무의 수령)

DCFR은 대차대조표상에는 반영되지 않는 이득항목으로 용역(서비스)의 수령이나 일의 완성된 경우(동항 (b))를 이득의 항목으로 규정하였다. 그 이유로는 일정한 유형의 용역(서비스)이 시장에서 거래되는 경우 용역 제공자는 수령자에게 일정한 가치를 제공한 것이고 그로 인해 가치의 이전이 발생한 것으로 보기 때문이라고 한다.[11] 용역(서비스) 개념은 정의하기 어렵지만 통상적으로 보수를 대가로 행해지는 유형의 작위나 부작위를 의미하고 순수한 소비나 즐거움(enjoyment)은 물론(예: 식사, 공연 등), 공사, 재산관리, 운송, 세탁, 미용 등도 여기에 포함된다.[12] 한편 DCFR은 용역 개념이 전자만을 포함하는 것으로 좁게 이해될 것에 대비하여 "일의 완성(having work done)"이라는 용어도 추가하여 그 범위의 확장을 의도하였다고 한다.[13]

용역이 제공자도 모르는 가운데 제공된 경우, 대표적으로 몰래 무임승차한 사안의 경우에도 DCFR에서는 위 규정에 의하여 수익자의 비용절감 여부를 불문하고, 일단 유상으로 제공되는 운송서비스 자체를 각각 "이득"과 "손실"로 인정한다.[14] 요청이 없는데도 제공된 용역(unsolicited service)이더라도 일단은 이득에 해당되므로 반환책임은 성립시키되 수익자에게 비용절감된 액수만을 반환하도록 처리하고 있다(5:102(2)).[15]

---

11) 해설서, VII.-3;102, 4007.

12) IV.C.-1:101(2)에서는 서비스(노무) 계약의 예로 건설, 가공, 보관, 디자인, 정보 또는 자문, 치료(treatment)를 들고 있다.

13) 해설서, VII.-3;102, 4008. '용역 또는 일'(service or work)이라는 용어는 무체적인 수익을 포착하기 위하여 의도된 합성어라고 한다.

14) 해설서, VII.-3:102, 4009, 사례 9 참조. 이른바 항공여행사안(Flugreise-Fall; BGHZ 55, 128)에서 독일연방대법원은 이른바 개괄적 급부의사를 인정하여 급부부당이득으로 보고, 이득의 내용을 '비용절약'으로 보았다. 반면 학설은 구체적 급부의사가 없으므로 "급부"가 있었다고 보기는 어렵고 따라서 침해부당이득에 해당하며 비행기 탑승(즉 항공운송 서비스 이용) 자체를 이득으로 보았다. *Staudinger*/Lorenz (2007), § 812, Rn. 3.

15) 이에 대하여는 해설서, VII.-3:102, 4009의 사례 8(호텔 직원의 착오로 투숙객의 요

(다) 타인재산의 이용

타인재산의 이용(3:101(1)(c))도 이득에 해당한다. 여기서의 재산은 이용가
능하기만 하면 되고 이전가능성은 없어도 된다(가령 인격권).[16] 또한 법률
상 이용권한은 없더라도 사실상 사용할 수 있는 지위도 여기에 해당하는데
여기서 중요한 것은 그것이 일정한 수익을 대가로 계약상 사용허가(licence)
가 부여될 수 있는 성질의 것이어야 한다(이른바 '잠재적 상업화' 요건). 이
때 손실자에게는 실제 사용의도 내지 상업화 의도가 없어도 된다(가령 나체
사진).[17] 수익자의 경우 이용 의도만 있으면 되고 그것이 타인에게 속한 것
이라는 인식은 요구되지 않는다. 다만 타인의 이용을 대체(displacement of
another's use)해야 하는데, 여기에는 시·공간적, 전부·일부이용(예: 타인 토지
통행)이 모두 포함된다.

재산의 이용에는 '처분'도 포함한다. 그리고 이용의 방식은 물건의 경우
점유뿐만 아니라 다른 권능을 '이용'하는 것도 포함되는데, 따라서 선의취득
이 되는 경우라면 그는 소유자의 처분권을 '이용'한 것으로 본다.[18] 마지막
으로 '이용'이란 경제적으로 인식될 수 있는 이익을 빼내기 위하여 권리가
의도적으로 행사되는 것이므로 부주의한 행위로 타인에게 초래된 손해 또는
고의적 파괴는 '이용'에 해당하지 않고, 이때는 불법행위법이 적용된다.[19]

청이 없었음에도 투숙객의 옷을 세탁한 경우) 참조. 이때 DCFR은 서비스 자체를
이득으로 보고 동의하지 않거나 선의의 수익자라면 비용절감액만 반환하도록 한다.

16) 대표적으로 아직 특허를 받지 못한 비밀정보 또는 발명품이나 디자인 도면 등(그
경우에는 정보이용 통제권이 재산에 속한다). 해설서, VII.-3:102, 4009ff.

17) 해설서, VII.-3:102, 4011f. 나체사진이 담긴 출판물을 무상으로 무단배포하였더라도
피해자는 출판자로부터 실시료(licence fee) 상당액을 청구할 권리가 있다고 한다.

18) 해설서, VII.-3:102, 4014.

19) 해설서, VII.-3:102, 4015. 따라서 주차된 타인의 자동차에 고의적으로 흠집을 낸
경우에는 그 동기를 불문하고 '이득'하지 않은 것이지만, 예술가가 동판화를 제작
하기 위해 작품의 소재로 타인의 자동차를 이용하였다면 '이득'에 해당한다(사례
25). 또한 아파트 리모델링 기간 동안 타인의 가구를 수치한 자가 반환일에 휴가
중이어서 계약상 보관기간이 지나 반환함에 따라 초과된 기간 동안 대체 가구를

나. 민법과의 비교

(1) 학설의 대립

민법상 통설에 따르면 "이득"은 전체재산의 관점에서 본 차액설적 입장으로 파악된다.[20] 이에 대하여 현존이익으로의 반환책임의 제한을 선의 수익자에 대한 특혜로 규정한 제748조 제1항의 취지를 고려하여 이득은 구체적 대상으로 파악해야 한다는 견해가 유력설로 떠오르고 있다.[21]

차액설에 입각한 총체재산설은 손해배상법상 '손해' 개념에 대응하여 부당이득법상 '이득'개념을 파악하고자 하는 태도를 전제한다. 그러나 민법은 그 문언을 놓고 보면 구체적 대상설을 전제하는 것으로 보인다. 우선 제741조에서는 '재산'뿐만 아니라 '노무'도 이득이라는 점을 명시하고 있다.[22] 노무부당이득과 관련하여 종래에는 차액설적 관점에서 이를 비용절감으로 보아 소극적 재산증가로 보았으나 민법의 경우 이를 적극적인 이득항목으로 명시하였고, 이로써 노무수령으로 인한 비용절감이 없더라도 노무수령 자체로 이득을 얻은 것이 된다.[23] 그리고 민법은 반환대상으로 "그 받은 목적

빌리는 바람에 손실을 입은 경우, 임치인은 물건을 '사용'한 것이 아니므로 그 재산을 '이득'한 것이 아니고 따라서 부당이득은 성립하지 않는다. 이 경우에는 계약법만이 문제된다(4015f. 사례 26).

20) 곽윤직(2003), 351면; 김증한/김학동(2006), 709면.

21) 민법주해/양창수(2005), 제747조 내지 제749조 전론: 부당이득의 효과, 536면 이하. 양창수(1985), 40면은 차액설의 실무상 적용에 있어서의 어려움을 지적한다("법원은 그 능력으로서는 해결할 수 없거나 지나친 노력을 요구하는 과제를 떠맡게 될 것" … "단순한 추측의 영역을 넘을 수 있을 것인가 하는 의문은 차치하고서라도 그 추측 자체가 매우 어려운 일").

22) 이러한 규정방식은 明治민법에서 유래한 것으로 종래 프랑스법상 "하는 채무"가 변제(paiment)에 포함되지 않아 노무의 경우 비채변제로 처리되지 못한다는 점에서 노무도 부당이득의 대상이 됨을 분명히 해둘 필요에서 비롯한 것이라는 지적으로 민법주해/양창수(2005), 제4장 부당이득 전론, 145면, 주 116.

23) 김상용(2009), 508면.

물"(제747조 제1항) 또는 "그 받은 이익"(제748조 제1항)이라는 표현을 사용하고 있는데, 이 역시 구체적 대상설쪽에 더 가깝다. 즉 민법은 "그 받은 이익"을 기본책임으로 하여 선의 수익자의 경우 현존한 한도에서 반환범위를 감축시켜주고 있는 것이다(제748조 제1항). 이는 항목별 이득개념을 취하고 있는 DCFR의 태도와 일치하고, 결론적으로 이득개념에 있어서 민법과 DCFR은 같은 입장에 서 있는 것으로 평가될 수 있다.

(2) 판례의 '실질적 이익' 개념

이득 개념과 관련하여 판례는 차액설을 취하고 있는 것 같지 않고,[24] 오히려 이득의 방식이나 형태에 제한을 두지 않는 입장이다.[25] 출원중인 특허 또는 실용신안을 받을 수 있는 권리를 양도한 후 양수인 명의로 해당 권리의 설정등록이 이루어진 경우, 양도계약이 무효·취소되면 양도인은 양수인을 상대로 특허권 또는 실용신안권에 관하여 이전등록을 청구할 수 있다는 판결이 있다.[26] 만약 해당 권리의 설정등록이 이루어지지 않은 경우라면 특허받을 수 있는 권리 또는 실용신안등록을 받을 수 있는 권리의 이전이 문제될 것이다(특허법 제37조, 실용신안법 제11조).

보다 눈여겨보아야 할 점은 대법원은 추상적 법률론으로서 "부당이득의 반환에 있어 이득이라 함은 **실질적인 이익**을 의미한다"(강조는 인용자, 이하 같다)는 판시를 반복해오고 있다는 점이다. 주로 임대차 종료 후 임차인이 목적물을 반환하지 않은 사안에서 전개된 이러한 법률론에 대하여[27] 유

---

24) 판례가 차액설을 취한다는 견해로 주석민법/현병철(1999), 539면. 그 근거로 운용이익 공제에 관한 대법원 1995. 5. 12. 선고 94다25551 판결을 들고 있으나 의문이다.

25) 양창수(1985), 41면에서는, 법원은 당사자가 부당이득발생과정에서 구체적으로 이행받은 계약목적물 또는 부당하게 자기의 지배영역 내로 끌어들인 또는 그 안으로 들어 온 타인의 권리내용만을 문제삼는다고 한다. 동지: 김성욱(2003), 198면

26) 대법원 2004. 1. 16. 선고 2003다47218 판결: "양도인은 재산적 이익인 특허 등을 받을 수 있는 권리를 잃게 됨에 따라 양수인은 법률상 원인 없이 특허권 등을 얻게 되는 이익을 얻었다고 할 수 있으므로 …."

형설 측에서의 유력한 비판이 제기되는데, 임대인이 임차인에게 급부한 것은 목적물의 이용가능성이므로 임대차관계 종료후라도 임차인의 실제 사용여부와는 무관하게 이용가능성에 대한 가액반환이 이루어져야 한다는 것이다.28) 나아가 예금계좌에 입금된 금원과 관련해서도 판례는 편취금전 변제사안에서 편취자가 퇴직금 중산정산금이라고 하며 보관을 의뢰하며 자신의 처(피고)의 계좌에 송금한 금원에 대하여 "피고가 위 돈 상당을 이득하였다고 하기 위해서는 피고가 위 돈을 영득할 의사로 송금 받았다거나 소외 1[= 편취자]로부터 이를 증여받는 등으로 위 돈에 관한 처분권을 취득하여 실질적인 수익자가 되었다고 볼 만한 사정이 인정되어야 할 것인데 … 송금 및 반환 경위에 비추어 볼 때 피고가 위 돈을 자신의 구좌로 송금받았다고 하여 **실질적으로 이익의 귀속자**가 되었다고 보기는 어려우므로, 이와 다른 전제에 선 원고의 피고에 대한 부당이득반환 주장은 나아가 살필 필요 없이 이유 없다."고 판시하였다.29) 아울러 근자에도 양도담보권의 목적인 주된 동산(선박)에 양도담보가 설정된 다른 동산(카고펌프)이 부합되어 후자에 설정된 양도담보권을 상실한 경우 부당이득반환관계에 대하여 실질적 이익론에 입각하여 "주된 동산이 담보물로서 가치가 증가된 데 따른 **실질적 이익**은 주된 동산에 관한 양도담보권설정자에게 귀속되는 것"으로 판단하고, 따라서 부합으로 인하여 권리를 상실하는 자는 주된 동산의 양도담보권자가

---

27) 양창수, "임대차 종료 후 임차인의 목적물 계속점유와 부당이득", 민법연구, 제2권 (1991), 322면 이하에서는 그 유형을 (i) 임차인이 동시이행의 항변권 또는 유치권을 행사하는 경우, (ii) 임대인이 영업을 방해한 경우, (iii) 임차인의 사정으로 사용·수익하지 않은 경우로 나누어 (i)과 (ii)와 같이 특수한 사안에 기초한 법리가 (iii) 유형에까지 확장적용된 것을 비판한다. 물론 판례는 임대차 종료 후 임차인의 불법 점유로 인한 손해배상은 인정하는데, 이때 손해산정에 있어서 임차부동산에서 제 과점을 경영하여 얻는 매출액 중 일정비율로 차임을 정한 경우 바로 그 차임상당 액이라고는 볼 수 없다고 한다. 대법원 1991. 9. 24. 선고 91다20197 판결.

28) 민법주해/양창수(2005), 제741조, 278면 이하 참조.

29) 대법원 2003. 6. 13. 선고 2003다8862 판결.

아닌 그 양도담보권을 설정한 자를 상대로 보상을 청구할 수 있다고 판시하였다.[30]

이러한 '실질적 이익'론은 경우에 따라서 공평의 관념에 입각한 타당한 해결에는 도움이 될지는 몰라도 사안해결을 위한 진정한 논거로 보기는 어렵다. 오히려 결론의 당부를 떠나서 각 사안유형별로 적절한 논거제시가 요구된다. 이에 비추어 보면 임대차 종료 후의 임차인이 목적물을 반환하지 않는 사안유형에 있어서 유형설 측에서의 비판이 타당하다. DCFR에서도 이 경우 임차인의 이득은 타인재산 이용에 해당하므로 실제 이용여부는 문제되지 않는다. 그리고 편취금전 변제 사안에서 보관을 위해 잠시 금원을 보관한 경우 수익자가 선의인 한 결론에 있어서 부당이득반환책임을 부정한 판례의 태도는 타당해 보인다. 그러나 이러한 사안유형의 경우 이득소멸의 문제로 풀어야 하고 실질적 이득개념을 동원할 필요는 없어 보인다. 마지막으로 양도담보권의 목적인 동산이 부합된 사안의 경우 부합으로 인한 이익이 누구에게 "실질적으로" 귀속하는지에 대한 판단에 기대기보다는 오히려 그보다 앞서 대법원이 판시했던 소유권유보부 자재 부합 사안 판결(2009다15602)에 설시된 이른바 선의취득 법리 유추적용을 참조하는 것이 더 적절했었을 것으로 보인다. 즉 사안유형에 따라 실질적 이익개념은, 급부개념, 이득소멸 그리고 법률상 원인 존부 판단의 문제로 해결되어야 하는 것이다.

한편 토지소유자의 대리인을 사칭한 무권대리인으로부터 토지를 매수하기로 하는 매매계약을 체결하고 토지소유자에게 매매대금을 송금하였는데, 토지소유자로부터 미리 통장과 도장을 교부받아 소지하고 있던 무권대리인이 송금 당일 전액을 인출해 간 사안에서 이체자가 예금명의인인 토지소유자를 상대로 부당이득반환청구를 하자 예금명의인이 위 이체받은 돈 상당을 이득하였다고 하기 위해서는 "이를 사실상 지배할 수 있는 상태에까지

---

30) 대법원 2016. 4. 2. 선고 2012다19659 판결. 평석으로 이진기(2016. 8), 522면 이하; 손호영(2016. 12), 400면 이하 참조.

이르러 **실질적인 수익자**가 되었다고 볼 만한 사정이 인정되어야 할 것"인데, 매수인의 매매대금의 송금 경위 및 무권대리인이 이를 인출한 경위 등에 비추어 볼 때 토지소유자가 위 돈을 송금 받아 "**실질적으로 이익의 귀속자가 되었다고 보기 어렵다**"고 보아 부당이득반환청구를 인용한 원심을 파기환송하였다.[31] 대법원은 여기서도 앞의 편취금전 변제 사안과 유사하게 실직적 이득개념을 동원하였는데, 이에 대하여도 이득개념의 부정보다는 이득하였으나 나중에 소멸되었다는, 이득소멸로 접근하다는 것이 타당하다는 비판이 있다.[32] 그러나 위 사안은 앞의 사안과는 달리 쌍방 기이행된 쌍무계약 청산 사안으로 이득소멸 항변이 인정될 수 있을지는 재고를 요한다.

다. '점유부당이득' 문제

점유도 그 자체로 부당이득법상 '이득'이 될 수 있는지가 문제된다. DCFR 해설서에서는 불성립된 매매계약에 기해 이행된 것의 청산과 관련하여 물권행위 유인성과 무인성을 모두 열어두면서("depending on the applicable law of property and in particular transfer of title") 전자의 경우에는 물건의 점유만을, 후자의 경우에는 소유권과 점유가 반환대상이 된다고 설명하고 있다.[33] 이 경우 점유는 3:101(a)상의 '재산증가'로 보고 있다. 다른 한편 DCFR은 점유를 타인재산의 이용(use)의 한 양태로 보면서,[34] 객관적으로 타인의 이용을 대체(displacement of another's use)하면 '이용'이 있다고 보는데, 그 이유는 이는 점유자(내지 권리자)의 잠재적 상업화 가능성(potential commercial-

---

31) 대법원 2011. 9. 8. 선고 2010다37325 판결.
32) 위 판결에 대한 평석인 이계정(2013), 574면 이하. 또한 구체적 대상설에 따른 입증책임 분배에 따라 이 사안에서는 자신의 통장을 제대로 관리하지 못한 예금명의인이 이득소멸의 사정을 입증해야 한다고 본다.
33) 해설서, VII.-1:101, 3849, 사례 10.
34) 해설서, VII.-3:102, 4014.

isation)을 침해하기 때문이라고 한다.[35] 관련하여 DCFR상으로는 사용이 수반되지 않는 단순한 점유의 경우 이전가능한 이득이기는 하나 재산적 가치는 없으므로 이것을 부당이득반환대상으로 볼 것인지의 문제는 미해결상태라고 보는 견해가 있다.[36]

우리 학설상 이른바 점유부당이득의 문제는 이는 원물반환에 있어 소유물반환청구권과는 별도의 점유이득반환청구권이 발생하는지와 관련하여 논의된다. 이에 대하여 공평설에서는 비록 본권이 없더라도 점유 자체는 그로 인한 여러 법률효과를 발생시키고 점유자의 법적 지위를 유리하게 만든다는 점에서 점유 부당이득이 인정될 수 있다고 본다.[37] 그러나 유형설에서는 급부부당이득의 경우에는 청구권경합이론에 따라 점유부당이득을 인정하면서도 침해부당이득의 경우에는 점유 자체에 "할당내용(Zuweisungsgehalt)"이 없다는 점에서 이를 부정한다.[38]

생각건대 유형설의 구별에 따라 우선 급부부당이득의 경우에는 점유가 재산적 가치가 있는 '이득'인지는 전혀 문제되지 않는다.[39] 그리고 침해부당이득의 경우에도 점유는 물건의 사용에 있어서 전제를 이룬다는 점에서 대부분의 경우 사용이익이 이득의 내용이 되고 사용이익이 배제된 점유 자체만이 이득으로 되는 경우는 상정하기 어렵다. 물론 여기서 사용이익은 실

---

35) 해설서, VII.-3:102, 4013.
36) Wendehorst (2008), 225, n. 22.
37) 곽윤직(2003), 349면 이하.
38) 김형석(2008. 3), 249면 이하. 다만 동, 279면은 물건의 실체에 대한 침해가 있는 경우에는 침해부당이득이 적용된다고 본다. 한편 정태윤(2007. 9), 639면은 통일설의 입장에서 점유 자체에 대한 재산적 가치를 부정하면서도 급부부당이득의 경우에는 예외를 인정한다.
39) 이에 관하여는 정태윤(2007. 9), 611면 이하 참조. 종래 이 문제는 단순한 '점유'가 재산적 가치를 가지는 이득인가의 문제로 접근되었으나 이러한 접근법은 독일에서 "재산이동의 도그마"에 기초하여 부당이득을 통일하는 과정에서 초래된 오해라고 평가하고, 점유가 '이득'인가에 관한 논의는 더 이상 의미가 없다고 한다.

제 사용여부와는 무관하게 권한있는 자의 점유박탈로 인한 사용가능한 상태의 취득만으로 족하다. 물론 점유를 수반한 사용, 즉 배타적 사용과 그렇지 않은 사용 간에는 사용이익의 범위에서 차이가 있을 수 있다.

판례도 점유를 수반한 사용과 그렇지 않은 사용을 구별한다. 가령 지방자치단체가 타인 소유 임야의 일부 토지 위에 자신의 계획과 비용으로 수도시설, 안내판, 관리소 등을 설치하여 유지·관리해 온 사안에서, 지방자치단체는 위 시설의 부지를 "점유"한다고 보아야 하고 설사 점유하지 않는다고 하더라도 그 부분을 위 시설물들의 부지로 "사용"하는 이익을 얻고 있으므로 임야소유자에게 그 이익을 부당이득으로 반환할 의무가 있다고 판시하여서 점유와 사용을 별개로 다루고 있고 점유는 반환되어야 할 이익의 구체적인 액수를 산정함에 있어서 고려될 뿐이라고 보았다.[40]

2. 손실 요건의 요부

가. DCFR

DCFR은 단일모델에 입각하여 모든 부당이득사안에 '이득'과 동시에 '손실'을 명시적으로 요건화하였다. 그리고 손실은 이득의 '거울에 비친 쌍둥이상(mirror-image twin provisions)'의 형태로 규정되어 있다.[41]

VII.-3:102: 손실
(1) 다음의 경우에 손실자가 된다:
 (a) 재산의 감소 또는 채무의 증가;
 (b) 용역을 제공하거나 일을 한 경우; 또는

---

40) 대법원 2009. 11. 26. 선고 2009다35903 판결.
41) Clive (2004), 592의 표현을 빌리면 두 개의 조문은 "박자가 딱 맞아떨어진다(bits begin to fall into place)."

> (c) 손실자의 재산을 타인이 이용한 경우.
> (2) 어떤 자가 손실을 입은 것인지 여부 및 그 범위를 결정함에 있어서, 그 자가 손실을 대가로 또는 손실 후에 얻은 이득은 고려하지 않는다.

나. 민법

민법도 부당이득에 관한 일반조항인 제741조에서 "손해"를 요건으로 하고 있고, 이에 따라 통설은 손실을 모든 부당이득 사안유형에 있어 공통요건으로 요구하고 있다. 여기서의 손실의 의미는 매우 넓게 이해되는데, 즉 "손실자가 현실로 그 재산을 이용할 수 있었는가를 불문하고 사회관념상 그 이익이 손실자에게 당연히 귀속되어야 할 것이라고 생각되는 한" 손실이 있다고 해석하면서,[42] "기존재산의 감소뿐만 아니라, 얻을 수 있었을 이익의 상실을 포함"하는 것으로 설명된다.[43] 이에 대하여 부당이득반환청구의 성립요건으로 "손해"요건은 요구되지 않는다는 견해가 제기되고 있다.[44]

재판례 중에는 제741조의 문언에 충실하게 부당이득반환청구권의 요건으로 손해가 발생할 것을 요구하고, 이에 대하여 심리확정할 것을 요구하는 것이 있다.[45] 그러나 문제된 사안은 후술할 이중한도 기준이 적용되는 개량 사안이라는 점에서 이러한 태도를 일반화하기는 어렵다. 한편 최근 판결에서 유형설을 수용하면서 급부부당이득의 경우에는 침해부당이득에서와는

---

42) 곽윤직(2003), 535면.
43) 김증한/김학동(2006), 712면. 이때 손해의 유무를 판단함에 있어서 단지 형식적인 면만이 아니라 실질적인 면도 고려해야 하고, 사실적·경제적인 점이 경시되어서는 안 된다고 한다.
44) 민법주해/양창수(2005), 제741조, 175면("급부이득의 경우에는 … 「손해」… 는 전혀 논의의 여지가 없다."), 245면("[손해]요건을 침해이득에 대하여 요구하는 것은, 결과적으로 "손해"의 의미를 무한정 확장하여 어떠한 경우에도 "손해"가 있다는 무의미한 결론에 도달하기에 이르는 것이다."). 동지: 이병준·정신동(2010. 6), 41면.
45) 대법원 1982. 5. 25. 선고 81다카1061 판결.

달리 급부가 있으면 이득 요건에 대한 별도의 검토 없이 급부 자체가 부당
이득으로 반환되어야 한다고 판시한 바 있다.[46] 이에 따르면 급부부당이득
사안에서는 급부가 있었는지에 대한 검토만 있으면 되고, 그밖에 손실이나
인과관계 요건에 대한 검토는 요구되지 않게 된다.

다. 검토

DCFR과 민법은 조문만 놓고 보면 모두 손실 내지 손해를 부당이득반환청
구의 요건으로 삼고 있다는 점에서 공통적이다. 이는 손실과 이득은 동전의
앞뒷면과 같아서 누군가 이득하였으면 누군가는 손실을 입었을 것이라는 고
려에 기초한다. DCFR에서 이득과 손실을 "거울에 비친 상(mirror-image)"으
로 규정한 것이 이를 보여준다.

그러나 개념적으로 볼 때 이득에 대응하여 손실이 존재한다고 하더라도
그것이 어떠한 독자적인 기능을 담당하고 있는지는 별도의 검토가 요구된
다. 비교법적으로 급부부당이득 사안에서는 손실 요건은 불필요하고 혼동을
야기한다는 지적이 있다.[47] 실제로 독일법상 지배적인 유형설에서는 급부이
득에 관해서는 손실 요건이 불필요하다고 보고 있고,[48] 같은 맥락에서 프랑
스와 같이 비채변제를 별도로 규정하는 법제에서는 비채변제 사안의 경우
손실 요건은 당연한 귀결이라는 지적이 있다.[49] 급부이득 사안의 경우라면
'급부'라는 개념안에 이미 손실 요건이 포함되어 있으므로 별도의 손실 요
건의 검토는 불필요할 것이다.[50]

---

46) 대법원 2010. 3. 11. 선고 2009다98706 판결: "이 경우[= 급부부당이득]의 부당이
   득반환의무에서 민법 제741조가 정하는 '이익' 또는 '그로 인한 손해'의 요건은 계
   약상 급부의 실행이라는 하나의 사실에 해소되는 것이다."
47) Schlechtriem, Coen, Hornung (2001), 387.
48) Looschelders (2008), Rn. 1029.
49) Smits/Mak (2011), 258.
50) von Bar (2006), 216는 단일모델 채택과 관련하여 급부부당이득의 맥락에서는 다

다음으로 침해이득 사안에서 손실 요건이 문제된다. 여기서도 손실은 실제 손실자가 입은 구체적인 손실이 아닌 손실자를 대체한 이용 자체가 이득과 동시에 손실을 구성하게 된다.[51] 가령 일요일에 휴업하는 상가의 주차장에 이웃이 주차한 경우,[52] 별장 소유자가 해외 출장을 떠나자 별장 관리인이 소유자의 허락을 받지 않고 자신의 친구를 숙박시킨 경우[53]와 같이 손실자가 재산을 소위 "놀리고 있는" 경우에도 DCFR에서는 손실이 인정된다. 이때 손실은 현실적으로 발생할 필요가 없고(가령 상가 주인이 자신의 주차장에 주차하지 못해 다른 유료주차장에 주차함으로써 발생한 주차요금) 잠재적 상업화 가능성(potential commercialisation)의 침해로 설명된다(즉 일요일에 자신이 사용하지 않는 주차장을 임대함으로써 얻을 수 있는 차임을 얻지 못한 것).[54] 역시 이 경우에도 중요한 것은 손실자에게 실제로 구체적 액수로서 '손실'이 발생하였는지가 아니라 권리자에게 법적으로 할당된 이득의 침해가 있었는지 여부이고, 해설서에서도 이 점이 언급되고 있다.[55] 결론적으로 이 경우에도 부당이득법상 손실 요건은 독자적 기능을 하고 있지 못한다.

한편 이득은 있지만 손실이 없어서 부당이득반환청구가 배제되는 경우가 있으므로 손실 요건이 필요하다는 반론이 있을 수 있다. 대표적으로 어떤 사람이 자익을 추구하는 과정에서 옆 사람이 부수적 이득(incidental benefit)을 얻는 경우를 들 수 있는데, 가령 소유자가 자신의 토지를 위해 관개시설을 하였는데 이것이 이웃 토지에 용수개선이라는 이득을 준 경우가 있다. 이 경우 이득은 분명히 존재하지만, 부당이득반환청구가 배제되는 이유로

소 인위적 개념으로 보이는 손실개념을 원용해야 했지만, 후속 규정에서 상세화시킴으로써 그러한 어려움은 상대적으로 쉽게 해결될 수 있었다고 한다.
51) 해설서, VII.-3:102, 4012.
52) 해설서, VII.-3:102, 4013, 사례 17.
53) 해설서, VII.-2:101, 3892, 사례 24.
54) 해설서, VII.-3:102, 4011f.
55) 해설서, VII.-3:102, 4005.

손실자의 '손실'이 없으므로 부당이득반환청구가 배제된다고 보아야 하는지가 문제된다. 그러나 '손실' 요건에 의지하지 않고서도 이 경우 부당이득반환청구는 배제되는데, DCFR은 해설서에서는 이 사안은 관개시설한 자가 자발적으로 하였고 비용지출자의 의도와는 무관하게 "노무제공에 대하여 동의하였"다는 점을 든다.56) 그렇다면 손실 요건을 명시적으로 요구하는 DCFR에서조차도 '손실'은 '요건'으로 기능하지 못하는 점을 확인할 수 있다.

마지막으로 손실 요건이 기능하는 것으로 보이는 사안으로 단순히 기대만 품고 있다가 실망한 경우가 있다. 해설서에서는 증여자의 주소 착오기재로 선물이 이웃집에 배달된 경우 선물을 수령한 자와 원래 증여받기로 예정된 자 간의 관계와 변호사의 착오로 유언자가 유증하기로 예정했던 자가 유증에서 누락된 사안 등이 언급된다.57) 또한 단순한 권리가치의 감소가 일어난 경우도 이에 해당하는데, 대표적으로 채무자가 사해행위로 특정 채권자에게만 변제를 하고 파산함으로써 다른 채권자들의 채권이 무가치해진 경우가 언급된다.58) 이러한 경우 DCFR 해설서는 모두 '권리상실'이 없다는 점에서 '손실'을 부정한다. 결론적으로는 타당하지만 이러한 사안 유형들까지 굳이 부당이득법의 영역으로 끌어들여서 해결을 시도할 필요가 있는지는 의문이다. 실제로 이러한 사안들은 그 해결에 있어서 고유한 법영역에 맡겨진 사안들이고, 해설서에서도 그와 같이 해결되고 있다.59)

---

56) 해설서, VII.-2:101, 3900, 사례 36; VII.-3:101, 4009 사례 10도 참조: "An exploitation of a state of affairs 'after the fact' is not a receipt of a service." 흥미로운 것은 영국의 Birks (2005), 158는 이 경우를 'by benefits'라고 하면서 아래층 집에서 난방을 하여 위층 집이 난방비를 절감하는 경우를 그 예로 드는데, 이때 손실자의 행위를 증여(gift)로 본다.

57) 해설서, VII.-4:103, 4073, 사례 7과 사례 8.

58) 해설서, VII.-4:103, 4075, 사례 12.

59) 대표적으로 해설서, VII.-4:103, 4073, 사례 8에서 다루는 변호사의 착오로 유언자가 유증하기로 예정했던 자가 유증에서 누락된 경우(이는 유명한 White v. Jones [1995] 2 WLR 187 사건이다) 부당이득법적으로는 유증누락은 '손실'로 인정되지

요컨대 부당이득법상 요건론에서의 '손실'이 기능할 여지는 없어 보인다. 다만 반환범위에 있어서는 일정한 기능을 하는 경우가 있는데, 항을 바꾸어 설명한다.

라. 이중한도 기준

손실요건의 기능과 관련하여 반환범위를 결정함에 있어 '손실한도 이득'이라고 하는 이중한도 기준(règle du double plafond; 또는 중복기준설)이 문제된다. 즉 손실이 이득보다 적은 경우에는 반환범위가 손실을 한도로 제한된다는 것이다. 민법은 비용상환청구의 경우 제203조 등에서 이를 반영하고 있는데(가액증가 현존을 전제로 회복자가 지출금액 또는 증가액의 상환을 선택), 통설은 이러한 개량 사안을 넘어서 형평을 근거로 이를 부당이득 전반에 적용되는 기준으로 삼고 있다. 그 배경에는 공평에 따른 손실전보라는 생각이 깔려있다.[60] 그러나 이러한 일반화에는 의문이 제기되고 있다. 우선 명문의 규정이 있는 비용상환청구 외에 부당이득법상 이를 인정할 근거가 없고, 이를 인정하는 것은 부당이득법의 제도목적에 부합하지 않기 때문이라는 점이 지적된다.[61]

않는다. 해설서에 따르면 그 경우 제3자를 위한 계약의 위반(II.-9:302)이나 불법행위법상 손해배상(VI.-2:101(c) "법적 보호가치 있는 이익의 침해결과로 발생한 손실")이 문제될 수 있다고 한다. 아울러 사해적 변제 사안과 관련해서 해설서, VII.-4:103, 4075는 이 경우 적절한 해결법은 모든 채권자의 이익으로 원상회복되는 것이라고 보면서 이는 파산법의 문제라고 한다. 이러한 사해적 변제를 부당이득법으로 해결하게 된다면 일정한 요건하에 파산 전 처분을 원상회복시키는 파산법상의 규정들을 잠탈하게 된다고 한다.

60) 곽윤직(2003), 370면: "부당이득은 **손실자의 손해를 전보**해서 당사자 사이의 공평을 유지하려는 제도"(강조는 인용자. 이하 같다). 다만 이득이 손실보다 적은 때에는 현실의 이득만을 반환하면 된다는 점이 부당이득과 손해배상의 다른 점이라고 한다; 김주수(1997), 580면: "부당이득제도는 현존이익을 한도로 **손실자의 손해를 전보**하여 당사자 간의 공평을 유지하려는 것이기 때문" 등.

대법원은 일찍이 "손실액이 이득액보다 적을 경우에는 손실액의 한도에서만 이득액을 반환할 의무 있다고 해석함이 부당이득의 성립요건으로서 손실과 이득을 대립시킨 입법취의에 비추어 상당하다"고 판시한 바 있어62) 이중한도기준을 채택한 것으로 볼 여지도 있으나, 실제 관련 재판례를 살펴보면 개량과 관련된 사안이나63) 운용이익 반환과 관련한 사안이 주로 문제된다.64) 우선 개량 사안의 경우 명문의 규정(제203조)에 의해 고려되는 것이고, 운용이익 사안의 경우에도 반환범위를 정하는 단계에서 손실자가 입은 손실에 대한 고려 하에 수익자의 수완에 의한 이득부분을 공제하는 것이다. 따라서 이를 일반화하여 이중한도 기준을 적용하는 것은 타당하지 못하다고 생각된다.

DCFR은 이러한 이중한도 기준을 채택하지 않고 있고, 후술하듯이 반환범위에 있어서도 이득만을 고려한다. 그렇다면 부당이득법상 '손실'은 요건과 효과 모두에서 유의미한 기능을 하지 못한다. 마지막으로 검토해 보아야 할 것은 인과관계 요건에서의 손실의 기능인데, 후술하듯이 이 한도에서 손실은 부당이득반환청구자를 결정하는 기능 정도만을 수행하고 있음이 확인된다.

---

61) 김상용(2009), 559면; 송덕수(2014), 458면. 민법주해/양창수(2005), 제741조, 157면에서는 이러한 중복기준설은 불법행위법과 비교하여 보았을 때 이득반환제도로서의 부당이득제도의 제도목적을 불투명하게 하는 결과를 낳는다고 한다.
62) 대법원 1968. 7. 24. 선고 68다905, 906 판결.
63) 대법원 1974. 7. 26. 선고 73다1637 판결(성토매립 공사로 토지이용가치 상승시 선의 수익자는 공사비만 반환); 대법원 1982. 5. 25. 선고 81다카1061 판결(임야를 매수하여 목장으로 개량하였으나 임야소유권이 피고에게 귀속된 경우 "그 손실액의 범위내에서" 반환할 이득액 산정) 참조.
64) 대법원 1997. 7. 11. 선고 96다31581 판결: "부당이득반환의 경우, 수익자가 반환해야 할 이득의 범위는 손실자가 입은 손해의 범위에 한정되고, 여기서 손실자의 손해는 사회통념상 손실자가 당해 재산으로부터 통상 수익할 수 있을 것으로 예상되는 이익 상당이라 할 것이며 …".

3. 이득과 손실 간의 관계

가. DCFR

DCFR은 부당이득반환청구의 요건으로 이득의 '손실해당'[65]을 제시한다. 종래 부당이득반환청구의 요건으로 이득과 손실 간의 '인과관계'가 운위되던 것에 비하면 DCFR의 '손실해당'은 다소 생소하다.[66] 성안자의 설명에 의하면 이는 일상에서 무수히 발생하는 이득 중에서 타인의 손실에 '해당'하는 경우로만 부당이득반환청구를 제한하고자 한 것으로,[67] 인과관계는 인정되나 '손실해당'이 부정되는 대표적인 예로 수익자의 수완에 의한 운용이

---

65) DCFR의 'attribution'에 대한 독일어 번역어는 'Zuordnung'이고, 프랑스어의 경우 'Lien entre enrichissement et appauvrissement'으로 그 의미를 살리지 못한 채로 번역하였다. 해설서의 attribution을 의미하는 다른 용어로 connect, link라는 표현이 사용된다(해설서, VII.-4:101, 4036). 용어의 번역어로 '귀속', '대응', '관련'도 고려될 수 있으나 여기서는 '해당'이라는 표현을 쓰고 '손실에의 해당', '손실해당' 또는 '손실해당성'과 같이 사용하기로 한다. 다만 번역어 선정에 있어 DCFR 해설서에서 causation과 attribution을 구별하고 있고 의식적으로 후자의 용어를 채택하였다는 점에서 박희호(2009), 123면(107면에서는 "기여"라는 표현도 사용한다)과 가정준 (2015), 313면의 "인과관계"라는 역어는 적절하지 않다.

66) 이 용어에 대하여는 2003년 드레스덴 학술회의에서의 임시초안 발표당시부터 불명확하다거나(Zimmermann), 인과관계와 다를 바 없다는 비판(Mark Gergen)에서부터 비교법적으로 생소하다는 의견이 제기되었다(Peter Huber, "Diskussionsbericht", *Grundstrukturen* (2005), 289). 이에 대하여 초안 작성자인 Swann은 전자의 비판은 수용하면서도 다만 부당이득의 두 가지 요건을 결합시키는 형태인 "at the expense of"라는 표현은 지양하였다고 한다. 이에 대하여는 von Bar (2006), 218도 참조. 한편 DCFR은 불법행위에서는 'causation'이라는 용어를 사용한다(제6편 제4장의 표제어).

67) 연구회는 이를 이득과 손실 간의 내적 관련성(intrinsic connection) 또는 연계성 (nexus)이라고 설명한다. 즉 소유물반환청구에서와는 달리 부당이득의 경우에는 이득이 누구의 손실에 해당되는지를 정하는 것이 필요하다고 본다. von Bar (2006), 217.

익을 들고 있다.[68]

DCFR은 손실해당 요건에 대하여 예시적으로 열거하는 방식을 취하고 있다.[69] 먼저 2자관계에서의 대표적인 손실해당 유형들을 다음과 같이 열거하고 있다. 다만 DCFR에서 열거된 귀속유형은 비소진적인데("특히"),[70] 그 의미는 본조에 열거된 경우에는 손실해당성이 분명하게 인정된다는 것이고 따라서 본조의 유추해석에 의해 확장도 인정한다.

VII.-4:101: 손실에 해당하는 예
이득은 특히 다음의 경우에 타인의 손실에 해당한다:
 (a) 타인의 재산이 그 타인에 의하여 수익자에게 이전된 경우;
 (b) 그 타인에 의하여 수익자에게 용역이 제공되거나 수익자를 위하여 일이 완성된 경우;
 (c) 수익자가 그 타인의 재산을 이용한 경우, 특히 수익자가 손실자의 권리나 법익을 침해한 경우;
 (d) 수익자의 재산이 그 타인에 의하여 증가된 경우[71]; 또는
 (e) 수익자가 그 타인에 의하여 채무로부터 해소된 경우.[72]

이러한 예시를 통한 구체화는 단일모델에 입각한 DCFR 규정의 추상성을 완화시키는 기능을 한다. 실제로 위 규정상의 2자간 부당이득에서의 손실해당 유형들은 유형설의 분류에 따른 사안유형에 대응되는데, 다만 면밀히 살펴보면 DCFR은 항목별 이득개념 하에서 이득이 발생되는 방식에 초점을

---

68) von Bar (2006), 218.
69) 이는 2004년 임시초안의 해당조문 표제어에서 드러난다: "Particular Instances of Attribution Involving Only Two Persons", "Particular Instances of Attribution Involving More than Two Persons". 물론 3자관계에서도 손실해당성은 2자관계로 환원하여 분석해야 한다(가령 지시 사안).
70) 가령 본조에 열거되지는 않았으나 자연력(act of nature)에 의한 경우가 포함된다고 한다. 해설서, VII.-4:101, 4036.
71) 해당하는 원어는 "is improved"이고(독역: "verbessert worden ist") 해설서에서는 "enlarge" 또는 "supplement"로 설명하고 있다(해설서, VII.-4:101, 4038). 개량 사안이 대표적이나, 현금 입금도 여기에 속한다(해설서, VII.-101, 3845, 사례 1).
72) 박희호(2009), 123면의 "책임의 감면", 가정준(2015), 313면에서는 "손실자에 의하여 수익자가 책임을 면제받은 경우"라고 하고 있다.

두고 있음을 알 수 있다.[73] 가령 '재산'이라는 이득은 직접이전(4:101(a))이나 개량 등에 의한 증가(동조 (d))를 통하여, 노무의 경우에는 손실자의 노무제공에 의하여(동조 (b)), 타인 재산이용은 수익자의 이용을 통하여(동조 (c)), 마지막으로 채무감소는 손실자의 변제행위를 통하여(동조 (e)) 손실해당성이 인정될 수 있다.

한편 3자관계의 경우에도 손실에 해당하는 유형에 관한 규정들을 예시의 방법으로 추가하고 있다. 4:102는 간접대리의 경우(대표적으로 위탁매매) 손실해당성이 부정된다는 점을 확인적으로 규정하고 있을 뿐이므로, 실질적으로 추가된 사안 유형은 비채권자에 대한 채무자의 이행 사안(4:103)과 무권리자의 처분에 관한 사안(4:105)이다. 이들 사안 유형은 역사적으로 중요하게 다루어진 사안임과 동시에 공통적으로 손실자가 '권리상실'이라는 손실을 입는 상황을 전제로 한다. 한편 4:104와 4:106은 각각 4:103과 4:105의 자매규정으로 권리상실자의 추인에 대하여 규정하고 있다.

VII.-4:102: 매개인(intermediaries)
법률행위의 일방 당사자가 수권받은 매개인으로 본인을 간접대리하는 경우, 그 법률행위로부터 또는 그에 기한 채무의 이행으로부터 발생하는 본인의 이득 또는 불이익은 매개인의 이득 또는 불이익으로 간주된다.

VII.-4:103: 채무자의 비채권자에 대한 이행; 선의의 전전양도
(1) 채무자가 수익자에게 이득을 부여하고 그 결과 손실자가 채무자를 상대로 동일한 또는 유사한 이득에 대한 권리를 상실한 경우에도 이득은 타인의 손실에 해당한다.
(2) (1)항은, 손실자에게 부당이득을 반환할 의무 있는 채무자가 VII.-6:101(이득소멸)상의 대항사유를 가지는 사정하에 제3자에게 그것을 이전한 경우에 특히 적용된다.

VII.-4:104: 채무자의 비채권자에 대한 이행의 추인
(1) 채무자가 제3자에게 이행함으로써 채무변제를 의도한 경우, 채권자는 그 행위를 추인할 수 있다.
(2) 추인은 이행한 한도에서 채무자에 대한 채권자의 권리를 소멸시키는데, 제3자의 이득이 채권자의

---

73) 가령 무현금 지급거래의 일종인 계좌이체방식의 지급과 입금방식의 지급은 유형설에서는 모두 급부이득에 해당하지만, DCFR에서는 전자는 현금 지급과 마찬가지로 보아 4:101(a)에 속하고, 후자는 4:101(d)에 해당된다(해설서, VII.-1:101, 사례 1, 3845). 물론 손실해당 방식의 차이에서 비롯하는 실익은 없다.

채무자에 대한 청구권 상실에 해당하는 효과를 가진다.

(3) 채권자와 제3자의 관계에서 추인은 채무자를 상대로 한 채권자의 권리상실에 대한 동의로 되지 않는다.

(4) 본조는 비금전채무의 이행에도 준용된다.

(5) 파산 또는 그에 상응하는 절차[74]가 채권자가 추인하기 전에 채무자를 상대로 개시된 경우, 다른 규정이 본조의 적용을 배제할 수 있다.

VII.-4:105: 개입자(intervener)[75]의 행위로 인하여 손실에 해당하는 경우

(1) 제3자가 권한 없이 손실자의 재산을 이용하여 손실자가 재산을 박탈당하고[76] 그 재산이 수익자에게 이득으로 된 경우에도 이득은 타인의 손실에 해당한다.

(2) (1)항은 개입자의 물건에 대한 간섭이나 물건의 처분으로 손실자가 물건의 소유자임을 그치고 수익자가 법률행위 또는 법규정에 의하여 소유자가 된 경우에 특히 적용된다.

VII.-4:106: 개입자의 행위의 추인

(1) 재산에 대한 권리자는, 그 재산을 제3자와의 법률행위로 처분 기타 이용을 의도하는 개입자의 행위를 추인할 수 있다.

(2) 추인된 행위는 수권받은 매개인(authorised intermediary)[77]에 의한 법률행위와 동일한 효력을 가진다. 추인한 자와 개입자 간의 관계에서 추인은 개입자의 재산 이용에 대한 동의로 되지 않는다.

앞서 언급한 바와 같이 손실해당 요건은 우선 반환대상으로서의 이득을 제한하는 역할을 한다. 그리고 또 다른 중요한 기능으로 반환청구자로서 손실자를 결정한다. 2자관계에서는 재산의 직접이동의 경우 이득과 손실은 거울에 비친 영상(mirror image)이므로 손실해당성 문제는 직관적으로 결정되지만 다수당사자가 개입된 경우에는 재산의 이동방향만을 기준으로 결정할 수 없다. 이를 위해 대표적으로 문제되는 3자관계 사안에 대하여 DCFR은

---

74) "equivalent proceeding"에 대한 박희호(2009), 124면의 "등분절차"라는 번역은 오역이다. 참고로 독일어 번역어는 "ein entsprechendes Verfahren"이다.

75) 가정준(2015)은 "관리자"로 번역하나 의미가 불분명할 뿐만 아니라 의미상 적절하지도 않아 보인다. 박희호는 "간섭자"로 번역한다.

76) 본조의 'is deprived of' (독일어 번역은 entzogen wird)에 대한 가정준(2015), 315면의 "훼손"은 오역이다.

77) intermediary의 역어로 가정준(2015)은 "중개인", 박희호(2009)는 "대리인"을 사용한다.

예시규정을 두고 있는 것이다.[78]

물론 DCFR의 규정이 예시규정이고 유추 가능성을 열어두고는 있지만, 이러한 규정방식이 과연 성안자가 의도했던 기획에 어느 정도 부응하는지는 의문이다. 우선 2자관계 사안에서 '손실해당성'은 직관적으로 결정되므로 4:101 규정은 과도하게 친절한 것으로 보인다. 다음으로 다수당사자 부당이득 사안에 대해서는 DCFR은 하나의 사실관계에서도 손실해당이 중첩하여 일어날 수 있는 것을 전제하고, 사안 전반적으로(globally) 검토될 수 없고 한 쌍의 수익자와 손실자별로 순차적으로(serially) 검토되어야만 한다는 설명만을 하고 있고,[79] 정작 가장 대표적인 3각관계로 논의되는 사안에 대한 손실해당 예시규정은 없어 사안 적용면에서 어려움을 발생시킨다. 가령 지급지시 사안의 경우 재산의 실제 이동방향과 변제효가 발생하는 방향이 분리되는데 DCFR의 규정으로는 이러한 분리현상을 포착해내는 데 한계가 있기 때문이다. 따라서 결국 3자관계 사안에서의 부당이득반환관계는 손실해당성만으로 판단하기 어렵고, 계약법의 기본원리와 같은 다른 법제도와의 고려하에서 결정되어야 한다.

요컨대 2자관계상의 손실해당 예시규정은 불필요한 규정으로 보이며 정작 손실해당성이 문제되는 3자관계 사안에 대한 추상적인 예시규정은 사안 해결에 있어 불충분한 것으로 평가된다.[80] 남는 것은 3자관계상 추인 규정

---

78) 4:103이 적용되는 사안으로 해설서, VII.-4:103, 4070ff.에서는 비채권자가 채무자의 채무이행을 가로채는(intercepted) 경우(채권양도 후 통지 전에 채무자가 양도인에게 변제한 사례, 채권의 이중양도가 일어나고 채권자가 제2양도에 대하여만 통지하여 채무자가 제2양수인에게 변제한 경우 제1양수인과 제2양수인의 관계, 소지식 증권을 제시하여 변제받은 자와 진정한 권리자 간의 관계, 상속인을 참칭하여 변제받은 자와 진정한 상속인 간의 관계)와 채권자가 착오지시로 채무자의 채무이행이 오도되는(misdirected) 경우(지시인의 지시로 피지시인이 지시수령인에게 이행하였는데 그것이 지시인의 지시착오에 의한 경우)를 들고 있다. 한편 4:105는 대표적으로 개입자에 의한 첨부 사안에 적용가능하다.

79) 해설서, VII.-4:101, 4036.

인데, 이 역시 일반 법리로 해결가능하므로 굳이 규정을 둘 이유가 있는지 여전히 회의적이다.

나. 민법

민법의 경우 제741조 일반조항에서 "[~]로 인하여"라고 규정하고 있고 이를 근거로 통설은 이득과 손실 간에 인과관계를 요구한다. 학설과 판례는 직접적인 인과관계일 필요는 없으며 넓게 보아 사회관념상 양자 사이의 연관이 있으면 족하다고 본다.[81] 그렇지 않으면 제3자가 개입하는 경우, 특히 무자력한 제3자를 개입시킴으로써 수익자가 부당이득 반환의무를 면하게 되는 결과를 막지 못하기 때문이라는 것을 근거로 제시한다.[82] 이에 대하여는 반대 견해도 있다. 우선 인과관계의 직접성을 요구하는 견해로, 즉 이익전용소권을 인정하지 않는 민법상 "사회관념상의 인과관계를 통해서 직접청구를 인정하려는 것은 본말을 전도하는 것"으로 인과관계는 수익과 손실이 하나의 과정에서 발생된 것으로 보아야 한다는 견해가 있다.[83] 또한 유형설의 입장에서는 통설이 제시하는 사회관념상 인과관계에 대하여는 "단지 하나의 사실을 수익자와 손실자가 각자의 시점에서 바라본 것"이라는 지적이 있다.[84] 사실상 민법에서 인과관계는 유형설에서 지적하듯이 독자적인 부당이득 성립요건으로 기능하지 못하고 있으며 판례상으로도 인과관계가

---

80) 각각의 규정에 대한 설명과 평가는 이상훈(2016), 70면 이하 참조. 손실해당 규정, 특히 4:103과 4:105의 문제점에 관하여 Wendehorst (2008), 249ff. 참조.

81) 곽윤직(2003), 432면. 송덕수(2014), 427면; 주석민법/임한흠(2002), § 741, 464면 이하.

82) 김주수(1997), 570면.

83) 김형배(2003), 303면 이하. 그러면서 직접성 개념은 사실적인 것이 아니라 급부관계를 기초로 이해해야 한다고 한다.

84) 민법주해/양창수(2005), 제741조, 158면. 급부이득의 경우 이득과 손실간의 인과관계는 요건이 아니며, 침해이득의 경우에도 "~로 인하여"는 할당내용의 침해로 본다.

없다는 이유로 부당이득반환청구를 배제한 사안은 찾기 힘들다.[85]

사실 2자간 부당이득 사안에서 인과관계는 크게 문제되지 않는다. 이득과 손실은 "표리관계" 또는 DCFR의 표현대로 손실은 이득의 '거울에 비친 영상'이기 때문이다. 한편 민법상 운용이익이 반환대상에 해당하는지에 대한 문제에 대하여 다양한 견해들이 주장되고 있으나[86] 다수설과 판례는 반환 범위에서 배제한다는 점에서 DCFR과 결론을 같이 한다.[87]

다. 요건으로서 인과관계의 기능 검토

이득과 손실 간의 관계 문제는 종래 비교법적으로 "인과관계"라는 용어로 다루어져 왔는데, 그 인정범위는 법제마다 상이하다. 프랑스 다수설은 원고의 손실과 피고의 이득 간에는 인과관계(lien de causalité), 즉 피고가 원고

---

85) 대표적으로 사회관념상 인과관계론의 발단이 되었던 사안인 편취금전 변제 사안에서도 이득과 손실 간의 인과관계는 전혀 문제되지 않는다. 대법원 2003. 6. 13. 선고 2003다8862 판결: "피해자의 손실과 채권자의 이득 사이에 인과관계가 있음이 명백하고 …."

86) 부당수익자로 하여금 타인의 재산으로 투기하는 것을 방치해서는 안 되므로 운용이익은 전부 반환해야 한다는 견해로는 송덕수(2014), 459면. 김형배(2003), 213면 이하는 원칙적으로 전부반환설이지만 구체적 사안의 형평성을 고려하여 신의칙에 따라 이득귀속의 조절을 할 수 있다는 입장이다. 정욱도(2009), 485면 이하는 운용이익을 사용이익과 그 밖의 이익으로 구분하여 전자는 차임상당액으로 단일하게 산정하고, 후자는 이중한도 기준을 적용해서 결정해야 한다는 견해이다.

87) 대법원 1995. 5. 12. 선고 94다25551 판결; 대법원 2006. 9. 8. 선고 2006다26328, 26335 판결(매매계약 해제사안에서 매수인이 매매목적물인 트랙터 운행하여 얻은 수입); 대법원 2008. 1. 18. 선고 2005다34711 판결. 판례가 운용이익반환에 있어 일부반환설을 취하고 있다고 보는 견해가 있지만(이은영(2005), 696면), 판례는 운용이익의 개념을 넓게 잡고 강학상 사용이익에 해당하는 통상의 운용이익(강학상 사용이익)과 이를 초과하는 운용이익(즉 고유한 의미의 운용이익)으로 나누어서 전자만 반환의무가 있다고 보는 점에서 운용이익에 대하여는 전부반환부정설이 타당하다는 지적으로 김대규·황충현(2014. 12), 86면.

의 손실의 결과로 이득하였으면 충분하다는 입장이다. 이로써 손실자로부터 수익자에게로 직접 재산이 이동한 경우뿐만 아니라 간접이득, 즉 이득이 중간자를 거쳐서 수익자에게로 가는 경우까지도 포함되게 된다.[88] 독일의 경우 20세기 초의 판례는 '재산이동의 직접성(Unmittelbarkeit der Vermögens-verschiebung)'을 요건으로 하여 인과관계가 직접적인 경우로 한정하였다.[89] 이는 이득과 손실이 동일한 과정에서 이루어져야 하는 것을 의미하는데, '직접'과 '간접'을 구별하는 것도 어려울 뿐만 아니라, 지시 사안에서와 같이 재산이동의 직접성으로는 해결될 수 없는 사안들이 등장하면서 그 기준은 포기되고 오늘날에는 유형설에 따른 목적적 급부개념과 할당내용설로 대체되었다.[90]

　생각건대 인과관계도 손실 요건과 마찬가지로 부당이득반환청구의 요건으로 독자적 기능을 하고 있다고 보기 어렵다. 실제로 인과관계가 부정되어 부당이득반환청구가 배제되는 경우는 거의 찾기 어려우며, 그와 같은 점에서 비교법적으로도 인과관계는 요건으로서 기능하지 못하고 있음이 확인된다. DCFR에서도 이러한 광범위한 인과관계 대신 '손실해당' 요건을 제시하였지만, 운용이익 사안을 제외하고는 실제에 있어 개선된 것은 없어 보인다. 운용이익 사안 역시 부당이득의 반환범위에서 충분히 처리가능하다는 점에서 그것이 '인과관계'라고 부르든, '손실해당'으로 부르든, 명명법의 차이일 뿐 실제 사안해결에서는 효용이 없기는 마찬가지로 보인다. 결국 부당이득반환청구권의 핵심은 '이득의 부당성 판단'에 달려 있는데, 이에 대하여는

---

88) 다만 그 경우 이득이 제3자와의 채권관계에 기해 적법한 원인(cause légitime)을 가지게 되면 부당이득반환청구가 배제된다.

89) 이는 보통법상 인정되던 이익전용소권을 방지하기 위한 것으로 Dawson (1951), 120은 "직접 이득요건은 독일법 체계에 있어서의 필수적인 안전장치(essential safeguard)"라고 평가한다.

90) 직접성 요건 대한 비판으로 이미 Wilburg (1933/34), 108ff. 그는 유형설에 따라 급부이득이든 비급부이득이든 직접성 요건은 의미가 없다고 본다.

항을 바꾸어 설명한다.

4. 이득의 부당성 판단 기준

가. DCFR

(1) 개관

부당이득반환청구권의 성립요건 중 가장 핵심적인 부분은 이득의 부당성을 어떻게 판단할 것인지에 관한 것이다. 이득이 언제 부당해지는지(When enrichment unjustified)에 관하여 DCFR은 제1장 총칙에 이어 제2장에서 다소 복잡하면서도 세밀한 규정을 두고 있다.

DCFR은 이득의 부당성 판단을 위한 두 개의 관문을 두고 있는데, 우선 이득의 '법률상 기초'가 없어야 한다(2:101(1)(a)). 이어서 손실자에게 '손실에 대한 임의 동의'가 없어야 하고, 동의에는 착오가 없어야 한다(2:101(1)(b)). 그러므로 이득에 법률상 기초가 없을 뿐만 아니라(and) 손실에 임의 동의도 없어야 이득이 부당해진다. 동의의 임의성을 배제하는 사유는 2:103(1)에서 한정적으로 열거되고 있다.

한편 DCFR은 별도의 규정을 두어 이득이 부당해지는 경우를 확장 또는 제한하고 있다. 우선 2:104(4)에서는 목적 부도달 또는 기대 미실현의 경우 법률상 기초로서 계약이 있거나 또는 손실에 대한 임의 동의가 있다고 하더라도 이득이 부당해진다고 규정하여 이득이 부당해지는 경우를 확장시키고 있다. 반면 2:102는 적법한 채무이행의 결과 제3자에게 이득이 부여된 경우 그것이 실제 또는 외견상 채무의 임의 이행이거나 이득이 그로 인한 부수적 결과인 경우에 이득이 정당해진다고 규정한다. 임의 이행이 배제되는 사유는 2:103(2)에서 한정적 열거된다. 이를 도해화하면 <그림 1>과 같다.

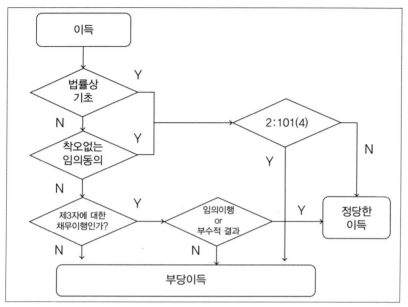

<그림 1> DCFR 이득의 부당성 판단 흐름도

(2) 이득의 부당성 판단 기준: 법률상 기초와 임의 동의

DCFR은 이득의 부당성 판단 기준에 대하여 2:101(1)에서 법률상 기초와 임의동의를 나란히 규정하고 있다. 그 밖에 2:101(4)에서는 목적 부도달 또는 기대 미실현의 경우 손실에 대한 임의동의가 있더라도 일정한 요건을 갖추면 이득이 부당해지도록 하고 있다.

VII.-2:101: 이득이 부당한 경우들

(1) 다음 각호 단서에 해당하지 않는 한 이득은 부당하다:
  (a) 수익자가 손실자를 상대로 계약 기타 법률행위, 법원의 명령 또는 법규정으로 인하여 이득에 대한 권리가 있는 경우; 또는[91]
  (b) 손실자가 임의로 그리고 착오없이 불이익에 동의한 경우
(2) (1)항 (a)와 관련한 계약 기타 법률행위, 법원의 명령 또는 법규정이 무효이거나 취소되거나 기타 방법으로 소급적으로 효력이 없어진 경우, 수익자는 그에 기반한 이득에 대하여 권리가 없다.
(3) 그러나 그 규정의 정책[92]이 수익자가 이득의 가치를 보유하게 하는 경우에만 손실자는 법규정에 기하여 이득에 권리가 있는 것으로 여겨져야 한다.

---

(4) 다음과 같은 경우에 또한 이득은 부당하다:
  (a) 손실자가 그것을
    (i) 달성되지 않은 목적을 위하여; 또는
    (ii) 실현되지 않은 기대를 가지고 수여한 경우
  (b) 수익자가 그 목적이나 기대를 알았거나 아는 것이 합리적으로 기대될 수 있었을 경우; 그리고
  (c) 이득이 이러한 사정에서 반환되어야 한다는 것에 대하여 수익자가 받아들였거나 받아들였던 것으로 합리적으로 상정될 수 있는 경우.

(가) 조문의 구조

이득의 부당성 판단에 관한 기본 규정인 2:101(1)은 원칙-단서의 "unjustified unless", 즉 "다음 각호 단서에 해당하지 않는 한 이득은 부당하다"의 구조를 취한다. 따라서 이득의 부당성을 전제로 단서 (a)와 (b)에서 이득의 정당화 사유를 규정하고 있다. 첫째, 동항 (a)에서는 이득의 법률상 기초(legal basis)로서 계약 기타 법률행위, 법원의 명령, 법규정을 규정하고 있고, 둘째, 동항 (b)에서는 손실에 대한 착오 없는 임의 동의를 규정하고 있다. 따라서 이득이 부당해지기 위해서는 두 가지 모두에 해당되지 않아야 한다. 수익자의 입장에서는 둘 중 하나를 선택적으로(alternatively) 주장·입증함으로써 부당이득반환책임을 면할 수 있다.[93]

우선 손실자와의 유효한 계약관계가 존재하면 이득은 정당화된다. 다만 계약성립에 취소사유가 존재하더라도 실제 취소권이 행사되지 않는 한 이

91) 동 조항의 (a)와 (b) 사이의 접속사를 'or'로 보는 것은 DCFR 작성자의 착각으로 보고 'and'가 적합하다는 견해로는 박희호(2009), 97-98면. 그러나 이러한 지적이야말로 오해에서 비롯한 것인데, 이득이 부당해지기 위해서는 (a)와 (b)에 모두 해당되지 않아야 하는 것은 맞지만, (a)와 (b)는 조문 구조상(unjustified unless) 단서에 들어가는 내용이므로 (a)나 (b) 둘 중 하나에만 해당하면 이득은 정당화되어 반환청구권이 발생하지 않게 된다는 점에서 'and'가 아니라 원문대로 'or'가 타당하다. 즉 반환청구자인 원고의 입장에서는 not {(a) + (b)}가 맞지만, 반환의무자의 입장에서는 (a) or (b) 즉, 둘 중 하나만 입증하면 되기 때문이다.
92) 박희호(2009): "법규범의 취지"; 가정준(2015): "법규의 정책".
93) 해설서, VII.-2:101, 3875에서 이를 "two alternative justifications"라고 표현한다.

득은 정당하고, 따라서 손실자는 의사표시의 하자를 이유로 계약을 취소하여 이득의 법률상 기초를 없애야 비로소 이득이 부당해진다(2:101(2)). 이득의 정당화 사유로서 계약이 취소된 경우 이론적으로는 동항 (b)의 임의 동의 존부가 검토될 수 있겠으나 현실적으로는 문제되지 않는다. 법률상 기초 없음에 대해 악의자라 하더라도 손실에 대한 동의가 있다고 볼 수는 없기 때문이다. 따라서 법률상 기초는 주로 계약관계가 있는 상황에서 이득이 부여된 경우, 임의동의는 주로 계약관계가 없는 상황에서 이득이 부여된 경우 이득 정당화 사유로 기능한다고 볼 수 있다.

(나) 특징

이득의 부당성 판단기준과 관련한 DCFR의 특징으로 우선 비교법적으로 활용되고 있는 모든 기준들을 총 망라하고 있다는 점을 들 수 있다.[94] 이득의 부당성 판단방식과 관련한 비교법 연구에 의하면 대륙법의 법률상 원인 없음(sine causa) 접근법과 커먼로의 부당요소(unjust factor) 접근법이 대립하는데, 전자는 객관적 접근법, 후자는 (대체로) 주관적 접근법으로 평가된다.[95] DCFR은 이득의 정당화 사유로 '법률상 기초'를 열거함으로써 대륙법적 접근법을 기본으로 하면서 손실에 대한 동의에 '착오'가 있는 경우에는 이득이 부당하다고 보아 영국법의 태도도 반영하였다.[96] 여기에 목적 부도달 사안을 처리하기 위해 로마법에서 연유하는 소권(condictio causa data

---

94) Smits/Mak (2011), 265: "integrated system".

95) Johnston/Zimmermann (2002), 5.

96) 착오(mistake)는 물론 2:103(1)에 열거된 동의의 임의성 배제 사유들은 영국법상의 부당요소를 연상시킨다. 영국법상 부당요소에 대하여는 Birks (1989), 140ff. 참조 ("non-voluntary transfer" 중 "vitiation"에 해당하는 사유로 ignorance, mistake, compulsion, inequality). Birks는 영국내에서 부당요소들을 최초로 체계화한 것으로 평가된다. 그 외에도 Burrows (2002), 41ff. 참조. 국내문헌으로 박세민(2014. 3), 62면 이하 참조.

causa non secuta)까지 명시적으로 추가하였다. 정리하면 DCFR은 비교법적으로 사용되고 있는 이득의 정당화 사유들을 총 망라하면서 이중에서 하나라도 해당되지 않아야 이득이 최종적으로 부당해지도록 하는 방법을 택하고 있다고 볼 수 있다.

이러한 이득의 부당성/정당성 판단기준의 규정방식에 대한 평가는 갈린다. 우선 이득의 법률상 기초를 구체적으로 열거하고 있는 점에서 대륙법계의 법률상 원인없음(sine causa) 접근법의 추상성을 완화시켜준다는 장점이 있고, 실제 독일법보다 앞선 진보로 평가라는 긍정적 평가도 있다.[97] 그러나 여전히 추상적 요소들을 열거하고 있으며, 실제로 이러한 목록이 어떤 지침(guidance)을 줄지는 매우 알기 어렵다는 지적도 있다.[98] 한편 이득을 부당하게 하는 요소들을 열거하고 있다는 점에서 영국의 부당요소 접근법과 유사하다는 지적이 있어왔고,[99] 이러한 취지의 지적은 최종본 발표 이후에도 이어진다.[100] 이에 대하여는 이와 같이 나열을 통해 일반조항의 의미를 채우는 것도 의미는 있지만 그것이 확고한 체계(starre System)로 되지는 않을 것이라는 전망[101]과 좀 더 과격하게 이러한 방식은 원리적 접근법에 대한 포기라는 비판이 제기된다.[102] 무엇보다 여러 법계에서 사용되던 기준

---

97) Belling (2013), 58.

98) Smits/Mak (2011), 260.

99) 2003년 9월 독일 드레스덴에서 개최된 독일비교법학회 사법분야 학술회의에서의 Sonja Meier의 발언(Peter Huber, "Diskussionsbericht", *Grundstrukturen eines Europäischen Bereicherungsrechts* (2005), 289). Smits/Mak (2011), 259도 2:101이 기본적으로는 이득을 부당하게 하는 요소들을 언급하고 있다는 점에서 영국식 접근법을 취하였다고 본다.

100) Smits/Mak (2011), 254. 그러나 영국법보다 훨씬 추상적이며, 이러한 규정들이 개별 사건에 어떻게 영향을 미칠지는 불명확하다고 한다. 한편 Smits (2008), 158ff. 에서는 영국의 부당요소 접근법과 유사하나 추상도에 있어서는 큰 차이가 있다고 하고, Wendehorst (2008), 224도 2:101은 대륙법과 영국법의 혼합이기는 하나 2:103(1)과 결합해서 보면 2:101(1)(b)는 부당요소 접근법으로 보고 있다.

101) 위의 Meier의 발언(주 99).

을 모아놓은 것에 불과하여 오히려 혼란을 가중시킬 수도 있다.[103] 가령 비
채변제의 경우 법률상 기초의 부재와 착오없는 임의 동의라는 두 가지 기준
을 모두 적용하는 것은 대륙이나 영국 양쪽의 법률가들의 입장에서는 불필
요할 뿐만 아니라 불만족스럽게 보일 것이기 때문이다.

DCFR의 이득의 부당성 판단 기준의 또 다른 특징으로는 사안유형별로
법률상 원인 존부를 상이하게 판단하지 않고 단일모델하에서 공통된 기준
을 적용한다는 점이다. 즉 대표적인 급부이득에 해당하는 비채변제 사안과
침해이득에 해당하는 사안인 타인물건 무단사용 사안을 예로 들면, 유형설
에서는 전자는 유효한 채권관계의 존부로, 후자는 법에서 할당한 권한의 침
해가 있는 경우 이를 정당화하는 법률관계의 존부로 이득의 정당성 여부를
판단한다. 그리고 악의의 비채변제의 경우에는 수익자에게 항변을 부여하는
방식으로 부당이득반환청구를 배제시킨다. 반면 DCFR은 사안유형의 구별
없이 단일한 기준을 적용한다. 우선 2:101(1)(a)에 따라 수익자가 손실자를
상대로 이득에 대하여 법률상 기초가 있는지를 검토한다(1차 관문). 여기에
는 이득을 정당화시키는 법률상 기초로서 계약 기타 법률행위, 법원의 명령,
법규정이 있는지가 문제되는데, 두 가지 경우 모두 그러한 법률상 기초가
없다. 다음으로 2: 101(1)(b)에 따라 손실에 대한 착오 없는 임의 동의의 존
부가 문제된다(2차 관문). 비채변제 사안의 경우 악의의 비채변제라면 변제
자에게 손실에 대한 동의가 있는 것으로 보아 이득은 정당해지고 따라서 반
환청구가 배제된다. 타인물건 무단사용의 경우에도 소유자의 동의가 없으므
로 이득은 부당해지고 따라서 반환청구가 성립된다. 결국 DCFR에 따르면
비채변제 사안이나 타인물건 무단사용 사안 모두 법률상 기초의 존부에 관

---

102) 이미 Clive (1998), 388, n. 18은 법률상 기초를 열거하는 방식(가령 착오급부, 강
　　박급부, 무효인 거래에 기한 급부, 불법취득 등)은 법을 '化石化'할 것이고 이는
　　원리적 접근법을 포기하는 것으로 보고, "기타 이득이 부당해지는 사유"와 같은
　　열린 목록(open list)을 추가하는 것 역시 득책이 되지 못하는 것으로 전망하였다.
103) 그러한 취지의 지적으로는 Belling (2013), 58.

한 1차 관문에서, 악의의 비채변제의 경우에는 손실자의 동의 여부에 관한 2차 관문에서 이득의 부당성 여부가 판가름 나게 된다.

(3) 제3자에 대한 채무의 이행으로 이득이 발생한 경우

또 다른 특기할 점으로 DCFR은 3자관계에서의 이득의 부당성 판단에 관한 명시적인 규정을 두었다는 점이다. 비교법적으로 3자관계에서의 부당이득에 관하여 명문의 규정을 두는 경우는 찾기 어려운데,[104] DCFR은 고심 끝에 규정을 성안하였다. 규정은 다음과 같다.

VII.-2:102: 제3자에 대한 채무의 이행

수익자가 이득을 얻은 것이 손실자가 제3자에게 부담하는 채무 또는 부담하는 것으로 여겨진 (supposed) 채무를 이행한 결과인 경우, 그 이득은 다음의 경우에 정당화된다:

(a) 손실자가 임의로 이행한 경우; 또는

(b) 이득이 단지 채무이행의 부수적 결과인 경우.

(가) 계약법의 기본원리

조문의 표현상으로는 "손실자가 임의로 이행한 경우"라고 되어 있지만, 해설서상에는 본조의 규정취지를 계약법의 기본원리에서 찾고 있다. 이는 자신이 계약상대방을 선택한 이상 그로부터의 반대이행을 기대한 것이고 이것이 부당이득반환관계에서도 관철되어야 한다는 것인데,[105] 이러한 계약법의 기본원리에 따르면 계약상 채무가 적법하게 제3자에게 이행된 경우 실제로 급부를 수령한 제3자가 아닌 계약상대방을 상대로 부당이득반환청구권이 인정되어야 한다. 이때 DCFR은 제3자를 상대로 하는 부당이득반환청구가 배제되는 근거를 손실자의 임의동의와 평행하게 채무자의 임의이행에서 찾았다(동조 (a)). 한편 계약상 채무이행을 통해 제3자가 부수적 이익을

---

104) 유형설에 입각한 독일의 König 부당이득법 초안(1981)에서는 3각관계 사안유형별로(지시, 제3자를 위한 계약, 채권양도) 규정을 두고 있다(§ 4.1).

105) 해설서, VII.-2:102, 3965.

얻는 경우에도 이득은 정당화된다(동조 (b)).[106] 이로써 손실자로 하여금 자신의 계약상대방을 상대로만 부당이득반환청구를 할 수 있게 되고, 이익전용소권(actio de rem in verso)은 원칙적으로 배제된다.

DCFR은 이러한 법리를 지시, 채권양도, 제3자를 위한 계약 등 이른바 3각관계 사안에 일관되게 적용한다. 이에 따라 유효한 지시가 있는 지시 사안에서는 지시인을 상대로, 채권양도 사안에서는 양도인을 상대로,[107] 제3자를 위한 계약 사안에서는 요약자를 상대로 반환청구를 해야 한다.[108] 즉 이러한 경우 실제의 재산이동 과정과는 무관하게 계약관계의 청산은 원칙적으로 계약 당사자 간에 이루어지도록 하고 있다.

보다 주목해야 할 점은 DCFR이 계약법의 기본원리의 한계와 예외로 보는 경우들이다. 이에 대하여는 항을 바꾸어 설명한다.

(나) 한계: 채무범위 내에서의 이행일 것

계약법의 기본원리는 계약관계의 청산은 계약관계 내에서 이루어질 것을 요구한다. 따라서 계약이 유효하다면 계약상대방을 상대로 해야 하고 계약상대방을 건너뛰어 직접 제3자를 상대할 수 없다. 이는 계약이 무효·취소되

---

106) 한편 해설서, VII.-2:102, 3969에서는 본조 (a)와 (b)는 수익자의 이득이 채무의 목적에서 기인한 것이냐 채무의 목적은 아니고 단순한 부수적 결과일 뿐이냐의 차이는 있지만, 양자를 통틀어(as a composite) 손실자인 채무자가 자신의 채권자와의 관계에서 채무를 이행한 결과 제3자가 이득을 얻은 경우라면 그 제3자의 이득을 정당화시키는 기능을 한다고 하나, 본문에서 살펴본 바와 같이 양자는 명확히 구별된다. 다만 재산의 직접이동이 전제되는 한 2:103(2)의 임의성 배제가 양자 모두에 적용된다는 점에서 구별의 실익은 적다. 한편 해설서에서 부수적 이득의 사례로 언급하고 있는 p. 3969의 사례 14(도급인이 착오로 알려준 주소에 가서 수급인이 청소함으로써 그로 인해 그곳의 소유자가 이득을 얻은 사안)는 이익전용 사안이 아닌 오히려 착오이행 사안으로 보아야 한다.
107) 해설서, VII.-2:102, 3968, 사례 10(매매대금 청구권이 양도되었는데 기본계약이 쌍방착오로 취소된 사안).
108) 해설서, VII.-2:102, 3967.

더라도 마찬가지이다. 문제는 유효한 채무가 존재하지 않거나 전혀 존재하지 않았던 경우이다. 가령 은행이 고객의 신용도 내지 잔고부족으로 인해 이체할 의무가 없음에도 착오로 고객의 지시(송금의뢰)에 따른 이체를 이행한 사안과 같이,[109] 보상관계상 채무가 없는데 지시인의 유효한 지시가 있고 이에 따라 피지시인이 지시수령인에게 이행한 경우가 문제된다. 이때 피지시인은 실제 존재하는 채무가 아닌 '외견상' 채무를 이행한 셈인데, DCFR은 이 경우까지도 손실자가 임의 이행한 경우라면 지시수령인이 받은 이익을 정당하다고 본다. 즉 DCFR은 임의성을 전제로 실제 존재하는 유효한("real" 또는 "valid") 채무이든 외견상 또는 무효·취소된("apparent" 또는 "ineffective") 채무이든 그것이 채무의 범위 내에서("within the four corners of the obligation") 이행되어야 할 것을 요구한다. 따라서 그것이 유효한 지시에 좇은 이행이라면 보상관계 부존재에 대한 은행의 착오는 채무이행의 임의성에는 영향이 없다고 보아 지시수령인에 대한 직접청구는 부정된다. 그러나 채무자 혼자서 착각해서 엉뚱한 제3자에게 "채무"를 이행한 경우에는 손실자와 수익자 간에 이득은 정당해지지 않는데, 그 경우 계약상대방에게 반환청구하는 것은 사리에 맞지 않을 것("nonsense")이라고 한다.[110] 이 경우에는 비채변제 또는 착오이행이 되어(2:101(1)(b)) 이득을 수령한 자를 상대로 직접 청구가 가능하다.[111] 또한 채무범위를 넘어서서 제3자에게 이행한 경우, 즉 중복지급한 경우,[112] 초과지급된 경우에는 수령자를 상대로

---

109) 해설서, VII.-2:102, 3969, 사례 1; 3967, 사례 9.

110) 해설서, VII.-2:102, 3964. 사례로는 해설서, VII.-2:102, 3965, 사례 5; VII.-7:101, 4178, 사례 3. 한편 지시인이 착오한 사안의 경우는 다르다. 그 경우에는 지시인과 피지시인 간의 채무는 유효하게 이행된 것이고, 따라서 지시인은 이로 인한 이행청구권의 상실에 대한 손실을 입었고, 따라서 지시수령인을 상대로 반환청구를 해야 한다(VII.-4:103, 4073, 사례 6 참조. 송금의뢰인의 착오이체 사안으로 해설서, VII.-1:101, 3844f. 사례 1 및 해설서, VII.-2:101, 3902, 사례 37 참조).

111) 해설서, VII.-2:102, 3965.

112) 해설서, VII.-1:101, 3847, 사례 7.

직접 청구가 인정된다. 아울러 지시 사안에서 지시가 부존재한 경우에도 채무범위 내에서의 이행이 아니라는 점에서 출연자의 수령자에 대한 직접청구가 인정된다.113) 즉 그것이 실제이든 오상이든 채무범위 내에서의 이행일 것이 계약법의 기본원리의 한계로 볼 수 있다.

(다) 예외: 임의 이행이 아닌 경우

계약법의 기본원리의 예외로 DCFR은 채무이행의 임의성이 부정되는 경우를 들고 있다. 그리고 2:103(2)에서는 채무이행의 임의성이 배제되는 사유를 "무능력, 사기, 강요, 협박 또는 불공정한 착취"로 한정적 열거하고 있다. 이러한 경우 직접청구가 인정되는 이유로는 이러한 하자들은 계약관계의 청산은 계약당사자 간에 이루어져야 한다는 계약법의 우위라는 원칙을 깨는 것을 정당화할 정도로 중대하기 때문이라고 하는데, 즉 이러한 경우에는 계약상대방의 위험(risk of disappointment)에 대한 동의가 임의로 이루어진 것이 아니라 그러한 동의는 '억지로 받아낸'(extracted) 것이기 때문이라고 한다.114) 해설서상에서는 도난차량 수리 사안(후술)115)과 무권대리인에 의한 지시 사안(후술)116)이 언급된다.117) 다만 이때 거래안전 보호의 요청이 제기되는데, DCFR은 이를 선의유상취득 항변(6:102)으로 해결한다.

---

113) 해설서, VII.-2:102, 3965, 사례 2; VII.-4:103, 4074, 사례 11.
114) 해설서, VII.-2:102, 3966.
115) 해설서, VII.-2:102, 3966, 사례 8.
116) 해설서, VII.-6:102, 4163, 사례 2.
117) 한편 해설서, VII.-2:103, 3984, 사례 1에서는 가장채권자의 채권 추심사례를 들고 있는데, 채권 준점유자에 대한 변제 등에 해당하지 않아 변제효가 없는 경우 채무자는 채무이행이 "사기"로 이루어졌다는 이유로 채무이행받은 가장채권자를 상대로 부당이득반환청구를 할 수 있게 된다고 한다.

나. 민법과의 비교

(1) 이득의 부당성 판단 기준: 법률상 원인

민법상 이득의 부당성은 "법률상 원인"의 존부로 판단된다.[118] 여기서 '법률상 원인'이 무엇인지가 문제되는데, 이와 관련하여서는 민법상 공평설과 유형설의 대립이 존재한다.[119] 이 점에서 법률상 기초(legal basis)를 구체적으로 열거하고 있는 DCFR의 입법방식은 추상성을 완화시켜주는 측면이 있다.

DCFR과 비교하자면 우선 2:101(1)(a)에 열거된 이른바 법률상 기초들, 즉 계약 기타 법률행위, 법원의 명령 또는 법규정은 민법에서도 법률상 원인으로 인정되는 것들이다. 본조 (2)와 (3)도 민법에서 통용되는 규율이다. DCFR의 가장 큰 특징이자 민법과의 차이는 법률상 기초와 나란히 2:101(1)(b)에서 손실자의 손실에 대한 동의를 이득의 정당화사유로 일반화시킨 것이다. 사안별로 살펴보면, 악의의 비채변제의 경우 구성상의 차이는 있지만 결론적으로 반환청구가 배제되는 것은 동일하다(제742조). DCFR은 여기서 더 나아가서 비용지출 사안에까지 이 논리를 일관되게 적용하여 악의의 비용지출자의 경우 일체의 반환청구를 배제하는데, 이는 민법상 악의의 비채변제는 급부부당이득에만 적용되고 악의의 비용지출자라도 제203조에 의해 필요비와 현존하는 가치증가분이 있는 경우 일정 한도에서 비용상환이 인정되는 것과는 차이를 보인다.

마지막으로 민법은 목적 부도달 사안에 관한 2:101(4)에 해당하는 조문을 두고 있지 않다. 2:101(4)가 문제되는 사안유형과 관련하여 법률행위의 조건이나 착오, 사정변경의 법리에 의하여 해결 가능하다는 견해가 있다.[120] 물

---

118) 제742조부터 제746조까지는 반환청구의 제한사유들이 열거되고 있는데, 이는 규정 체계상 제741조에 대한 예외로 이득의 "법률상 원인"은 없지만 반환청구가 배제되는 경우들로 보아야 할 것이다.

119) 민법주해/양창수(2005), 제741조, 159면 이하.

120) 민법주해/양창수(2005), 제741조, 176면. 한편 김형배(2003), 107면 이하는 이 유

론 당사자 간에 이에 관하여 합의한 바가 있다면 그에 따라야 할 것이고, 착오 취소나 사정변경과 같은 계약법리로써 대부분의 사안들이 규율되겠으나 그 외에도 계약법의 흠결이 있는 경우가 얼마든지 존재할 수 있다. 당사자 간에 급부목적에 대한 양해 내지 합의가 있었으나 그것이 계약상 합의로 구속할 수 없거나, 그것이 계약 내용으로까지는 반영되지 못한 경우가 그러하다. 이때 당사자가 설정한 급부목적이 좌절되는 경우에 대한 목적 부도달 부당이득은 유용한 해결책이 된다.[121)]

(2) 3자관계 사안에서의 이득의 부당성 판단

민법도 3자관계 부당이득 사안에서 계약법의 기본원리가 적용된다. 이익전용 사안을 정면에서 다루면서 이를 부정한 대법원 2002. 8. 23. 선고 99다66564 판결 이래 판례상으로도 계약법의 기본원리가 다수당사자 부당이득 사안의 해결에 있어 핵심적인 논거로 동원되고 있다.

민법에서도 지시 사안을 비롯하여 제3자를 위한 계약, 채권양도 등 이른바 3각관계상의 부당이득이 문제된다. 후술하듯이 지시 사안과 제3자를 위

형에 속하는 부당이득 사례를 (i) 선급부유형(Vorleistungsfälle), (ii) 與因급부유형 (Veranlassungsfälle), (iii) 목적출연유형(Zweckverwendungsfälle)으로 구별하면서, (i)의 경우에만 목적부도달에 의한 부당이득반환청구가 인정되고, (ii)는 사정변경의 원칙(행위기초의 장애)을 이유로 한 계약상의 반환청구, (iii)의 경우에는 단순한 일방적 동기에 의한 목적증여이므로 목적 부도달에 의한 부당이득반환은 적용되지 않는다고 본다. 그러나 전2자의 경우에도 일정한 '목적'을 전제하고 있고, 중요한 것은 출연자의 목적에 대하여 상대방의 양해가 있었느냐라는 점에서 위의 구분법은 타당하지 않다.

121) 그 경우 "법률상 원인"은 유효한 채권관계만이 아니라 당사자가 설정한 급부목적까지도 포함해야 할 것이다. 한편 독일에서 급부부당이득의 경우 법률상 원인에 대하여 객관설과 주관설이 대립하고 있다. 이에 대하여 주관설이 타당하나 법이론적 실익은 없다는 견해로는 Staudinger/Lorenz (2007), § 812, Rn. 76. 참고로 독일민법은 목적급부와 관련하여서도 규정을 두고 있다(제812조 제1항: … 급부에 의하여 법률행위의 목적된 결과가 발생하지 아니한 때에도 …).

한 계약 사안에서 판례는 보상관계 하자로 인한 원상회복은 지시인 또는 요약자를 상대로 이루어지도록 하고 있다. 반면 채권양도 사안에서는 양수인 반환설을 택하고 있어 결론에 있어서 일관된 DCFR과는 차이를 보인다. 한편 외견상의 채무 이행과 관련하여 민법에서도 유효한 지시가 존재하는 한 보상관계 부존재에 대한 착오는 대가관계의 변제효에 영향이 없고, 따라서 수령자를 상대로 하는 직접청구는 인정되지 않는다.[122] 그 점에서 보상관계 상의 채무에 관한 착오를 임의이행성 배제사유에서 제외시킨 DCFR과 동일한 결론으로 된다.

채무자의 이행이 채무범위 밖인 경우 민법상 직접청구가 인정된다. 위조·변조된 어음이나 수표가 발행된 사안에서 어음금 또는 수표금을 지급받은 자를 상대로 한 직접청구를 인정한 재판례가 있다.[123] 한편 대법원 2006. 5. 26. 선고 2003다65643 판결에서는 소지인이 당좌수표 또는 어음을 지급은행에 제시하자 발행인의 계좌의 잔고 부족으로 지급할 의무가 없음에도 지급은행이 사무착오로 지급한 경우 소지인을 상대로 하는 지급은행의 직접청구를 인정하였는데, 지시 부존재 사안이라는 점에서 타당한 결론이라 생각된다.[124] 한편 예금주의 계좌이체 지시 등이 없음에도 은행의 착오에 기한 자금이체의 효력과 관련하여 대법원은 DCFR과 마찬가지로 은행이 수취인에 대하여 입금액 상당의 부당이득반환청구권을 취득하게 된다는 입장이다.[125]

---

122) 김형석(2006. 9), 298.

123) 대법원 1997. 11. 28. 선고 96다21751 판결(수표 위조 사안); 대법원 1992. 4. 28. 선고 92다4802 판결(어음 변조 사안). 이에 대하여는 김형석(2006. 9), 312면, 313면 이하 각 참조.

124) 제철웅(2012. 8), 49면.

125) 대법원 2012. 10. 25. 선고 2010다47117 판결. 이 경우 수취인의 예금계좌가 은행에 개설되어 있다면 수취인은 입금액 상당의 예금채권을 취득하고 은행이 수취인에 대한 부당이득반환청구권을 자동채권으로 하여 수취인의 예금채권과의 상계를 인정하는 전제에서 수취인의 예금계좌에 대한 입금기록을 정정하여 자금이체를 취소시키는 방법으로 은행의 수취인에 대한 부당이득반환청구권과 수취인의 은행

결론적으로 계약법의 기본원리에 기초한 결론이 민법에서도 확인된다.

(3) 3자관계 사안에서의 직접청구권 비교

앞서 살펴보았듯이 계약이 무효·취소된 경우 계약법의 기본원리에 따라 청산은 계약당사자 간에 이루어지는 것이 원칙이다. 그것이 채무범위 내에서의 이행이라면 누가 채무자의 채무이행을 수령하였는지는 계약청산의 상대방을 결정함에 있어 영향이 없고, 따라서 계약상대방이 아닌 제3자에게 이행되었다고 하더라도 제3자를 상대로 '직접' 부당이득반환청구를 할 수 없다. 그리고 이는 외견상의 채무를 이행한 경우에도 마찬가지이다. 여기까지는 민법과 DCFR이 같지만, DCFR은 계약법의 기본원리의 예외로서 임의 이행이 부정되는 경우 계약의 효력과는 무관하게 채무이행을 수령한 자를

에 대한 예금채권을 모두 소멸시킬 수 있다고 판시하였다. 이에 대하여 서희석(2013. 9), 291면 이하는 은행이 수취인을 상대로 부당이득반환청구권을 가지는 것에 대하여 의문을 표하면서 전자자금이체의 구조속에서 판단한다면 손실자는 은행이 아니라 출금계좌의 예금주(지급인)이라는 입장이다. 결론적으로 동, 306면 에서는 위 판결을 "은행의 과실에 대한 규범적 평가를 사상(捨象)"함으로써 "은행 의 면책가능성을 넓히는 해석론을 전개"한 것으로 비판한다. 그러나 동, 292면에서 서술하듯이 은행이 압류·추심명령의 효력범위를 착오로 이체한 이 사안은, 지시범위를 초과하여 이행한 사안과 마찬가지로 보아야 하고, 따라서 초과입금분에 대하여 은행은 채무범위를 초과하는 이행이므로 은행이 수취인을 상대로 직접 부당이득반환청구권을 갖는다고 보는 것이 타당하다.

한편 송금의뢰인(고객)의 착오에 의한 이체의 경우 판례는 계좌이체의 원인이 되는 법률관계의 부존재를 이유로 송금의뢰인이 수취인이 아닌 수취은행에 대하여 부당이득반환청구를 할 수 없다고 본다(대법원 2007. 11. 29. 선고 2007다 51239 판결). DCFR도 마찬가지이다(해설서, VII.-1:101, 3844f. 사례 1 및 해설서, VII.-2:101, 3902, 사례 37 참조). 이 문제는 수취인에 대한 예금채권을 수동채권 으로 하는 은행의 상계권의 허부 또는 수취인의 채권자에 의한 수취인 예금채권의 압류 내지 강제집행의 허부와 관련하여 첨예화되는데, 이에 대하여는 김상중(2009), 231면 이하; 서희석(2013. 8), 711면 이하 참조. 양자 모두 착오이체자 보호의 필요성을 역설하고 있다.

상대로 직접청구를 인정하고 있다.

부당이득법상 이행의 임의성 배제를 이유로 한 직접 청구권의 인정은 비교법적으로 찾기 어렵다.[126] 그러나 이득이 물건인 경우 DCFR에서의 임의 이행성의 배제로 인한 직접청구는 유인주의 하에서 원물반환을 위한 소유물반환청구에 상응하는 기능을 한다. 그 경우 채권행위의 하자를 이유로 계약을 취소하면 물권행위까지 소급적으로 무효가 되고 따라서 소유자는 소유물반환청구를 통해 직접 반환청구가 가능하다. 한편 물권행위 무인성의 경우에도 하자가 채권행위뿐만 아니라 물권행위까지 미치는 경우라면 물건의 소유권이 원 소유자에게 남게 되어 소유물반환청구가 가능하게 된다. 구체적으로 살펴보면 절대적 무효사유에 해당하는 불공정한 법률행위(제104조)와 제한능력 취소의 경우(제5조 제2항, 제10조 제1항, 제13조 제4항) 제3자를 상대로 소유물반환청구할 수 있다. 다만 상대적 무효사유에 해당하는 사기·강박의 경우 선의의 제3자는 보호를 받는다. 이때 직접 이득을 수령한 자가 제110조 제3항에서 말하는 '제3자'에 해당하는지가 문제되는데 판례는 이를 인정하고 있다.[127] 다만 수익자가 사기나 강박을 한 제3자 사기·강박의 경우에는 상대방이 그 사실을 알았거나 알 수 있었을 때에만 취소가 가능할 것이라는 점에서(제110조 제2항) 사기·강박의 출처를 불문하고 직접청구권을 인정하는 DCFR과는 차이가 있다.

DCFR이 2자관계에서 임의 동의 여부와 평행하게 3자관계에서 채무이행의 임의성 여부를 기준으로 삼은 것은 철저히 손실자를 초점에 두고 이득의 정당성 여부의 판단하는 것으로 평가된다. 그에 따라 채무이행에 있어서 임

---

126) 해설서, VII.-2:103, Notes IV. 32, 4000에서는 조사대상인 법제의 대다수에서 이러한 종류의 직접청구를 인정하는 규정을 둔 경우는 없다고 한다.

127) 대법원 1997. 12. 26. 선고 96다44860 판결. 평석으로 제철웅(2000. 3), 137면 이하는 단축급부로 구성하는 것이, 이익상황에 부합하고 민법상 물권변동 유인주의에 따른 거래안전 침해를 보완하는 제3자 보호규정의 취지에서 볼 때 타당하다고 본다.

의성을 배제시키는 사유가 존재하면 원래 계약관계의 효력유무와 상관없이 직접청구가 인정되는 결론이 도출되게 되는 것이다. 다만 이 경우 DCFR은 보상관계가 유효하다면 후술할 6:102의 항변을 통하여 선의 수령자를 보호하고 있는데, 이는 민법상 의사표시 무효·취소로 인한 선의 제3자 보호에 상응한다. 차이가 있다면 DCFR은 선의이면서 유상취득자일 것을 요구하지만, 민법은 선의만을 요구하고 있다는 점이다.

II. 효과론

1. 반환방법과 반환범위

가. DCFR 개관

DCFR은 제5장에서 부당이득의 효과와 관련하여 반환대상 및 반환책임의 크기를 정하고 있다. 그 특징으로 항목별 이득개념을 전제로 하여 이득의 이전가능성을 기준으로, 금전이나 재산과 같이 이득이 이전가능한 경우(5:101)와 노무나 사용이익과 같이 이전불가능한 경우(5:102)로 나누어 규정하고 있다. 전자의 경우 원물반환(transfer in specie)을 원칙으로 하면서 예외적으로 가액반환을, 후자의 경우 가액반환을 한다. 가액반환에 있어 기본책임은 가상거래상 합의 금액으로 정해진다(5:103(1) '이득의 금전가치'). 그런데 노무나 사용이익의 경우 이와 같이 금전가치 반환을 인정하게 되면 법이 거래를 강제하는 결과로 된다는 점에서 사적자치에 반하는 문제가 있고, 그러한 이유로 DCFR은 반환의 기본책임 내용을 차등화하고 있다. 즉 수익자의 동의가 없는 강요된 이득이나 수익자가 선의인 경우에는 수익자가 실제 얻은 이득인 비용절감액으로 기본책임이 정해진다(5:102(2): 최소책임). 한편 노무제공이 계약상 이루어졌으나 당사자 간에 이득의 가치에 대한 합의에는 영향이 없는 사유로 계약이 무효·취소된 경우라면, 계약은 무효·취소되었으나 당사자 간의 합의 내용을 존중하여 그 합의한 가치만큼의 책임을 부담하는데(5:102(3)), 다만 금전가치책임(최대책임)을 상회할 수는 없다(5:102(4): 중간책임). 이는 후술하듯이 쌍무계약 청산 문제에 대응하기 위한 조문이다. 이와 같이 DCFR은 노무나 사용이익의 경우 3종의 책임을 규정하고 있다.

한편 이득이 이전가능한 경우에도 예외적으로 가액반환책임이 발생하는 경우가 있다. (i) 이득 자체는 이전가능하지만 그것이 불합리한 노력이나 비용을 초래하는 경우에는 손실자의 선택으로(5:101(2)), (ii) 멸실이나 처분 등을 이유로 후발적 이전불능된 경우에는 자동적으로(5:101(3)) 금전가치반환으로 반환의무의 내용이 전환되는데, 그 이유는 청구자에게 이득의 등가를 얻도록 함으로써 완전한 정의(complete justice)가 실현되는 경우까지 법질서가 반환의무자에게 원물반환을 강제한다면 채무자의 자유를 극도로 제한하게 된다는 것에 있다.[1) 한편 이득에 갈음하는 代償이 발생한 경우에는 금전가치반환으로 전환되지만, 수익자 또는 손실자에게 선택권을 부여하여 代償반환책임을 선택할 수 있게 하였다(5:101(4)). 마지막으로 부수적 이득조정과 관련하여 이득의 果實과 사용이익의 반환 관련해서는 5:104에서 별도의 규정을 두고 있다. 지금까지의 설명을 도해화하면 <그림 2>와 같다.

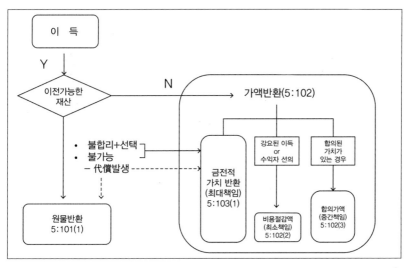

<그림 2> DCFR 부당이득 효과 흐름도

나. 민법과의 비교

(1) 반환방법

DCFR에서 반환방법에 대한 1차 기준은 이득의 이전가능성 여부이다. 민법은 제747조 제1항에서 반환의무의 내용에 관하여 규정하고 있는데, 민법도 DCFR과 마찬가지로 이득의 이전가능성을 전제로 원물반환과 가액반환을 인정한다. 여기서 이전가능성은 노무와 같이 성질상 반환할 수 없는 경우처럼 처음부터 이전가능성이 없는 경우뿐만 아니라 물건이 소비되거나 처분된 경우,2) 법률에 의하여 원물을 분리하는 것이 부정되는 경우(가령 부합), 원물반환이 이익형량상 기대될 수 없는 경우들도 포함된다.3) 이러한 경우들은 DCFR 5:101(2)와 (3) 및 5:102에서의 규율과 상응한다.

한편 받은 이득이 이전가능하지 않은 경우에는 가액반환이 문제된다. 차이는 민법의 경우 "그 가액을 반환하여야 한다."고만 규정하고 있는데(제747조 제1항), DCFR은 반환책임과 관련하여 최소책임, 중간책임, 최대책임의 3종을 규정하고 있고, 각각에 대하여 산정방식도 규정하고 있다.4) 나아가 DCFR에서는 이른바 강요된 이득(aufgedrängte Bereicherung), 그리고 쌍무계약 청산에 대한 특별규정을 명문으로 두고 있는데, 이러한 사안들은 부당이득에 있어 중요한 사안들로 부각되고 있다는 점에서 해석이나 입법에 있어 참조할 가치가 있다.

---

1) 해설서, VII.-5:101, 4105f. 이러한 고려는 III.-3:302(3)에서 특정이행청구권이 예외적으로 제한되는 것과 같은 맥락이라고 한다.

2) 이득의 객체가 대체물인 경우 동종·동량의 물건을 조달하여 원물반환해야 하는지 아니면 가액반환으로 충분한지가 문제되는데, 우리의 다수설과 판례는 가액반환의무가 발생한다고 본다. 양자 중 선택가능하다는 견해로 김주수(1997), 574면.

3) 민법주해/양창수(2005), 제747조, 565면 이하.

4) 이에 대하여는 이상훈(2016), 107면 이하 참조.

(2) 반환범위: 악의 수익자의 반환범위

또 다른 차이점으로 DCFR의 경우 악의 수익자는 금전가치가 책임의 한도이지만, 민법의 경우 이를 넘어서 손해배상까지도 책임이 있다(제748조 제2항). 그 법적 성질에 대하여는 불법행위 책임이라는 견해가 지배적이고,[5] 악의의 수익자가 반환의무를 이행하지 않고 있는 동안 손실자에게 발생한 손해는 수익자에게 부담시키는 것이 공평의 원리에 맞는다는 취지에서 비롯한 (채무불이행책임에 가까운) 일종의 특수한 손해배상의무로 보는 견해[6]도 있다.

민법 제748조 제2항과 관련하여 우선 수익자가 얻은 이득이 손실자의 손실보다 적은 경우가 문제된다. 가령 지자체가 대지로서의 토지(사유지)를 도로부지로 편입하여 도로 조성공사를 하고 도로로 점용·사용한 사안에서 원고가 지자체를 상대로 대지로서의 점용이득, 즉 대지로서의 임료상당액을 청구하자 원심은 피고가 얻은 이득은 대지로서 점용이 아니라 도로로서의 점용이므로 도로로서의 임료상당액만을 반환하면 된다고 판시하였는데(후자는 전자의 1/4 시세임), 이에 대하여 대법원은 피고가 객관적으로 토지이용 대가만큼의 이득을 보고 있는 것으로 보고, 뿐만 아니라 제748조 제2항에 따라 이 경우 원고가 손해배상까지 청구하고 있는 것으로 볼 수도 있다는 이유로 원심을 파기하였다.[7] 그러나 DCFR에 의하더라도 위 사안의 경

---

5) 곽윤직(2003), 370면: "부당이득을 이유로 손해배상의 청구도 할 수 있는 하나의 편법을 규정한 것"; 나아가 악의 수익자의 반환책임의 본질을 불법행위책임으로 보는 견해는 김상용(2009), 572면; 백태승·박수곤(2012), 58면도 악의의 부당이득은 불법행위이므로 악의의 수익자의 손해배상의무는 불법행위로 인한 것이고 다만 이를 부당이득에서 규정한 것은 부당이득반환청구하면서 불법행위로 인한 손해배상까지 함께 청구할 수 있는 절차상 편의 제공에 있다고 본다.

6) 민법주해/양창수(2005), 제748조, 599면. 제748조 제2항의 "손해"는 일반적인 손해배상법에서의 "손해"와는 개념상 구별되고 오히려 제741조에서의 "손해"와 동일한 의미거나 이를 포함하는 것으로 보는 견해로 정욱도(2009), 497면.

7) 대법원 1980. 7. 8. 선고 80다790 판결.

우 반환범위는 '도로로서의 점용'이 아닌 '대지로서의 점용'에 해당할 것이다. 이 경우 받은 이득은 "타인 재산의 이용"인데, 이는 타인의 이용을 대체(displacement of another's use)하는 것이므로 이득과 손실의 범위가 같기 때문이다. 따라서 위 사안에서 제748조 제2항에 관한 설시부분은 불필요한 것으로 보인다.

그러나 위 사안과 달리 받은 이득을 넘어서는 손해가 손실자에게 발생한 경우에는 제748조 제2항이 의미가 있다. 이른바 '과소토지' 사안이 그러하다. 이 경우 대법원은 "사회통념상 그 과소토지 부분도 당해 시설물을 설치·소유한 자가 사용·수익하고 있다고 봄이 상당하다"고 보아 과소토지 부분을 포함한 당해 토지 전부에 대한 임료 상당의 이득의 반환의무를 인정하고 있는데,8) 결론에서는 타당하지만 이러한 경우야말로 악의 수익자의 손해배상의무에 관한 제748조 제2항이 적용되었어야 할 것으로 보인다.9)

이와 같이 민법 제748조 제2항은 악의 수익자의 경우 반환범위를 그가 얻은 이득에 국한하지 않고 수익자가 입은 손해에까지 확장시킨다는 점에서 의의가 있다. 이는 악의 수익자라 하더라도 어디까지나 반환범위를 받은 이득에 국한시키고 있는 DCFR과의 큰 차이점이다.

(3) '선의'의 의미

DCFR은 5:101(5)에서 수익자의 선의에 관한 정의 규정을 두고 있다. 선의 수익자란 이득이 부당하거나 부당해지리라는 것을 몰랐거나 그것이 아는 것이 합리적으로 기대되지 않는 자를 말한다. 따라서 이득의 정당성에 대한 단순한 부지로는 부족하고 그것을 모르는 데 유책사유가 없어야 한다.10) 반면 이득이 부당하다는 것을 알거나 소급적으로 부당하게 되리라는

---

8) 대법원 1995. 8. 25. 선고 94다27069 판결; 대법원 2001. 3. 9. 선고 2000다70828 판결.
9) 동지: 김성욱(2003), 185면 이하 참조.

것(즉 착오, 사기, 강박 등의 계약의 취소사유를 알고 있는 경우)을 아는 경우라면 선의가 아니다. 실제로 이득의 부당성을 알았는지가 아니라 합리적인 사람이라면 알아야만 했을 것이 기준이 된다.[11] 모든 경우에 수익자에게 이득의 정당성에 대한 조사의무(further inquiry, laborious research)가 있는 것은 아니고, 제반사정이 이득의 정당성을 조사할 합리적인 필요성을 제시하는 경우에만 조사의무가 부여된다.[12]

민법은 제749조에서 수익자의 악의에 대하여 규정하고 있다. 악의의 대상은 "법률상 원인없음"인데, 판례는 여기서 '악의'의 의미를 자신의 이익 보유가 법률상 원인 없는 것임을 인식하는 것을 말하고, 그 이익의 보유를 법률상 원인이 없는 것이 되도록 하는 사정을 인식하는 것만으로는 부족한 것으로 본다.[13] 반면 선의는 단순한 부지를 의미하고 과실 유무를 불문한다.[14] 이 점에서 부지에 유책사유 없을 것을 요구하는 DCFR상의 엄격한

---

10) 선의가 부정된 사례로 해설서, VII.-6:101, 4164, 사례 6(공공재정 회계담당자가 공무상 여비관련 계좌이체권한을 가진 것을 기화로 화대(花代)를 지급한 경우, 상식적으로(sensibly) 공금계좌에서 적법하게 화대가 지급될 수 있다고 상정하기는 어려우므로 이에 관하여 실제 몰랐더라도 성매수인은 선의가 부정됨).

11) 해설서, VII.-2:101, 3903, 사례 38(은행 직원의 실수로 현금인출기에서 2배에 달하는 현금이 인출된 경우 인출자는 초과인출된 금액이 사람이나 기술적 오류에서 기인했다는 것을 알았어야만 하므로 악의); 해설서, VII.-6:101, 4153, 사례 14(세상물정에 어두운 고령의 노인의 경우에는 선의 인정).

12) 해설서, VII.-5:101, 4108f.: "수익자는 이득의 정당화에 의심을 던지는 명백한 사실을 도외시할 권리가 없다. 또한 수익자는 상상의 나래(flight of fantasy)에 의하여만 지지될 수 있는 정당한 이득에서 선의로 되지 않는다."

13) 대법원 2010. 1. 28. 선고 2009다24187, 24194 판결. 계약명의신탁에서 명의수탁자가 수령한 매수자금이 명의신탁약정에 기하여 지급되었다는 사실을 안 것으로는 부족하고 그 명의신탁약정이 『부동산 실권리자명의 등기에 관한 법률』 제4조 제1항에 의하여 무효임을 알았다는 등의 사정이 부가되어야 악의자가 된다고 판시하였다.

14) 곽윤직(2003), 370면; 김상용(2009), 560면; 김증한·김학동(2007), 751면; 김형배(2003), 232면. 선의 수익자의 반환면제는 신뢰보호의 목적범위내로 제한해야 한다

'선의' 요건과는 차이가 있다. 한편 민법상 이득 당시뿐만 아니라 이득을 받은 후 법률상 원인이 없음을 안 때에는 그 때부터 악의 수익자로서 반환책임을 지게 되는데, 즉 이때부터 반환의무자는 이득소멸 항변을 원용할 수 없게 된다.15)

한편 제749조 제2항에서는 "선의의 수익자가 패소한 때에는 그 소를 제기한 때부터" 악의로 의제하는데, 판례는 "그 소"를 부당이득반환청구소송으로 보지만,16) 제197조 제2항의 악의점유의제와 관련하여 본권에 관한 소에 패소한 때에는 그 소의 제기시로부터 선의점유자의 과실수취권을 주장할 수 없게 되어 점유기간 동안의 사용이익에 대한 반환의무를 지게 된다.17)

비교하면 DCFR에서의 '선의'는 '선의·무과실'을 의미하고 이는 단순한 '不知'를 의미하는 민법과는 차이가 있다. 부당이득법상 선의 개념의 차이는 전술한 악의자의 반환범위에 대한 차이와 관련이 있어 보인다. DCFR은 받은 이익을 기준으로 하면서 선의자의 경우 반환책임을 제한하는 혜택을 부여하고(비용절감액만 반환, 이득소멸 항변 등) 악의자라고 하여 반환책임을 확장시키고 있지는 않다는 점에서 '선의' 개념을 엄격히 새기는 것은 그 나름의 타당성이 있다. 그러나 민법에서는 한편으로는 선의자의 책임감경(제748조 제1항)의 혜택을 부여하면서 다른 한편으로 악의자의 경우 받은 이득을 넘어서 손해가 있으면 배상책임까지 부과하고 있다(제748조 제2항). 이러한 차이에서 민법상 선의 개념은 DCFR과 같이 엄격히 볼 수 없다.

한편 DCFR 부당이득편에서의 '선의' 개념은 동산 선의취득에서의 양수인에게 '선의·무과실'을 요구하는 것과 일치한다(VIII.-3:101(1)(d)). 반면 민

고 보는 견해로 이은영(2005), 699면.

15) 계약이 취소된 후라면 사기로 계약을 취소한 자도 악의자로 된다. 대법원 1993. 2. 26. 선고 92다48635, 48642 판결(사기로 이유로 매매계약을 취소한 후 과실로 반환목적물인 잉어가 폐사한 경우 수익자는 악의에 해당).

16) 대법원 1974. 7. 16. 선고 74다525 판결; 대법원 1987. 1. 20. 선고 86다카1372 판결.

17) 대법원 1987. 1. 20. 선고 86다카1372 판결.

법의 경우 부당이득법상 선의는 단순한 부지를 의미하고, 선의취득에서는 선의·무과실을 요구한다(제249조). 관련하여 최근 판례가 이득보유의 '법률상 원인'의 판단에 있어 선의취득 법리를 차용하는 것은 부당이득반환청구의 성립요건에 수익자의 선의·무과실을 요구하는 것인데, 이것이 수익자의 주관적 사정은 반환범위에서만 영향을 미치고 이를 반환청구의 요건으로는 삼고 있지 않는 민법의 태도와 어떻게 조화를 이룰 수 있을 것인지는 추후 논의가 더 필요하다.

(4) 代償반환의 문제

이득에 갈음하는 代償을 얻은 경우와 관련하여 민법은 명문의 규정을 두고 있지 않고 있다.[18] 학설과 판례는 원물반환책임의 연장으로서 代償반환을 인정하고 있는데,[19] 다만 이행불능으로 인한 대상청구권의 경우와는 달리 부당이득의 경우에는 물건에 기한 이득(lucrum ex re)이 발생한 경우로만 한정하고 거래행위에 기한 이득(lucrum ex negotiatione)이 발생한 경우에는 원물반환 불능으로 보아 가액반환책임이 발생한다고 본다.[20] 거래행위에 기한 이득의 경우 대상청구권을 부정하는 이유에는 이때 代償반환을 인정하게 되면 수익자의 수완이나 노력을 통한 운용이익까지도 반환대상에 포함시키

---

18) 독일민법은 명문의 규정을 두고 있다. 제818조 제1항("취득한 목적물의 멸실, 훼손 또는 침탈에 대한 배상으로 얻은 것"). 동법 제285조와 비교.

19) 판례는 대법원 1992. 5. 12. 선고 92다4581, 4598 참조. 한편 반대설: 이은영(2005), 698면 + 주 3에서는 독일민법 제818조 제1항과 같은 규정이 없는 민법의 경우 모두 가액반환이 문제된다고 한다. 한편 최병조, 로마법·민법논고(1999), 468면 이하에서는 매매의 경우 민법 제537조의 본래의 취지에 충실하게 위험부담원칙에 따라 해결하도록 하고, 따라서 대상청구는 편무적으로 급부의무를 부담하는 사안(유증에 관한 제1083조, 제1084조)에 한하여 제한적으로 인정하자는 견해이다.

20) 김증한·김학동(2007), 749면; 민법주해/양창수(2005), 제747조, 561면 이하. 반대설로 주석민법/현병철(2002), § 747, 544면은 양자 모두 代償반환을 인정하고, 서종희(2015. 12), 173ff.은 고의적인 침해를 통해 취득한 초과수익의 경우에는 초과수익 환수의 인정을 진지하게 고민할 필요가 있다고 한다.

게 된다는 우려가 깔려 있는데, DCFR은 이러한 우려를 형평조항의 삽입을 통하여 해소하고 있다.[21] 운용이익의 경우 애당초 손실해당이 인정되지 않는 부분이므로 반환대상에서 배제되고 있지만 5:101(4)(b)는 수익자가 악의인 경우 이를 다시금 규정함으로써 수익자와 손실자 간에 代償의 분배의무를 발생시키고 있다. 그러므로 악의의 수익자라 하더라도 자신의 수완이나 기여를 통해 또는 다른 재산을 투입하여 원래 이득보다 더 비싸게 매각한 경우에는 代償 중 그것에 해당하는 부분을 제외한 나머지 부분에 대하여만 반환의무가 발생하고 따라서 이 경우에는 손실자와 수익자 간에 代償의 분배가 발생한다.[22] 그 결과 민법과 같이 가액반환이 이루어지는 것과 같게 될 것이다. 판례는 "수익자가 법률상 원인 없이 이득한 재산을 처분함으로 인하여 원물반환이 불가능한 경우에 있어서 반환하여야 할 가액은 특별한 사정이 없는 한 그 처분 당시의 대가"로 보는데, 다만 수익자가 이득을 얻기 위하여 지출한 비용과 이른바 운용이익의 경우는 반환범위에서 공제하고 있다.[23] DCFR에 의하더라도 동일한 결론에 이를 것으로 보인다.

이와 같이 DCFR이 물건에 기한 이득뿐만 아니라 거래행위에 기한 이득까지도 대상청구권을 인정하는 것은 수익자의 처분의 자유 보장과 이를 통한 재화의 유통과 거래안전을 보호하기 위한 입장에서 비롯한 것으로 보인다. 이는 성안자 측의 결단이라는 점에서 시비를 따질 수 없으나 다만 접근방식에 있어서는 한 가지 관점에만 경도된 것은 문제가 있어 보인다. 부당이득법상 代償청구는 처분의 자유보장에 앞서 어디까지나 원물반환의 연장이라는

---

21) VII.-5:101(4)(b): "... and the choice is non inequitable." 다만 이는 수익자가 악의인 경우, 즉 손실자가 대상반환을 선택한 경우에만 적용되고, 수익자가 선의인 경우에는 이러한 형평조항이 적용되지 않는다.

22) 해설서, VII.-5:101, 4109.

23) 대법원 1995. 5. 12. 선고 94다25551 판결(타인 소유 임야에서 굴취한 토석을 제방 성토 작업장에 운반·사용하고 그 재료비, 노무비, 경비 등을 합하여 토석성토대금으로 받은 경우, 노무비, 경비 명목 부분은 반환이득의 범위에서 제외를 인정한 사례).

관점에서 접근해야 하는데, DCFR과 같이 선의 수익자 보호의 관점에서 반환의무자에게 선택권을 부여하는 것은 거래행위에 기한 이득의 경우에는 소기의 목적을 달성할 수는 있겠으나 물건에 기한 이득의 경우에는 선의 수익자가 망외의 득을 얻게 될 가능성이 있다.[24] 그 경우 선의 수익자의 이득처분의 자유보호 쪽에 치중함으로써 부당한 이득의 반환이라는 부당이득법의 본연의 임무를 저버리는 결과로 될 수 있다. 따라서 선의 수익자에 대한 처분의 자유보장은 거래행위에 기한 이득의 경우에만 적용되어야 하고 물건 자체에 기한 이득의 경우에는 원물반환의 연장이라는 점에서 수익자의 선악을 불문하고 손실자에게 대상청구권을 인정하는 것이 타당하다.

(5) 이득의 果實과 사용으로 인한 이익의 반환

(가) DCFR

DCFR은 5:104에서 이득반환에 있어 이득의 果實과 사용이익에 대한 반환책임을 독립적으로 규정하여 기본책임을 확장하고 있고 있는데, 이는 이득을 보유하는 동안 발생하는 부수적 이득의 반환문제를 처리하기 위한 규정이다. "과실"에는 천연과실(가축의 새끼, 수목의 열매)과 법정과실(이자, 차임, 배당금 등)이 있다. 그리고 이득의 "사용"은 기본적으로 물건의 마모(wear and tear)에 대한 금전배상의 의미를 가진다.[25] 그러나 이득의 사용이익 반환은 이득 자체가 사용이익인 경우와 구별되어야 한다. 후자의 경우, 가령 타인 재산을 임대함으로써 이득한 경우에는 본조가 적용되지 않고, 이득이 이전불가능한 경우에 관한 5:102의 적용을 받는다.

여기에서도 수익자의 선악 여부가 기본책임의 크기를 결정한다. 악의 수

---

24) 해설서, VII.-5:101, 4107은 이러한 선택권이 "공정성에 대한 고려"(considerations of fairness)로 정당화된다고 하는데, 과연 그러한지는 의문이다.
25) 해설서, VII.-5:104, 4134.

익자는 이득의 과실과 사용으로 인한 이익을 모두 반환해야 한다. 그러나 선의 수익자의 책임은 비용절감(5:103)으로 감축된다. 이와 같이 차등 취급되는 이유로 악의자의 경우에는 이득당시에 부수적 수익에 대한 권리가 없다는 점을 알았다는 점이 언급된다.

한편 해설서는 본조가 물권행위 무인성과 관련있음을 지적한다. 가령 자동차 매매계약을 체결하였으나 매매계약이 무효인 경우, 무인주의하에서는 자동차의 점유뿐만 아니라 소유권도 원물반환대상에 속한다(5:101). 그러나 점유기간 동안 소유자는 매수인이므로, 매수인은 자신의 소유물로부터 사용이익을 수취할 권한이 있게 되는데, 이러한 경우에 본조가 적용되어 악의라면 사용이익 전부를(5:104(2)), 선의라도 실제 이득한 것(비용절감)에 대하여는 반환의무가 발생하도록 한다(5:104(1)).[26] 그러나 유인주의하에서는 매도인이 계속 자동차의 소유자이므로 부당이득법상 원물반환은 자동차의 점유반환만 해당한다(5:101).[27] 이 경우 자동차의 사용으로 인한 이득은 그 자체로 이득항목을 구성하고(3:101(1)(c)), 따라서 그 반환은 5:102에 의하여 이루어지게 된다. 그 경우 악의자는 사용이익에 대한 금전가치를 반환해야 하지만(5:102(1)), 선의자는 실제 이득한 비용절감만을 반환하면 된다(5:102(2)). 다만 이는 급부이득과 관련된 것이고, 침해이득인 경우 동조는 여전히 의미가 있다.

(나) 민법과의 비교

민법은 원물반환에 있어 부수적 이익조정에 관하여 민법 제201조 이하의 규정을 두고 있다. 민법이 유인성을 취한다는 점에서 소유물반환청구와 경합이 인정되는데, 다만 계약의 무효·취소로 인한 급부부당이득의 경우 부수적 이익조정과 관련하여 적용법조에 있어서는 견해대립이 있다. 이는 특히 제201조가 적용되면 선의점유자는 과실(여기에는 이자와 사용이익이 포함

---

26) 이 사례는 해설서, VII.-1:101, 3849, 사례 10.
27) 물론 이 경우 원물회복을 위하여 소유물반환청구와의 경합이 인정된다.

된다)을 취득하게 될 것이고 제748조가 적용되면 선의 수익자라 하더라도 이익이 현존한 한도에서는 수취한 과실을 반환해야 한다는 점에서 견해대립의 실익이 있다.

다수설은 소유물반환청구가 원물반환에 관한 특수한 부당이득반환의 내용을 규정한 것으로 보고 이 경우 부수적 이익조정은 제201조 내지 제203조에 의하여야 한다는 입장인데,[28] 그 논거로 그렇지 않다면 소유권을 취득했던 경우(계약청산)보다 그렇지 않았던 경우(소유물반환 관계)가 선의 점유자의 과실취득권(제201조 제1항)과 관련하여 더 유리하게 된다는 불균형이 발생한다는 점이 언급된다.[29] 이러한 다수설에 대하여 급부부당이득의 경우에는 부당이득에 관한 제748조를 적용하여 선의 수익자라 하더라도 현존하는 과실을 반환할 의무가 있다고 보는 유력설이 주장된다.[30] 그리고 최근까지도 이 문제에 대한 치열한 학설대립이 이어지고 있고,[31] 이를 해소하기 위한 개정론도 활발히 제시되고 있다.[32]

---

28) 곽윤직(2003), 349면(이는 의용민법시대부터 일본의 통설로 되어 있는 특수한 해석론이라고 한다); 송덕수(2014), 421면, 464면; 장재현(2006), 512면.

29) 따라서 예외적으로 수익자가 소유권을 취득하는 경우에도 이러한 불균형을 시정하기 위하여 물권적 청구권이 적용되어야 한다고 본다. 곽윤직(2003), 373면; 송덕수(2014), 421면.

30) 민법주해/양창수(2005), 제747조, 552면에서는 "물적 지배질서의 유지를 목적으로 하는 물권적 청구권의 제도를 … 계약법과의 기능상의 연속성이 인정되는 장면에 적용하는 것은 민법이 정하는 역할분배에 어긋난다고 하겠다."; 김형석(2008. 3), 249면 이하는 그 근거로 근대 주요 입법례의 성립과정을 고찰해보면 민법 제201조 이하의 규정은 점유자가 점유를 소유자가 아닌 제3자로부터 취득한 사안을 전제로 하여 규정을 마련하고 있다는 점, 우리 민법상 자신이 체결한 계약의 유효성에 대한 신뢰는 보호되지 않으므로 이에 기초한 선의취득이나 과거 법률관계에 대한 현상유지가 정당화되지 않는다는 점을 논거로 제시한다. 동지: 김형배(2003), 206면.

31) 위의 유력설에 대한 반론으로 김상중(2007. 6), 161면 이하, 165면 이하; 유력설 측의 재 반론으로 김형석(2008. 3), 266면 이하; 이러한 해석론적 문제의 연원을 입법사적으로 검토한 문헌으로는 제철웅(2006. 3), 255면 이하.

32) 개정론으로 제201조 이하를 존치하되 제748조의 규정을 제201조 이하의 규정에

한편 악의 수익자/점유자의 경우 제201조 제2항에서 수취한 과실에 대한 반환의무를 인정한다는 점에서 적용법조의 문제는 선의자의 경우만큼 첨예하지는 않지만, 수취한 果實이 수익자의 過失 없이 훼손된 경우 반환책임과 관련해서는 여전히 견해대립은 실익이 있다. 왜냐하면 제201조 제2항에 따르면 그 경우 악의 점유자의 반환책임은 배제되지만 제748조에 의하면 여전히 반환책임이 있기 때문이다. 물론 수익자의 過失로 수취하지 못한 果實의 경우라면 제748조 제2항에 의하더라도 손해배상의무가 인정된다는 점에서 결론에 있어서 적용법조에 따른 차이는 없다.33)

판례는 부당이득의 사안유형을 불문하고, 또한 원물반환인지 가액반환인지를 불문하고 점유자의 선악 여부만을 기준으로 삼고 선의 수익자에 대하여는 민법 제201조 제1항이 제748조 제1항에 우선적용된다는 입장이다.34) 그리고 쌍무계약 취소시 선의 매수인에게 과실취득권이 인정되는 것에 대한 균형으로 선의의 매도인에게는 제587조 유추적용으로 대금의 이자취득을 인정한다.35) 한편 타인 물건을 악의로 권원 없이 점유함으로써 얻은 사용이익의 반환이 문제되는 사안에서 민법 제748조 제2항과 제201조 제2항의 관계에 대하여는 후자가 전자의 특칙이라거나 우선적용되는 것은 아니라고 판시하였다.36)

부수적 이득의 반환범위와 관련하여 DCFR와 민법을 비교하면, 양자는

부합하게 개정하는 방안(백태승·박수곤(2012), 53면 이하)과 선의 점유자에게 과도한 특혜를 부여하는 제201조를 재정비하고 독일민법과 같이 무상 취득자를 악의 점유자와 동치하는 규정은 신설하는 방안(김재형(2004), 196면), 제201조 이하를 삭제하고 제748조에 통합하는 방안(제철웅(2013), 301면 이하)이 주장되고 있다.

33) 민법주해[IV]/양창수(1992), 점유자와 회복자와의 관계 전론, 355면 이하.

34) 점유자가 선의여서 반환의무를 부정한 판결로는 대법원 1976. 7. 27. 선고 76다661 판결(불법점유) 이래 대법원 1987. 9. 22. 선고 86다카1996, 1997 판결(토지 사용이익도 과실과 同視) 등. 악의여서 반환청구를 인정한 판결로는 대법원 1995. 8. 25. 선고 94다27069 판결(타인 토지 위에 송전선로를 설치한 사안).

35) 대법원 1993. 5. 14. 선고 92다45020 판결.

36) 대법원 2003. 11. 14. 선고 2001다61869 판결.

수익자의 선악 여부에 따른 취급에서뿐만 아니라 그에 따른 반환책임의 크기에서도 차이를 보인다. 먼저 DCFR은 기본반환책임을 원칙적으로 이득으로부터의 과실이나 사용이익과 같은 부수적 이득까지 포함시키되, 선의 수익자는 비용절감액으로 반환책임을 제한시키고(5:104(1)) 악의 수익자는 이와는 무관하게 전부 반환해야 한다(5:104(2)). 그러므로 DCFR에서는 선악 여부와 함께 선의수익자의 경우 실제로 이득으로 되었는지가 중요하다. 반면 민법상 다수설은 이 문제를 선의 점유자의 과실수취권의 문제로 치환시켜 이해하고, 따라서 수익자의 선악 여부만이 결정적인 기준으로 영향을 미치게 된다. 이러한 다수설에 대하여 유력설은 선의수익자의 경우에도 반환의무가 있지만 현존이익한도로의 반환의무 감축을 인정하는데, 결론면에서 DCFR과 동일하게 처리되고 있다. 한편 악의자의 경우 민법은 제748조 제2항에서 그 받은 이익에 "이자를 붙여 반환하고"[37] 나아가 "손해"가 있으면 손해배상까지 인정하여 반환책임을 확장시키고 있다. 반면 DCFR에서는 악의자라 하더라도 반환책임은 어디까지나 받은 이득에 부수적 이득으로만 한정되고 손해배상까지 확장시키고 있지는 않다. 이를 통해 DCFR은 부당한 "이득"의 반환으로 부당이득법의 기능을 국한시키고 있음에 비해, 민법은 그것을 넘어서는 이해관계의 조정이 부당이득법내에서 이루어지고 있음이 확인된다.

---

37) 이에 대하여 김중한·김학동(2007), 754면은 이 규정에 특별한 의미를 부여하고 있지 않고, 오히려 이자반환의무를 악의 수익자에게로 제한한 것은 타당성이 의문스럽고 선의 수익자도 이자반환의무가 있다고 본다.

2. 항변

가. 개관

(1) DCFR

DCFR은 제1장의 기본규정에 따라 제2장에서 제4장에서 규정된 요건들이 충족되면 제5장에서 반환대상 및 기본적인 반환책임의 내용이 결정된다. 제6장에서는 부당이득반환청구에 대하여 수익자가 원용할 수 있는 항변사유 3가지, 즉 이득소멸 항변(6:101), 선의유상취득 항변(6:102), 위법성 항변(6:103)을 규정하고 있고, 최종적인 반환책임의 성부 및 크기는 이러한 항변까지 검토된 후에 결정된다.

각 항변의 취지는 다음과 같다. 우선 이득소멸 항변은 선의 수익자의 이득 존속에 대한 신뢰보호를 위한 것으로, 이득의 귀속과 존속을 신뢰한 선의 수익자의 경우 현존이익만을 반환하게 함으로써 부당이득반환을 통해 재산상태가 더 악화되지 않도록 하고 있다. 다음으로 선의유상취득 항변은 선의취득 법리를 확장하여 선의의 유상취득자에게 항변을 인정함으로써 거래안전을 도모하고자 하는 것이다. 마지막으로 위법성 항변은 법질서의 근본원칙이나 강행규정의 취지가 부당이득반환의 국면에서도 관철되도록 하기 위한 것이다.

우선 가장 큰 특징은 DCFR이 성립요건에 있어서는 부당이득반환청구의 성립의 문을 넓혀놓으면서 수익자는 항변을 원용함으로써 개별사안에서 구체적인 타당성을 도모하고 있다는 점이다. 이는 입증책임의 면에서 볼 때 타당한 규율로 보인다. 구체적으로 살펴보면, 비교법적으로 부당이득법상 수익자에게는 여러 가지 항변사유들이 인정되고 있는데,[38] 그 중에서 6:101의 이

---

[38] 독일민법은 반환청구를 허용하는 일반조항(제812조)에 이어서 반환청구 배제사유들 나열하고 있는데, 그 중에서 중요한 것들로는 악의의 비채변제(제814조), 도의

득소멸 항변과 6:103 위법성 항변의 경우 비교법적으로 일반적으로 인정되는 것이다. 다만 규율방식의 면에서는 차이점이 발견되는데, 먼저 이득소멸 항변의 경우 DCFR은 선의수익자의 신뢰보호를 넘어서 쌍방 책임없는 사유로 이득이 소멸한 위험부담의 문제까지 '이득소멸'에 포괄하고 있다. 그리고 위법성 항변은 로마법 이래 인정되어 오던 것이지만, 전통적인 접근법에서 벗어나는 규율방식을 시도함으로써 불법원인급여 문제에 관한 새로운 대처 방안을 제시하고 있다는 있는 점이 특징이다. 가장 눈의 띄는 점은 6:102 선의유상취득 항변이다. 이는 영국법상의 선의매수(bona fide purchase) 항변을 입법한 것으로, 거래안전 보호에 중요한 기능을 하고 있다.

(2) 민법과의 비교

민법은 일반조항인 제741조에서 반환청구의 근거규정을 두고 제742조 이하에서 반환청구 배제 사유들을 규정하고 있다. 즉 비채변제자가 악의라는 점(제742조), 비채변제이지만 도의관념에 적합하다는 점(제744조), 타인채무 변제지만 변제수령자인 채권자가 선의로 증서훼멸·담보포기·시효도과하였다는 점(제745조), 급부가 불법원인급여에 해당한다는 점(제746조)이 반환청구를 저지시키는 사유에 해당한다. 반환범위와 관련해서는 선의 수익자의 이득소멸(제748조 제1항), 수익자가 제한능력자임(제141조 단서), 불법관리의 경우 본인의 의사에 반함(이른바 강요된 이득, 제739조 제3항)도 수익자의 반환범위를 현존이익으로 제한시켜주는 항변으로 볼 수 있다. 정리하면 제

관념에 적합한 비채변제(제814조), 법률위반 또는 양속위반(제817조), 이득소멸(제818조 제3항)이 있다. 우리도 이러한 입법례에 속한다. 커먼로상 8개의 주된 항변 사유들로는 상태변경, 금반언, 反원상회복, 시효, 분쟁종결(dispute resolved: 화해 또는 기판력), 무능력, 위법성, 선의매수가 있고, 원고의 손실전가(passing on)에 대하여는 견해대립이 있다. 전 2자(세 번째 것도)는 피고의 '이득'과 관련된 항변이고, 나머지는 이득의 부당성과 관련된 것이다. Burrows (2002), 51. 이 중에서 부당이득법에 고유한 것으로는 상태변경, 反원상회복, 위법성 정도를 들 수 있다.

742조부터 제746조까지는 반환청구 자체를 배제하는 것들이고 제748조 제1
항, 제147조 단서, 제739조 제3항은 그에 해당하는 부분만(pro tanto) 반환책
임을 경감시키는 것들이다.

　민법과 비교해 볼 때 DCFR에서는 반환청구 저지사유 내지 반환책임 제
한사유들이 단계별로 나누어서 고려되고 있다. 첫째로 이득 자체를 정당화
시키는 사유, 둘째로 기본책임이 감경되는 사유, 셋째로 최종적인 반환책임
의 크기를 정함에 있어 감경 또는 면제에 해당하는 사유가 그러하다. 민법
에 해당하는 항변사유들을 대입시켜 보면 첫 번째에 해당하는 것이 악의의
비채변제, 시효완성 채무의 변제의 경우이고, 두 번째에는 강요된 이득, 세
번째가 이득소멸 항변과 불법원인급여가 여기에 속한다. 민법과의 차이는
제745조가 DCFR에서는 이득소멸 항변으로 규율된다는 점이고, 행위능력에
대한 별도의 규정을 두고 있지 않은 DCFR의 특성상 제한능력자 보호는 아
마도 위법성 항변("근본원칙이나 강행규정 위반")으로 고려될 것이다.

　이하에서 살펴본다.

나. 이득소멸 항변

(1) DCFR

(가) 규정

　DCFR은 수익자의 항변 중 첫 번째로 이득소멸 항변을 규정하고 있다. 이
는 수익자의 이득존속에 대한 신뢰를 보호하기 위한 것으로, 보다 구체적으
로는 수익자의 이득에 대한 자유로운 처분을 보장하기 위한 것이다.39) 여기

---

39) Swadling (1994), 278에서는 수익자가 언제든지 원하는 때 처분가능해야 하며, 만
　약 계속해서 부당이득반환청구 당할 것을 대비해야 한다면 이는 용인될 수 없을
　것인데, 공익 차원에서 이득의 존속에 대한 신뢰가 보장되지 않으면 경제 전체가
　마비될 것이기 때문이라고 한다.

에는 수익자가 이득을 반환함으로써 더 나쁜 지위로 되어서는 안 된다는 고려가 깔려있다.[40]

VII.-6:101: 이득소멸(Disenrichment)

(1) 수익자가 이득의 처분 기타의 방법으로 손실을 입은 한도에서(이득소멸) 수익자는 이득을 반환할 책임이 없는데, 다만 이득과 무관하게 재산감소한 경우에는 그러하지 아니하다.

(2) 그러나 다음의 한도에서 이득소멸은 고려되지 않는다:
  (a) 수익자가 代償을 얻은 경우;
  (b) 수익자가 이득소멸 당시 선의가 아니었던 경우, 다만 다음의 경우에는 그러하지 아니하다.
   (i) 이득이 반환되었더라도 손실자가 이득소멸하였을 경우; 또는
   (ii) 수익자가 이득 당시에는 선의였고, 이득반환의무 이행기 도래 전에 이득소멸을 입었고 또한 이득소멸이 수익자에게 책임 없다고 여겨지는 위험의 실현으로 발생한 경우; 또는
  (c) 제5:102조 (이전불가능한 이득) (3)항이 적용되는 경우.

(3) 수익자가 제3자에 대한 처분의 결과로 손실자를 상대로 본조상 항변을 가지는 경우, 그 제3자를 상대로 한 손실자의 어떠한 권리에도 영향이 없다.

이득소멸 항변과 관련하여 DCFR은 6:101은 매우 상세하고 복잡한 규정을 두고 있다.[41] 우선 본조 (1)에서는 이득과 소멸 간의 연계(nexus)가 인정되는 한 소멸한 이득부분에 대하여는 반환책임이 배제된다. 본조 (2)에서는 이득소멸이 인정되지 않는 세 가지 경우를 규정하는데, (a) 수익자가 代償을 얻은 경우, (b) 이득소멸 당시 선의가 아니었던 경우, (c) 5:102(3)이 적용되는 경우(후술)가 그것이다. 다만 (b)호 단서 (ii)의 경우 예외의 예외로 위험부담이 문제되는 경우에 이득소멸시 악의 수익자에게도 "이득소멸 항변"을 인정하고 있다. 이득소멸의 인정범위는 이득이 소멸된 한도에서만(pro tanto) 인정되고

---

40) 해설서, VII.-6:101, 4140, 4155. 해설서, Vol. 1, 52, 58에 의하면 이득소멸 항변은 수익자의 신뢰보호라고 하는 법적 안정성(security)과 손실자의 착오에 의한 이득부여로 이제는 더 이상 이득하고 있지 않은 선의의 수익자에게 반환책임을 부담시키는 것은 부당(unfair)하다고 하는 정의(justice)의 이념("No grossly excessive demands")이 반영된 것으로 설명되고 있다.

41) 성안과정에서도 2004년 임시초안에서 2006년 수정안으로 되는 과정에서 조문체계상의 많은 변화를 거쳤다. 이에 대하여는 이상훈(2016), 326면 이하 참조.

그 만큼 수익자의 반환범위가 감축된다. 따라서 일부소멸의 경우에는 소멸한 이득만큼만 책임이 줄어들고 현존하는 이득은 반환해야 한다.[42]

한편 선의 수익자의 무상처분으로 이득소멸이 인정되는 경우 손실자는 전득자를 상대로 전득한 것에 대한 반환청구를 할 수 있는데, 이는 유상 전득자만 항변권을 갖기 때문이다(6:102).

(나) 특징: 선의 수익자의 처분의 자유 보장

이득소멸의 항변은 선의 수익자의 이득 보유에 대한 신뢰를 보호하기 위한 것이다. DCFR은 이를 "이득을 자신의 것으로 완전하게 여길 자유"를 보장하기 위한 것으로 본다.[43] 따라서 수익자의 책임 있는 사유로 원물이 멸실·훼손되었다 하더라도 선의자라면 이득소멸 항변이 인정된다. 따라서 반환 목적물을 타인에게 증여하든지 스스로 손괴하든지 그의 재량 하에 있다고 본다.[44] 갑자기 화가 나서 물건을 부숴버리는 행위는 합리성이나 이해타산적인 행위와는 거리가 있다 할지라도 위에서 언급한 "내 것"으로 여긴 물건을 "마음대로 다룰 자유"에 포함된다. 여기에는 보관상의 부주의(방치)와 같은 부작위로 야기된 이득소멸도 포함된다.[45] 물론 여기서의 선의는 단순한 부지가 아니라 "아는 것이 합리적으로 기대될 수 없는 경우"여야 한다.

한편 DCFR은 이득소멸 항변이 제한되는 경우로 네 가지 경우를 규정하

---

42) 해설서, VII.-6:101, 4155, 사례 16(배달기사의 주소 착오로 축하카드 없이 케이크와 샴페인이 배달된 경우, 케이크만 먹고 샴페인은 아직 터뜨리기 전이라면, 샴페인은 반환책임이 있다).

43) 해설서, VII.-6:101, 4145.

44) 해설서, VII.-6:101, 4145에서는 곡선이 많고 장식적인 치펀데일 양식의 고급가구(Chippendale furniture)를 땔감으로 사용하더라도 그와 같이 물건을 함부로 다루는 행위(maltreatment)는 이득소멸 항변을 배제하지 않는다고 한다. 한편 DCFR VIII.-1:202에 의하면 소유권의 여러 권능에 재산을 '파괴할 권능'도 명시하고 있다 ("the exclusive right ... to ... destroy ... of ... the property).

45) 해설서, VII.-6:101, 4145.

고 있다. ① 이득과 이득소멸 간의 연계(nexus)가 없는 경우(본조 (1) 단서),
② 이득소멸로 수익자가 代償을 얻은 경우(본조 (2)(a)), ③ 수익자가 악의인
경우(본조 (2)(b), 단 두 가지 예외 있음), ④ 5:102(3)이 적용되는 경우(본조
(2)(c)). ①과 ③은 이득소멸 항변 원용의 요건으로 일반적으로 요구되는 것
들로 DCFR의 특징은 ②와 ④에 있다. ②의 경우 앞서 살펴본 바와 같이
代償반환 선택의 문제로 된다(5:101(4)). 이로써 선의 수익자의 경우 자유로
운 처분의 자유, 즉 물건을 시가보다 싼 가격으로 처분할 자유가 보장된다.
또한 ③과 관련해서 수익자가 악의인 경우에도 예외적으로 '이득소멸' 항변
을 원용할 수 있는 경우를 명시적으로 규정하였는데, 이는 종래 위험부담
법리로 처리되던 것을 '이득소멸'에서 규율한다는 점에서 특이점이 있다.

보다 주목해 봐야 하는 특징은 ④이다. 규정상으로는 "5:102(3)이 적용되
는 경우"라고만 되어 있지만, 이는 유상(쌍무)계약 청산의 경우에는 이득소
멸 항변을 배제하는 취지로 이해된다.[46) 쌍무계약 청산의 문제는 청산관계
에 있어서도 양 반환의무간의 견련성 유지가 필요하고, 이 점에서 일방에
의한 이득부여(대표적으로 비채변제)와는 달리 취급되어야 한다. DCFR은
규정 표현상으로는 다소 불분명하지만 쌍무계약 청산의 특수성의 문제를
인식하고 이를 위한 명문의 규정을 두고 있다는 특징이 있다(상세는 후술).

정리하면 DCFR의 '이득소멸' 항변에 관한 규정의 규율범위는 위험부담
에 대한 규정도 포함한다는 점에서 선의 수익자에 대한 보호를 훨씬 넘어서
고 있다. 그리고 일반적으로 다루어지는 이득소멸의 방식, 즉 원물의 멸실·
훼손·소비 그리고 무상처분 사안을 넘어서 유상처분 사안에서의 代償반환책
임과의 관계를 밝힌 점과 종래 쌍무계약청산에 있어서 이득소멸 항변 제한
에 관하여 명문의 규정을 두고 있는 점도 특징이다. 이러한 내용들을 포함
하다보니 규정은 매우 길고 복잡하게 되었다.

---

46) 조문의 성안과정과 취지에 관하여는 이상훈(2016), 126면 이하 참조. Wendehorst
(2008), 239, n. 44도 이를 편집상의 오류(Redaktionsversehen)로 본다.

(다) 입증책임

DCFR의 이득소멸 항변의 규정이 매우 복잡하게 된 것은 입증책임과도 관련이 있다. 해설서에 따르면 본조에 해당하는 사항은 원칙적으로 그것이 항변이라는 점에서 수익자가 모두 입증해야 하고, 특히 수익자는 본조 (2)이 적용되지 않는 사정을 입증해야만 하는데, 즉 수익자는 요구되는 입증기준에 따라 다음을 입증해야만 한다고 한다. 즉, ⓐ 수익자가 손실(이득소멸)을 입었다는 점, ⓑ 수익자가 이득을 얻지 않았더라면 손실을 입지 않았을 것이라는 점, ⓒ 수익자가 이득소멸을 대가로 代償을 수령하지 않았다는 점, 그리고 ⓓ (i) 수익자가 이득이 부당하였다는 것을 알지도 못했고 알아야 했던 것도 아니었거나 또는 (ii) 이득소멸당시 선의가 요구되지 않는 두 가지 예외인 6:101(2)(b)의 단서 중 한 가지가 적용된다는 점, ⓔ 나아가 (i) 수익자가 합의상 이득을 얻지 않았다는 점이나 또는 (ii) 합의가 있었던 경우라면, 그 합의가 이득의 가격이나 가치를 진정으로 정하지 않았다는 점도 입증해야만 한다고 한다.[47]

그러나 일반적 법리에 따라 6:101(1)의 본문-단서 구조상 위의 내용 중에서 ⓑ 이득과 무관하게 재산감소하였을 것(이득과 이득소멸 간의 연계 부재)은 반환청구자에게 입증책임이 있다고 보아야 한다. 아울러 반환청구자는 수익자가 이득소멸을 당하기는 했으나 ⓒ 수익자가 代償을 얻었다는 점이나 ⓓ 이득소멸 당시 악의라는 점, 또는 ⓔ 유상(쌍무)계약 청산에 있어 진정한 합의에 기한 가격결정이 있었다는 점을 입증해야 할 것이다. 반환청구자의 ⓓ에 대하여 다시 수익자는 6:101(2)(b)의 단서를 입증함으로써 이득소멸의 항변을 원용할 수 있게 되고 이로써 반환책임으로부터 벗어날 수 있다고 보아야 할 것이다.

---

47) 해설서, VII.-6:101, 4139f.

(2) 민법과의 비교

(가) 이득소멸의 적용범위 비교

민법도 제748조 제1항에서 선의 수익자에게는 현존이익으로 반환책임을 감면해줌으로써 이득소멸 항변을 인정하고 있다. 그 취지는 DCFR과 마찬가지로 선의 수익자의 이득 존속에 대한 신뢰보호를 근거로 한다.[48] 그러나 민법과 비교해보면 DCFR에서는 '이득소멸'로 훨씬 더 많은 상황이 규율되고 있다. 가령 DCFR에서는 편취금전 변제 사안에서의 채권자의 변제수령으로 인한 채권소멸, 타인의 채무 변제 사안에서 채권자의 담보권 포기도 '이득소멸'로 규율된다. 나아가 유상처분도 그것이 객관적 가치보다 낮은 대가로 처분한 경우라면 얻은 代償부분은 이득소멸의 대상에서 배제되고(6:101(2)(a)) 객관적 가치보다 낮은 만큼에 대해서만 이득의 일부 소멸이 있는 것으로 본다.

DCFR이나 민법 모두 이득과 이득소멸 간의 연계가 요구되므로(6:101(1) 단서) 반환목적물에 대한 비용지출의 경우도 '이득소멸'에 포함되는 점에서는 공통된다.[49] 그러나 이득의 목적물로 인하여 수익자의 다른 재산에 손해가 발생한 경우(가령 법률상 원인 없이 취득한 강아지가 수익자의 고급 카페트를 물어뜯은 경우)에 입은 손해를 공제할 수 있을지에 대하여는 차이가 있다. 종래의 통설은 그러한 손해의 경우에도 공제를 인정하지만,[50] 이득과

---

48) 이은영(2005), 699면. 김형배(2003), 225면. 그러나 이에 대한 비판도 제기되는데, 대표적으로 김중한·김학동(2007), 751면("입법론상 부적절"). 민법주해/양창수(2005), 제748조, 579면은 그러한 이유에서 선의 수익자에 대한 현존이익 한도로의 반환책임 제한은 선의점유자에 대한 보호와 마찬가지로 예외적인 보호로 이해해야 한다고 한다.

49) 비용공제를 인정한 사안으로 대법원 1995. 5. 12. 선고 94다25551 판결(정당한 권원 없이 타인 소유 임야에서 굴취한 토석을 제방성토 작업장에 운반·사용하고 그 재료비, 노무비, 경비 등을 합하여 토석성토대금으로 받은 경우, 노무비, 경비 명목 부분을 반환이득의 범위에서 제외한 사례).

50) 민법주해/양창수(2005), 제748조, 589면 참조. 독일에서는 공제 부정설이 다수설이

손해 간의 연계가 없다는 점에서 부정하는 것이 타당하고, 이는 별도의 손해배상으로 다루는 것이 타당하다.

한편 DCFR상의 이득소멸 항변은 위험배분에 관한 규정을 포함하고 있다는 점에서 민법과 차이가 있다. 그리하여 DCFR은 일정한 경우 이득소멸 당시 악의인 수익자에게도 이득소멸 항변을 인정하고 있다(6:101(2)(b) 단서). 이는 수익자의 책임없는 사유로 이득이 소멸한 경우에는 악의자라 하더라도 이득소멸의 위험을 귀속시킬 수 없다는 것을 이유로 한다. 민법상 이득소멸은 어디까지나 선의 수익자에 대한 책임감경의 맥락에서 논의되고, 이득소멸당시 악의 수익자의 경우라면 일반적인 책임법리에 따라 판단된다.[51] 이득이 반환되었더라도 손실자가 이득소멸하였을 경우라면(단서 (i)), 제392조 단서를 유추하여 반환책임을 면한다고 보아야 한다. 이득 당시에는 선의였으나 나중에 악의로 된 후 수익자에게 귀책사유 없는 위험의 실현으로 이득소멸한 경우라면(단서 (ii)), 원물반환에 관하여 제201조 이하를 적용하는 통설에 의하면 제202조의 반대해석상 반환책임을 면하게 될 것이다. 그러나 급부부당이득의 경우 제201조 이하가 적용되지 않는다고 보는 견해에 의하면 그러한 우연멸실의 경우에도 가액반환책임을 인정한다.[52] 민법상 부당이득반환청구는 이행기의 정함이 없는 채무로 이행청구를 받은 때로부터 지체책임이 발생하고 그때부터는 과실이 없는 경우에도 손해배상의무가 있게 된다(제387조 제2항, 제392조 본문). DCFR은 이행청구를 받은 채무자에게 이행을 위한 합리적인 기간이 부여되므로(III.-2:102(1)), 그 기간 내에 귀책사유 없이 멸실한 경우 반환책임을 면하게 된다는 점에서는 통설과 같은 입

라고 한다(584).

51) 민법주해/양창수(2005), 제748조, 596면은 부당이득법상 수익자가 악의라는 사실이 가지는 의미는 수익자가 반환해야 할 이득의 범위가 악의로 된 시점으로 확정된다는 것인데, 이는 이득의 소멸이라는 사정은 더 이상 고려되지 않는 것이라고 한다.

52) 민법주해/양창수(2005), 제748조, 597면. 그러나 불가항력으로 인하여 반환불능이 되었다면 수익자는 반환책임을 면하게 된다고 본다.

장이라고 볼 수 있다.

수익자가 무상처분 등을 통해 이득이 소멸된 경우 DCFR에서 전득자가 반환책임을 부담한다(4:103(2), 6:101(3)). 이 경우 민법은 제747조 제2항에서 악의의 무상전득자의 경우에만 반환책임을 인정하는데, 악의 무상전득자의 경우 손실자에 비하여 보호의 필요성이 낮다는 것을 이유로 한다.[53] DCFR 의 경우 전득자의 선악 여부를 불문한다는 점에서, 이득소멸로 인한 '직접 청구'가 민법보다는 넓게 인정된다.

목적물을 염가로 처분한 경우 이득소멸 항변의 인정범위가 문제된다. DCFR의 경우 선의 수익자는 처분의 자유가 보장되고 따라서 염가로 처분한 대가를 代償반환하는 것을 선택할 수 있고, 시가와의 차액은 이득소멸된 것으로 처리된다. 그 부분에 대하여는 양수인을 상대로 반환청구가 가능하게 될 것이다. 그 경우 선의 양수인은 6:102의 유상취득항변이 가능하므로 악의의 양수인을 상대로만 반환청구가 가능할 것이다. 결국 무상처분이 아닌 한 수익자가 선의이면 代償반환을 선택하고 양수인도 선의라면 손실자의 부당이득반환청구는 수익자가 취득한 대가로 제한될 것이다. 민법상 거래행위로 인한 代償의 경우 선의 수익자의 代償반환선택권은 인정되지 않는다. 그러므로 이 경우 반환불능으로 되어 가액반환(제747조 제1항)이 문제되는데, 이때 선의 수익자에게 이득소멸 항변이 인정될 수 있는지가 문제된다. 이에 대하여는 수익자가 자신의 재산적 처분에 수반되는 위험을 부당이득반환청구자에게 전가할 수는 없다는 이유로 이득소멸 항변은 인정되지 않는다고 보는 견해가 유력하다.[54] 다만 수익자와 전득자 쌍방이 증여된 것으로 요해한 부분에 대하여는 제747조 제2항의 직접청구는 가능하다고 본

---

53) 그 외에도 부당이득반환청구권이 시효소멸한 경우와 같이 법적으로 수익자에게 부당이득반환의무가 없는 경우와 아울러 수익자의 무자력 또는 소재불명과 같이 사실상 수익자에게 부당이득반환을 기대할 수 없는 경우까지도 제747조 제2항의 직접청구권이 인정된다. 양창수·권영준(2015), 512면 이하; 이은영(2005), 701면 이하.
54) 민법주해/양창수(2005), 제748조, 588면.

다.55) 쌍무(유상)계약의 경우 이득소멸 항변의 배제에 관하여는 후술한다.

(나) 입증책임

원물반환청구에 있어 선의 수익자의 이득소멸과 관련한 입증책임이 누구에게 있는지가 문제된다. 판례는 수익자의 선의를 추정하고 따라서 반환청구자가 수익자의 악의를 입증하도록 하고 있다.56) 그리고 현존이익의 입증책임과 관련하여서도 반환청구자가 이득의 현존사실에 대한 증명책임을 진다고 본다.57) 다만 금전의 경우 이익의 현존을 추정하고 있는데,58) 금전은 소비되더라도 어떤 형태로든 수익자에게 다른 형태의 이득(비용절감)을 남긴다는 고려가 깔려 있다.59) 학설은 수익자의 선의 추정에 있어서는 견해가

---

55) 민법주해/양창수(2005), 제747조, 575면. 무상에 가깝게 현저히 불균형한 가격으로 취득한 경우에는 무상과 동일시할 수 있다고 한다는 견해로는 백태승·박수곤 (2012), 131면.

56) 대법원 2010. 1. 28. 선고 2009다24187, 24194 판결.

57) 대법원 1970. 2. 10. 선고 69다2171 판결(원고들이 점용허가를 얻어 하천에서 논으로 개량하여 경작해오던 토지가 댐 건설로 인해 수몰지구가 된 사안).

58) 대법원 1987. 8. 18. 선고 87다카768 판결; 대법원 1996. 12. 10. 선고 96다32881 판결; 대법원 2008. 6. 26. 선고 2008다19966 판결. 한편 대법원 2009. 1. 15. 선고 2008다58367 판결에서는 의사무능력자가 자신이 소유하는 부동산에 근저당권을 설정해 주고 금융기관으로부터 금원을 대출받아 이를 제3자에게 대여한 사안에서, 대출로 받은 이익이 위 제3자에 대한 대여금채권 또는 부당이득반환채권의 형태로 현존하므로 금융기관은 현존 이익인 위 채권의 양도를 구할 수 있다고 보았다. 대법원 2005. 4. 15. 선고 2003다60297, 60303, 60310, 60327 판결에서는 미성년자가 신용카드 거래 후 신용카드 이용계약을 취소한 사안에서 판례는 미성년자가 얻은 이익을 가맹점에 대한 매매대금 지급채무를 면제받는 이익으로 보아 현존을 추정하였다. 이익의 현존추정을 깬 사안으로는 대법원 2003. 12. 12. 선고 2001다 37002 판결(제3자의 기망행위에 기한 원고 은행과 피고 간에 대출계약이 있었고, 금전대출 즉시 원·피고, 제3자 간의 사전 합의대로 대출금이 입금된 피고 명의의 예금통장과 도장을 제3자에게 제공하고 제3자가 그 돈 전액을 인출사용함이 명백한 사안).

59) 그리고 이 법리를 다른 이득 대상에도 확대하고 있다: 대법원 1970. 10. 30. 선고

나뉘지만,[60] 이득 현존과 관련해서는 금전을 포함한 모든 이득의 현존은 추
정되고 따라서 수익자가 그 추정을 깨도록 하는 견해가 지배적이다.[61] 그
근거로는 제748조 제1항은 선의 수익자 보호를 위한 특별규정이라는 점, 수
익자에게 부담시키는 것이 입증책임 분배의 이념인 공평의 관념이나 입증
의 난이, 증거와의 거리 등에 비추어 합리적이라는 것 등이 제시된다.[62]

　이러한 시각의 차이는 부당이득법상 이득개념에서 비롯한다.[63] 총체재산
적 관점에서 차액설에 입각한 이득개념을 취할 경우 성립요건으로서의 이
득과 반환대상으로서의 이득은 동일하고, 이는 민법 제748조 제1항의 선의
수익자의 경우 현존이익 반환책임과도 일치한다. 그러므로 이득 전후의 차
액개념으로서 현존이익반환을 기본책임을 삼는다면 그에 대한 예외형태, 즉

70다1390, 1391 판결(대체물. 차임으로 받은 벼). 다만 이에 관하여는 황형모
(1985), 260면은 이 판결은 특정물(원물)채권에 있어서 이행불능 내지 특정물의 멸
실로 인한 특정물 채권의 소멸에 관한 항변에 관한 판시라고 보는데 의문이다; 대
법원 2009. 5. 28. 선고 2007다20440, 20457 판결(성질상 계속적으로 반복하여 거
래되는 물품으로서 곧바로 판매되어 환가될 수 있는 금전과 유사한 대체물. 당해
사안에서는 비디오 폰을 비롯한 각종 통신제품); 대법원 2005. 4. 15. 선고 2003다
60297 판결(미성년자가 신용계약 이용계약을 취소한 사안에서, 이득이 금전채무
면제인 경우 이러한 이익은 "금전상의 이득").

60) 선의추정설: 김상용(2009), 560면(선의 점유를 추정하는 제197조 제1항을 근거로 제
시); 김동훈(2009. 12), 92면. 반대설: 황형모(1985), 264면; 민법주해/양창수(2005),
제748조, 591면.

61) 곽윤직(2003), 375면; 김증한·김학동(2006), 753면; 송덕수(2014), 463면; 양창수·권
영준(2015), 514면; 지원림(2014), [5-254]; 김주수(1997), 579면; 김동훈(2009. 12),
92면; 황형모(1985), 264면.

62) 일찍이 오석락(1980), 254면 이하; 황형모(1985), 264면 이하; 민법주해/양창수
(2005), 제748조, 590면 이하; 이계정(2013), 581면 이하.

63) 이는 제741조와 제748조 제1항의 관계와 관련되는데, 후자를 전자에 대한 보충규
정으로 보면 반환청구자가 입증해야 하는 것이고, 예외규정으로 보면 수익자가 입
증해야 할 것이다. 오석락(1980), 243면 이하. 한편 가액반환을 구하는 경우 반환청
구자가 일반적 성립요건 외에 원물반환 불능사실을 주장·입증해야 하고, 나아가 이
자까지 청구하려면 수익자의 악의까지 입증해야 함에는 다툼이 없다고 한다.

악의 수익자의 경우 받은 이익 전부 반환을 위해서는 반환청구자가 수익자의 악의와 이익이 그대로 남아 있다는 것을 입증해야 하는 것이다. 그러나 전술하였듯이 이러한 차액설적 이득개념은 타당하지 않고 구체적 대상설에 따른 이득개념을 취하는 것이 타당하다.64) 이에 따르면 받은 이득 전부 반환이 기본책임이고, 그 예외로서 현존이익으로의 반환책임 제한을 위해서는 반환의무자인 수익자가 자신이 선의라는 사실과 이익이 현존하고 있지 않음을 입증해야 할 것이다.65) 한편 이득이 금전인 경우라면 수익자의 소비패턴이나 성향상 통상의 지출이 아니라 비통상적 지출이라는 점(사치성, 낭비 등)을 입증해야 할 것이다.66)

DCFR의 경우 앞서 살펴본 바와 같이 본문-단서 규정의 구조상 합리적인 입증책임의 분배를 시도하고 있다. 우선 이득소멸이 '항변'이므로 수익자가 이득소멸사실을 입증해야 하면서도, 수익자의 '선의'에 대하여는 6:101(2)(b)의 조문구조상 반환청구자가 수익자의 악의를 입증하도록 하고 있다. DCFR은 이득소멸을 선의자에 대한 특혜로 국한하지 않고 이득이 소멸된 일체의

---

64) 민법주해/양창수(2005), 제747조 내지 제749조 전론: 부당이득의 효과, 536면. 이는 의용민법 제704조("그 이익이 존재하는 한도에서")와 현행민법 제741조("그 이익")의 법문을 비교해보면 분명해진다고 한다. 그리고 제한능력자 보호에 관한 제141조 단서상 현존이익 입증책임이 누구에게 있는지에 대한 견해대립과도 관련이 있는데, 이 경우 무능력자에게 현존이익 없음의 입증책임이 있다고 보는 견해가 다수설이다. 민법주해/김용담(1992), 제141조, 303면.

65) 동지: 이은영(2005), 700면. 다만 수익자가 점유자인 경우에는 점유자의 선의 추정(제197조 제1항)에 의해 선의 수익자로 추정된다고 본다.

66) 사치성 지출의 경우에도 지출액 전부가 아니라 통상적 액수의 지출가능성과의 차액, 가령 여행을 계획하였으나 금전이득으로 호화여행을 가게 된 경우에는 그 차액에 한하여만 현존이익 항변이 인정되어야 한다는 견해로 김동훈(2009. 12), 96면. 한편 금전의 경우에도 제3자가 이를 절취·횡령해가거나 화재로 금전이 소실된 경우, 은행에 예금하였는데 은행이 파산한 경우, 나아가 수익자와는 무관한 제3자가 소비해버린 경우라면 - 원물이 우연멸실한 경우와 같이 - 이득소멸의 항변이 인정된다는 견해로 이계정(2013), 594면.

사안들을 포괄 규율함으로써 예외적으로 악의자에게도 "이득소멸 항변"을
인정하고 있다는 점(이때는 악의 수익자가 그러한 예외적인 사유를 입증해
야 함), 입증의 난이도를 고려할 때 선의보다는 악의를 입증하도록 하는 것
이 용이하다는 점, 마지막으로 DCFR의 선의개념은 단순한 부지가 아닌 부
지에 대한 합리적 기대가능성까지 요구되어 민법상 선의보다는 인정 여지가
좁다는 점 등을 고려할 때, 수익자의 선의를 추정하고 반환청구자가 이를 깨
도록 입증책임을 분배한 것으로 보인다. 그리고 그러한 전제하에서라면 수익
자의 선의추정은 타당하다고 생각된다. 그렇다면 반환청구자는 수익자가 이
득의 부당성(이득의 법률상 기초 없음 또는 손실자의 임의 동의 없음)을 알
았다거나 수익자의 不知에 대한 합리적 기대가능성이 없다는 것을 입증해야
된다.

다. 선의유상취득 항변

(1) DCFR

DCFR은 선의유상취득 항변을 통하여 전득자를 보호하고 있는데, 이는
선의취득 법리를 연장하여 거래안전을 도모하는 것을 취지로 한다.

VII.-6:102: 제3자와의 선의의 법률행위
수익자는 또한 다음의 경우에 이득을 반환할 책임이 없다:
  (a) 그 이득을 대가로 수익자가 다른 이득을 제3자에게 부여하고; 그리고
  (b) 수익자가 그 당시 여전히 선의인 경우.

DCFR도 동산 소유권 득실에 관한 제8편에서 선의취득 규정을 두고 있는
데(VIII.-3:101), 해설서에서는 선의취득이 제한된 범위에서만 적용되므로,
본조는 선의취득 규정을 통해 권리취득을 인정받지 못한 선의 유상취득자
를 보호하기 위한 것이라고 설명하고 있다.[67] 즉 기본적으로는 선의취득과

동일한 취지에서, 다만 거래의 객체가 선의취득 대상이 아니거나 선의취득의 요건을 갖추지 못하여 권리취득이 인정되지 않는 경우, 부당이득반환책임의 국면에서 선의취득 법리를 연장하여 부당이득반환책임을 배제하는 것이다. 그리고 선의취득 규정에서와 마찬가지로 '선의 유상취득자'에 한정된다. 조문상의 표현은 '선의'로만 되어 있지만 DCFR 부당이득편에서의 '선의'의 의미는 '무과실'을 포함하는 개념이므로(5:101(5)) 선의취득을 통해 보호받는 양수인의 요건과 일치한다.

우선 본조는 이득의 객체가 선의취득이 인정될 수 없는 재산이용인 경우 수익자에게 항변을 부여하는 기능을 한다. 가령 보트 한 척의 매매가 이루어지고 매수인이 이를 임대였는데 매매계약이 강박으로 취소된 경우 매도인과 매수인 간에는 계약청산을 위하여 부당이득반환이 이루어질 것이다. 이때 임차인이 용선기간 동안 보트를 사용한 이득을 매도인이 직접 부당이득반환청구를 할 수 있는지가 문제된다. DCFR은 제3자와의 계약에 기한 권원(용선계약에 기한 사용수익권)은 법률상 기초가 될 수 없으므로 매도인의 용선인에 대한 직접청구가 인정된다. 다만 이때 선의의 용선인이 이미 차임을 임대인에게 지급한 경우라면 본조에 기한 항변이 인정된다.[68]

아울러 본조는 계약에 기한 적법한 채무이행이 제3자에게 이루어졌으나 그것이 임의이행이 아닌 경우 2:102에 의해 인정되는 직접청구의 경우에도 적용된다. 가령 B의 지시로 A가 C에게 지급한 경우 A의 C에 대한 지급이 무능력, 사기, 강요, 협박, 불공정한 착취와 같은 하자로 인해 임의이행이 아니었다면 A는 C를 상대로 직접청구가 가능한데(2:102(a), 2:103(1)), 이때 C

---

67) 해설서, VII.-6:102, 4162: "... same basic policy considerations protecting good faith acquirers of property." 이 규정에 대한 설명으로는 이상훈(2016), 135면 이하 참조. 해설서, Vol. 1, 52에서는 받은 이득의 처분에 대한 신뢰를 보호하는 것이 이득소멸항변(6:101)이라면, 이득의 유상취득에 대한 신뢰를 보호하기 위한 것이 선의유상취득의 항변(6:102)이라고 설명하고 있다.

68) 이상 해설서, VII.-6:102, 4162, 사례 1.

가 선의이고 B에게 대가관계에 기한 급부를 하였다면 C는 선의 유상취득자에 해당하여 본조의 항변을 통해 A의 직접청구를 저지할 수 있다.

본조의 항변이 인정되면 그 효과로 반환책임이 전적으로 배제된다. 이로써 이득을 선의로 유상취득한 자는 부당이득반환청구를 당하지 않게 되어 거래안전이 보장된다.[69)]

(2) 민법과의 비교

(가) 선의취득 법리의 연장

민법상 선의취득(제249조 등)이 인정되면 물권법적 권리귀속이 인정되고 그 이득은 "법률상 원인"이 있는 것으로 된다. 그러나 선의취득이 인정되는 객체는 동산 등[70)]으로 법률상 한정되어 있고 따라서 선의취득이 인정되지 않는 객체인 사용이익의 경우 그 부당이득법적 처리가 문제된다.

먼저 사용이익 반환의 문제에 관하여 민법은 원물반환의 부수적인 이익조정에 관한 제201조가 적용된다. 통설은 원물반환에 부수하는 이득조정에 있어 제201조 이하가 적용된다고 보고, 이는 유형설에 따르더라도 비급부부당이득인 경우에는 마찬가지이다. 사용이익도 과실에 준하여 처리하므로 선의자는 소유자의 소유물반환청구(제213조)가 있더라도 사용이익을 취득할 수 있게 된다. 그 점에서 이득이 물건인 경우 DCFR 6:102의 가치평가가 사용이익에 관하여 민법에서는 제201조를 통해 이루어지고 있다고 볼 수 있다.[71)]

---

69) 해설서, VII.-6:101, 4164.
70) 그 외에 동산질권(제343조), 지시채권과 무기명채권(제514조, 제524조).
71) 그러한 의미에서 양창수·권영준(2015), 452면 주 3에서는 제201조가 일종의 '작은 선의취득' 내지 '축소된 선의취득'을 정한 것으로 평가한다.

(나) 선의 제3자 보호조항

한편 DCFR에서 채무이행의 임의성이 부정되어 직접청구권이 인정되는 경우와 관련하여 민법과 같이 물권행위 유인성을 취하는 법제에서라면 선의 제3자 보호조항을 통해 동일한 결론에 이르게 될 것이다. 즉, 민법에 의하면 계약을 성립시키는 의사표시가 무효·취소되면 채권행위뿐만 아니라 물권행위까지 무효로 되고 따라서 원물에 대한 소유권은 자동복귀되어 소유자는 소유물반환청구권을 가지게 되므로 이에 기하여 제3자를 상대로 점유회복을 위한 원물반환청구를 할 수 있게 된다. 다만 민법은 제한능력으로 인한 취소나 불공정 법률행위를 제외한 착오, 사기·강박의 경우 선의 제3자 보호조항을 두고 있고(제109조 제2항, 제110조 제3항), 이를 통해 새로운 이해관계를 맺은 제3자에게 무효·취소의 효과를 대항하지 못하도록 함으로써 거래안전을 보호하고 있다. 지시 등을 이유로 단축급부를 통해 직접 이행을 받은 자의 경우에도 보호받는 제3자에 속한다고 볼 수 있다.72) 다만 보호범위에 있어 DCFR은 선의의 유상취득자에 한정하지만, 민법은 무상 선의취득자까지도 보호된다는 점에서는 차이가 있다.

(다) 민법 제747조 제2항

한편 민법은 제747조 제2항에서 악의 무상전득자의 반환책임에 관하여 규정하고 있다. 그러나 물권행위 유인성을 취하는 민법상 이 규정이 직접 적용될 여지는 적다. 그러나 동조는 민법상 선의 유상전득자 보호에 대한 취지를 간접적으로 표현하고 있고, 3면관계에서의 직접청구 인정 여부의 문제와 관련하여 시사점을 줄 수 있다는 점에서 일정한 의미를 갖는다.

---

72) 교환계약 후 사기 취소에 있어 단축급부로서의 직접 등기를 이전받은 자가 제110조 제3항의 제3자에 속하는지에 관하여 이를 긍정한 판결로는 대법원 1997. 12. 26. 선고 96다44860 판결 참조. 평석으로 제철웅(2000. 3), 137면 이하 참조.

라. 위법성 항변

(1) DCFR

VII.-6:103: 위법성

계약 기타 법률행위에 기하여 이득이 얻어졌는데 그 계약이나 기타 법률행위가 근본원칙(II.-7:301(근본원칙을 위반하는 계약))이나 강행규정 위반으로 무효이거나 취소된 경우, 수익자는 이득반환이 근본원칙이나 강행규정 기저에 있는 정책에 위배하는 한도에서 이득반환책임이 없다.

이른바 불법원인급여에서의 반환청구 배제는 로마법 이래 비교법적으로 인정되고 있다.[73] 그러나 불법원인급여로 인한 반환청구의 배제는, 양자가 이미 이행한 경우라면 결국 무효인 계약의 이행상태를 방치하는 것이며 일방만 이행한 경우라면 부당한 이득을 계속 보유하게 된다는 문제를 발생시킨다. 이에 대하여 대부분의 법제에서 이 문제에 대한 일관된 법규범을 발전시키는 데 어려움이 있으며 비교법적으로도 명확한 법규범이 제시되고 있지 않지만, 다만 문제된 법규정상의 정책이 개별사안에서 반환청구를 배제함으로써 무력화(stultify)되지 않아야 한다는 점이 공통적으로 나타나고 있음이 지적되고 있다.[74]

DCFR의 위법성 항변 규정은 로마법 이래 발전되어 온 역사적인 접근법에서 벗어난 새로운 방식으로 성안되었다. 역사적으로 공여자와 수령자의 동등 불법여부가 반환청구의 성부에 있어 중요한 판단기준이었으나 DCFR은 그러한 고려보다는 정책적 판단을 우선시하고 있다. DCFR의 태도는 기본적으로는 PECL 제3부 제15장을 이어받은 것인데, 근본원칙이나 강행규정 위반여부를 법원이 다양한 요소들을 고려하여 판단하도록 하고, 그 효과에 있어서도 재량을 인정하는 점이 특징적이다(II.-7:301; II.-7:302 참조).

---

73) 이에 관하여는 Schlechtriem Bd 1 (2000), 216ff.; 정상현(2002), 99면 이하 참조.
74) Schlechtriem, Coen, Hornung (2001), 384.

(2) 민법과의 비교

민법은 제746조에서 불법원인급여에 관하여 규정하고 있다. 통설은 동조를 법질서상 불법에 해당하는 급여를 한 자를 법의 보호로부터 제외시킴으로써 법적 정의에 기여하고자 하는 규정으로 본다(법적 보호거절설).[75] 다만 '원칙적 반환청구 인정, 예외적 동등불법의 경우에는 반환청구 부정'이라는 역사적으로 발전되어 온 틀과는 정반대로 조문이 규정된 것이 특징이다. 이러한 차이는 반환청구를 인정하는 제741조의 원칙에 대하여 제742조 이하가 예외의 구조를 취하고 있는 것과 관련이 있다.

우선 조문의 규정방식을 보면 민법은 불법원인급여의 경우 원칙적 반환청구 부정이라는 점에서 DCFR과 공통적이다. 한편 반환청구가 부정되는 이유로 제746조의 '불법'의 의미와 관련해서는 제103조의 사회질서위반, 즉 공서양속위반으로 같이 새기는 것(강행규정 위반은 불포함)이 다수설·판례이고,[76] 동기불법의 경우 표시되거나 알려진 경우라면 본조의 불법성이 인정된다.[77] 반면 DCFR은 근본원칙 및 강행규정 위반까지도 '위법'에 포함시

---

75) 양창수·권영준(2015), 535면. 불법원인급여 제도의 취지에 관하여는 정상현·최원준(2007. 12), 387면 이하. 대법원 1994. 12. 22. 선고 93다55234 판결: "… 법적 보호를 거절함으로써 소극적으로 법적 정의를 유지하려고 하는 취지 …". 한편 신의칙 위배를 언급한 판결로는 대법원 1993. 12. 10. 선고 93다12947 판결 참조.

76) 곽윤직(2003), 364면; 김증한·김학동(2006), 741면 등. 이에 대하여는 다양한 이견들이 제시되고 있다. 양속위반으로 한정해야 한다는 견해: 정상현(2002), 260면; 송덕수(2014), 449면. 강행규정위반까지 포함하는 것으로 보는 견해로는 김상용(2009), 546면; 한편 이은영(2005), 710면은 강행규정의 정책적 목적에 따라 포함여부가 결정된다고 본다. 제103조와 제746조는 별개의 입법취지와 제도적 기능을 가진 조문이라는 점에서 양자를 연관시켜 이해하면 안 되고 제746조의 '불법'은 독립적으로 해석되어야 한다는 견해로는 민법주해/양창수(2005), 제746조, 473면 이하(구체적 사정을 종합적으로 고려하여 판단하되, 공서양속설과 양속위반설의 중간 정도). 추신영(2015), 306면은 제746조의 불법은 법률상 금지규정과 그 입법취지에 따라 판단하자는 견해이다.

77) 대법원 1962. 4. 4. 4294민상1296 판결(도박자금으로 사용될 줄 알면서 백미를 빌려준 사안); 대법원 2001. 4. 10. 선고 2000다49343 판결(비자금 은닉을 위한 임치

키고 있다.

효과론과 관련하여 민법은 로마법 이래의 전통을 이어받아 제746조 단서에서 이른바 '동등불법'의 변형된 형태로 수익자에게만 불법원인이 있는 경우에는 반환청구를 긍정하고 있는데, 판례는 불법성 비교론을 택하여 제746조 단서를 확장하여 해석하고 있다.[78] DCFR은 근본원칙이나 강행규정의 기저의 '정책'에 위배하는 한도에서 반환책임을 배제하는 방식으로 규정되어 있다. 이러한 DCFR의 규정방식은 민법이 택하고 있는 '원칙적 반환청구 배제, 수익자에게만 불법원인이 있는 경우에는 반환청구 허용'이라는 일도양단식 해결법과 대비되고, 구체적 사안에 타당한 규율을 가능하게 한다는 장점이 있다. 판례가 이른바 불법성 비교론을 통해 제746조 단서를 확장해석하는 것도 문리해석에 의한 경직된 법운용 대신 구체적 타당성을 도모하기 위한 것으로 평가된다.

의 경우에는 불법성 부정). 이견: 표시 불문하고 불법원인급여가 성립한다는 견해로는 김상용(2009), 548면.

78) 대법원 1993. 12. 10. 선고 93다12947 판결(부동산의 명의수탁자가 그 부동산을 매도한 것이 반사회적 법률행위로서 무효인 경우 매도인인 명의수탁자의 불법성이 매수인의 불법성보다 크다고 하여 매수인의 매매대금반환청구를 인용); 대법원 1997. 10. 24. 선고 95다49530, 49547 판결(수익자의 불법성의 정도가 급여자의 불법성보다 현저히 크다는 이유로 도박 채무의 이행으로 대물변제한 부동산의 반환청구를 인용한 사례); 대법원 2007. 2. 15. 선고 2004다50426 전원합의체 판결(고율의 이자약정에 기하여 차주가 임의로 지급한 이자반환청구에서 다수의견은 불법성 비교성설에 따라 차주의 반환청구 인용).

III. 민법에의 시사점

　지금까지 부당이득법에 관한 최신 국제모델규정인 DCFR 제7편의 규정과 특징을 살펴보았다. 우선 비교법적으로 DCFR은 근대 부당이득법이론에 토대를 두고 부당이득법의 독자성을 인정하며 다른 법분야와는 독립된 편제를 두고 있다는 점을 특징으로 꼽을 수 있다. 이는 우리 민법을 비롯한 독일법의 영향을 받은 국가에서 보자면 자못 당연한 것이지만, 영국은 물론이고 같은 대륙법계인 프랑스법에서 볼 때에는 대단히 과감한 규정방식에 속한다. 나아가 DCFR은 19세기와 20세기의 각국의 학설과 판례의 발전상을 비교법적 검토를 통해 수용하고 있으면서, 규정방식에 있어서 한층 체계성을 제고시켰을 뿐만 아니라 내용적으로도 재화의 유통이나 거래안전 보호에 중점을 두고 있음이 확인된다.

　민법과 비교해보면, 단일모델 방식을 취하면서 부당이득반환청구의 요건으로 이득의 부당성, 이득, 손실, 이득의 손실해당성을 규정하고 있다는 점은 일견 민법과 유사하다. 그러나 세부적인 규율에 있어서는 많은 차이를 보이고 있는데, 이하에서는 이러한 차이점에 주목하여 DCFR이 민법에 주는 시사점에 대하여 살펴보기로 한다. 여기에는 노무부당이득, 선의 수익자 보호, 거래안전 보호, 불법원인급여, 쌍무계약 청산, 마지막으로 입증책임의 분배가 있는데, 모두 DCFR의 특색을 잘 보여주고 있다.

1. 노무 부당이득

가. DCFR

(1) 개관

전술하였듯이 DCFR은 항목별 이득개념을 택하면서 노무(service or work, 양자의 통칭)도 이득과 손실의 항목에 포함시켰고(3:101(1)(b), 3:102(1)(b)), 손실해당의 예에서도 이를 언급하고 있다(4:101(b): 용역제공, 일의 완성). 역사적으로 부당이득법은 확정금(certa pecunia) 또는 확정물(certa res)이 원인 없이 공여된 사안에서의 반환청구를 내용으로 하였다는 점에서 노무 부당이득 사안은 부당이득법의 중심 사안은 아니었다.[1] 부당이득법상 노무제공은 그 자체가 수익자에게 '이득'인지의 문제도 있거니와 한 번 제공되면 원상으로 되돌릴 수 없는 불가역적 성질을 지니기 때문에 이득이 유체물 또는 권리의 경우와는 달리 가액반환만이 문제되고, 가액산정에 있어서도 어려움이 있다. 노무도 현대사회에서는 재화 못지않게 시장에서 활발하게 거래되는 객체로서 경제적 가치가 있고, 따라서 이를 유체의 재산이나 권리와 마찬가지로 이득의 관점에서 포착하여 규율하는 것이 필요하다. 이러한 점에서 DCFR에서 명시적으로 노무 부당이득을 인정하고 반환범위 관련하여

---

[1] 로마법에서도 노무부당이득 사안이 다루어지기는 하지만(Ulp. D.12.6.26.12: 해방된 노예의 오상 노역제공 사안. 이에 관하여는 이상훈(2017. 4), 47면 이하 참조) 역사적으로 노무부당이득 사안은 사무관리법에 의존하여 해결되어 왔는데, 이를 부당이득법상 정면으로 인정하게 된 것은 사비니의 공적이다. 사비니는 "우리의 재산으로부터 원인없는 이득"이라는 공통정식을 통해 일정한 금전가치가 있는 노무도 이득의 대상으로 보았는데, 이는 종래 소유권 이전(datio)에 기반한 condictio 소권의 적용영역이, 금전가치를 환산되는 다른 재산(사비니 스스로 '노무'를 예로 들고 있음)의 경우까지 확장되는 새로운 전개가 이루어지게 된다(*System* V (1841), 521f.) 그리고 이와 같이 노무까지 포함하는 일반 부당이득법의 구상은 독일법상 수용되었는데, 독일민법 제812조 제1항의 "어떤 것(etwas)"에는 노무와 사용이익도 이득의 객체로 포함된다.

별도의 규정을 두고 있는 점은 주목할 만하다.

노무 부당이득의 반환범위 산정에 있어 DCFR의 규율방식의 특징은 노무가 계약을 통하여 제공된 경우와 그렇지 않고 일방적으로 제공된 경우를 나누고 있다는 점이다. 그리고 다시 후자는 그것이 수익자의 동의하에 제공된 경우(수익자가 악의인 경우)와 그렇지 않은 경우(강요된 이득 또는 수익자가 선의인 경우)로 구분된다.

(2) 노무제공계약 청산에서의 가액산정

노무는 이전불가능한 이득이라는 점에서 5:102에 의해 반환범위가 산정된다. 우선 노무가 계약을 통해 제공되는 경우 동조 (3)에 따르면 당사자들 간의 계약에 따라 정해진 보수액을 기준으로 산정된다. 물론 이는 보수결정에는 영향이 없는 사유로 계약이 무효·취소되는 경우에만 적용된다. 다만 유효한 계약이 아니라는 점에서 동조 (4)에서는 객관적 가치를 한도로만 당사자 간의 합의의 구속력을 인정하였다. 그리하여 우선은 당사자들 간에 합의한 보수액이 기본반환범위가 될 것이고, 보수 합의 부분에 하자가 있다는 점을 주장·입증하는 자가 제공된 노무의 객관적 가치를 주장·입증해야 한다. 이로써 노무가 계약관계에서 제공되는 경우 가액산정의 문제가 해결된다.

노무계약이 공서양속 또는 강행규정 위반으로 무효인 경우가 있는데, 대표적으로 성매매, 일정한 허가 내지 자격이 필요한 업종에서 무자격자 또는 무허가자와의 계약,[2] 불법고용[3] 등을 들 수 있다. 이러한 사안들의 경우 공서양속 또는 강행법규 위반과 관련하여 6:103의 적용여부에 대한 검토가 요구된다. 계약이 강행법규 위반으로 무효이지만 반환청구권이 인정되는 경우 이득가치의 산정에 있어서 무자격 또는 위법성에 대한 고려가 반영되어야 하고 따라서 일반적으로 시장에서 거래되는 보수보다는 낮게 산정될 것이다.[4]

---

2) 해설서, VII.-5:103, 4129, 사례 2.
3) 해설서, VII.-6:103, 4167, 사례 1.

(3) 비계약관계에서 노무가 제공된 경우

계약관계가 없는 상태에서 노무제공이 이루어진다면 가액산정에 있어 어려움이 있다. 여기서는 해당 노무가 수익자의 동의하에 제공되었는지가 기준이 된다. 수익자의 요청이 있었던 경우라면 5:102(1)이 적용되어 금전가치(monetary value)의 반환의무를 부담한다. 이는 시장에서의 가상거래를 염두에 두고 거래되었을 금액을 의미하는데(5:103(1)), 대개는 해당 서비스가 거래되는 시장에서의 가격으로 결정될 것이다. 이때 노무의 객관적 가치의 산정은 노무에 대한 보수 부분(인건비 항목)과 아울러 재료비, 수수료 등의 항목도 모두 포함한 총액(composite price)으로 산정되는데(5:103(1) 제2문), 노무 가액 산정에 있어서는 총액만이 문제가 되고 세부 내역은 문제되지 않기 때문이다.5)

그러나 수익자의 동의마저 없는 경우라면 이러한 객관적 가치반환은 문제가 있다. 그렇게 된다면 사실상 법이 계약의 체결을 강제하는 결과로 되기 때문이다. 이러한 '강요된 이득'의 경우 DCFR은 예외적으로 주관적 가치개념을 통해 해결한다. 그 경우 5:102(2)에서는 수익자에게 이득이 된 것, 즉 비용절감액의 반환의무만을 인정하고 있다.

나아가 손실자가 보수를 받을 '목적'으로 노무를 제공한 경우 DCFR은 스스로 위험을 감수한 자에 해당하여 이득이 정당하다고 보아 반환청구를 배제한다(2:101(4)). 즉, 일방이 일정한 목적이나 기대를 가지고 일방적으로 이득을 부여한 경우 이득이 부당해지기 위해서는 2:101(4)에 의하면 (a) 목적이 도달되지 않거나 기대가 실현되지 않을 것, (b) 수익자가 그러한 목적이

---

4) 무허가업자의 건축과 관련하여 건축상 하자도 감안되어야 하고(해설서, VII.-5:103, 4129, 사례 2), 취업허가증이 없는 외국인 노동자의 불법고용 관련하여서는 해당 고용계약의 위법성이 감안되어야 한다고 한다(해설서, VII.-6:103, 4167, 사례 1과 4168).

5) 해설서, VII.-5:103, 4129. 가령 건축의 경우에는 인건비에 해당하는 노임과 자재비 등을 합산한 금액이다.

나 기대를 알았거나 아는 것이 합리적으로 기대가능할 것, (c) 수익자가 그러한 목적이 부도달되거나 기대가 실현되지 않는 경우 이득이 반환되어야 한다는 것을 받아들였거나 받아들이는 것이 합리적으로 예상될 것이 요구된다. 가령 어떤 자가 주차장에 주차된 자동차 소유자의 동의 없이 세차를 하고 나서 세차비를 청구하는 경우 당사자 간에는 계약이 없다는 점에서 계약에 따른 보수청구는 인정되지 않고, 따라서 '세차'라는 노무제공 이득에 대한 반환청구가 문제될 것이다. 이 사안과 관련하여 DCFR은 차주가 세차가 끝난 뒤에 왔든지 세차 도중에 왔으나 세차업자가 세차하는 것을 뻔히 보고서도 이를 저지하지 않았든지 간에 이는 세차업자가 보수를 받지 못할 것을 무릅쓰고 위험을 감수하는 경우이므로 수익자에게 대가를 바라지 않고 부여된 것으로 본다. 이득이 손실자의 투기성 사업(speculative enterprise)으로 부여되었다는 점에서 수익자에게 이득반환의무를 인정하는 것은 비일관적이라는 것이 그 이유로 제시된다.[6] 비교법적으로 많이 다루어지는 상속인 수색 사안에서도 마찬가지의 논거로 반환청구를 배제한다.[7]

정리하면 DCFR은 비계약관계에서의 노무부당이득과 관련하여 손실자가 착오로 노무제공한 경우에만 반환청구를 인정한다.[8] 손실자가 보수를 받을 '목적'으로 노무를 제공한다면 이는 스스로 대가 불지급의 위험을 감수한

---

6) 해설서, VII.-2:101, 3907.

7) 해설서, VII.-3:102, 3907f., 사례 45. 다만 계약교섭이 신의칙에 반하여 파기된 경우에 대한 손해배상은 별론으로 한다(II.-3:301(3)).

8) 정리해보면 아래의 표와 같다.

		수익자	
		선의	악의
손실자	선의	실제로 받은 이득액만 반환 (5:102(2))	원칙적으로 금전가치반환 단, 강요된 이득이면 실제로 받은 이득액만 반환(5:102(2))
	악의	스스로 위험 감수 → 반환청구 불인정 (2:101(4) 요건 불충족)	스스로 위험 감수 → 반환청구 불인정 (2:101(4) 요건 불충족)

경우에 해당하고 수익자측에 일정한 양해가 없다면 이득이 정당화되어 반
환청구는 배제된다. 한편 손실자가 착오로 노무제공하였더라도 수익자에게
그것이 강요된 이득인 경우에는 수익자에게 이득이 된 한도만큼만 반환청
구가 인정된다.

　이러한 DCFR의 태도는 악의적 개입(officious intermeddling)으로부터 소
유자를 보호하는 영국법의 기본 입장과 유사하다.[9] 영국법상 노무의 경우
비용상환을 받기 위해서는 원칙적으로 그것이 요청되었어야(requested)만 한
다. 다만 최근에는 요청이 없더라도 예외적으로 비용상환이 인정되는 경우
에 대한 논의가 진행중이다. 그 예로 반박불가능한 이득(incontrovertible
benefit)과 임의수락(free acceptance)이 논의된다. 우선 반박불가능한 이득이
란 누가 보더라도 수익자에게 이득이 된 경우(이른바 'No Reasonable Man'
기준)를 말하는데, 그 예로 Birks는 필요비의 선지출(anticipation of necessary
expenditure)과 금전으로의 환가(realisation in money)를 언급하고, 이를 통해
이득의 주관화를 제한하고자 한다. 임의수락(free acceptance)이란 이득이 무
상제공이 아니라는 것을 수령자가 알고 이를 거절할 기회가 있었으나 수령
하기로 선택한 경우를 말한다.[10] 이에 따르면 앞서 자동차 소유자 몰래 세
차한 사안에서 차주가 이를 뻔히 보고도 말리지 않았다면 '임의수락'으로
되어 이득이 인정되게 된다.[11] 앞서 살펴본 바와 같이 DCFR에 의하면 이
경우에도 수익자가 노무제공자의 목적을 알았거나 아는 것이 합리적으로
기대되지 않았거나, 그러한 상황에서 이득반환이 되어야 한다는 것을 받아
들였거나 받아들이는 것이 합리적으로 기대되는 상황이 아니라면 이득은

---

9) 영국법상 잘 알려진 법언으로 "누군가 어떤 사람의 신발을 닦았다고 할 때, 상대방
　은 그 신발을 신는 것 외에 무엇을 더 할 수 있는가?" Taylor v Laird [1856] 25
　LJ Ex 329, 332 (Pollock CB).
10) Birks (1989), 117-124; 265ff. 참조.
11) 긍정설로 Birks (1985, revised 1989), 265; Goff & Jones (2011), para. 17-01ff.;
　반대설로는 Burrows (2002), 402ff.

정당화되고, 따라서 반환청구는 배제된다.

나. 민법과의 비교 및 시사점

부당이득에 관한 일반조항인 민법 제741조에서는 "재산"뿐만 아니라 "노무"도 이익의 대상이 됨을 명시적으로 인정하고 있다. 아울러 제746조에서는 이익을 얻는 방식으로 "재산을 급여"하거나 "노무를 제공"하는 것을 언급하고 있다. 종래에 노무의 경우에는 비용절감에 의한 소극적인 재산증가로 파악되었으나 민법은 노무를 이득의 객체로 명시적으로 인정하여 적극적인 재산증가로 파악하고 있다.[12] 이는 경제적 가치 있는 이득의 객체를 모두 이득의 대상으로 삼는다는 근대 부당이득법이론을 수용한 것으로,[13] 재화 못지않게 다양한 종류의 서비스가 활발히 거래되는 현대 시장경제상황을 감안해 보면 타당한 입법으로 볼 수 있다.

이득의 객체 관점에서 재산급여 부당이득과 노무제공 부당이득으로 구분되지만, 민법은 후자의 특수성을 고려한 규정은 두고 있지 않다. 즉 후자의 경우 원물반환불능이라는 점에서 원칙적으로 가액반환의무가 있다는 점만이 규정되어 있을 뿐이다(제747조 제1항). 그러한 점에서 노무부당이득과 관련하여 DCFR의 반환책임의 세분화는 참조할 가치가 있어 보인다.

우선 당사자 간에 계약관계가 있었던 경우라면 일단은 DCFR과 같이 노무의 가치산정과 관련하여 당사자들이 합의한 보수액을 존중하는 것이 타당해 보인다. 만약 노무나 재산권 이용의 경우 계약이 무효 또는 취소가 되

---

12) 이 점에 대한 지적은 김상용(2009), 508면. 이러한 차이는 부당이득반환범위에서 차이가 있을 수 있다. 비용절감으로 보는 경우 비용절감여부에 따라 부당이득 반환의무의 범위가 정해지지만, 적극적인 재산증가로 보는 경우에는 비용절감여부와는 무관하게 가액반환이 이루어져야 할 것이다.

13) 민법의 이러한 입장은 일본 明治민법 제702조에서 유래한 것이고(박세민(2014. 9), 475면), 그 단초는 전술하였듯이 사비니가 제시하였다.

었다고 하여 당사자들이 그때까지 당사자 간의 합의에 의하여 제공한 노무 또는 재산권 이용의 내용까지 없던 것으로 보고 그 객관적 가치를 반환하도록 하는 것은 문제해결을 더 어렵게 하기 때문이다. 그 경우에 당사자 간의 합의내용과 기성상태를 존중하여 합의한 가치를 반환하도록 하는 것이 반환범위를 결정함에 있어 편의로울 뿐만 아니라 당사자들의 이해관계에도 부합되는 결론이 도출될 수 있다.[14]

물론 계약관계에 기한 노무제공의 경우에도 예외가 있다. 가령 보수를 정함에 있어 중요하게 고려되는 사항에 대하여 하자사유가 있는 경우라면(가령 노무제공자에게 요구되는 자격이나 경력 미보유) 실제 제공된 노무의 객관적 가치에 따른 산정이 이루어져야 할 것이다.

한편 계약관계는 없지만 수익자의 동의에 의해 노무가 제공된 경우라면 원칙적으로 실제 제공된 노무가치가 객관적으로 산정되어야 할 것이다. 그러나 동의 없이 제공된 노무의 경우라면 객관적 가치반환은 지양되어야 하는데, 법에 의한 강제적인 가치교환의 방지라는 측면에서 그러하다. 그 경우에는 '강요된 이득'에 관한 법리가 적용되어 수익자에 대한 보호가 이루어져야 할 것이다.

마지막으로 보수청구를 노린 악의의 노무제공자를 얼마만큼 보호해줄 것인가는 정책적 판단에 속하는 사항으로, 이는 악의의 비용지출자의 비용상환청구권의 인정범위 문제와도 관련이 있다. DCFR이 이 문제에 있어서 그러한 이득이 정당하다고 보아 단호하게 반환청구를 배제하는 입장이라면,

---

14) 도급계약과 같은 노무제공계약에 있어서 노무제공자체가 도급인의 의사에 따른 것이고 계약에 따른 채무이행이라는 점에서 이득강요의 문제는 없으며 반환내용도 합의한 대금 또는 객관적 시가를 기준으로 정하면 족하다는 김상중(2009. 12). 36면도 이와 같은 점을 지적한 것으로 보인다(다만 합의한 금액과 객관적 시가가 상이한 경우 무엇을 기준으로 할 것인지에 대해서는 이 견해는 답을 주고 있지 못하고 있는데, 이 경우에도 합의한 대금으로 보아야 할 것이다). 그리고 이 견해도 대가 결정의 진정성에 하자가 있는 경우, 가령 도급계약이 수급인의 사기·강박 또는 도급인의 제한능력을 이유로 취소된 경우라면 달리 평가되어야 한다고 본다.

민법은 제203조에서 악의 비용지출자의 경우에도 필요비나 일정 한도의 유익비는 상환청구가 가능하다는 점에서 객관주의의 입장으로 볼 수 있다.[15] 민법상 악의자의 노무제공이 물건에 대한 비용지출로 나타난 경우 제203조에 따라 필요비 내지 일정한도에서의 유익비 상환이 이루어져야 한다면, 순수한 무형의 서비스 제공의 경우에도 동조를 유추하여 일정 한도에서 상환청구가 인정되어야 할 것이다.

2. 선의 수익자 보호

가. DCFR

부당이득법은 '부당'한 이득의 반환을 목표로 한다는 점에서 받은 이득의 전부를 손실자에게 되돌리는 것이 원칙이다. 그러나 수익자가 이득의 부당성을 모르고 그것을 모르는 데 합리적인 사유가 있다면 수익자는 이득 보유에 대한 신뢰가 생길 것이다. 수익자가 받은 이득을 그대로 보유하고 있다면 반환에 큰 어려움이 없지만, 수익자가 자신의 이득보유에 대한 신뢰에 기초하여 받은 이득을 처분(여기에는 양도는 물론 소비, 파괴도 포함한다)하였는데 나중에 손실자로부터 반환청구를 당하게 되는 경우 이러한 수익자의 신뢰는 깨지게 된다. 이를 위해 수익자가 선의인 경우 이득의 보유에 대한 신뢰를 보호해 줄 필요성이 있다. 그렇지 않고 그 경우에도 받은 이득 전부를 반환하게 한다면, 수익자로서는 언젠가 부담하게 될지도 모르는 반환의무에 대비하여 이득을 자유롭게 처분할 수 없게 되고, 재화의 자유로운 유통을 막게 될 것이다. 이러한 수익자의 재산처분의 자유 보장 또는 재화

---

15) 비교법적으로 우리 민법은 객관주의에 더 가까운 입법례인데, 독일민법의 경우 악의 점유자의 경우 필요비 상환만 인정되고(제994조) 유익비 상환은 인정되지 않는다(제996조).

의 자유로운 유통을 보장하기 위해 DCFR은 다음과 같은 다양한 장치를 마련하고 있다.16)

(i) 이득이 이전가능한 재산인데 멸실·훼손, 나아가 처분 결과 수익자가 이득에 갈음하는 代償을 취득한 경우 선의 수익자는 代償반환을 선택할 수 있다(5:101(4)(a)). 여기서 주목할 점은 앞서 살펴보았듯이 선의 수익자가 제3자와의 거래를 통하여 얻은 대금, 이른바 거래에 기한 이득(lucrum ex negotiatione)의 경우에도 代償반환 선택권이 인정되는데, 이는 선의 수익자가 이득의 객체를 임의로 (더 싸게) 처분할 수 있는 자유를 보장하기 위한 것이다. 즉 선의의 수익자는 자신의 재량하에 있는 이득의 객체를 반드시 객관적 가액을 대가로 하여 처분해야 하는 것이 아니고 그보다 더 저가로 나아가 무상으로도 처분할 수도 있기 때문이다.17) 따라서 선의 수익자가 저가 또는 헐값으로 처분한 경우 代償반환의 선택으로, 무상처분을 하였다면 이득소멸의 항변(6:101)으로 임의처분에 대한 재량을 보호받는다. 이로써 제3자로부터 대금을 받기 전이라면 선의 수익자는 代償과 관련한 위험을 손실자에게 전가시킬 수 있게 된다. 반면 악의 수익자의 경우에는 代償반환의 선택권은 손실자에게 있다(5:101(4)(b)). 물론 이 경우 代償이 원래 이득의 가치보다 큰 경우 형평조항에 따라 代償가치의 분배의무가 있다.

(ii) 이득이 노무나 사용이익과 같은 이전불가능한 재산인 경우 선의 수익자는 자신에게 이득이 된 것, 즉 비용절감액으로 기본책임이 정해진다(5:102(2)(b), 5:103(2)). 이러한 주관적 가치절하(subjective devaluation)에 따른 반환책임 제한은 수익자의 동의없이 제공된 강요된 이득에도 적용된다(5:102(2)(a)).

(iii) 아울러 果實이나 사용이익과 같은 부수적 이익조정에 있어서도 악의

---

16) 해설서, VII.-2:101, 3891f.
17) 다만 해설서에 따르면 계약관계 청산에서는 5:102(3)의 유추해석상 임의 처분의 자유는 제한이 있다. 해설서, VII.-5:101, 4109.

수익자는 전부를 반환해야 하지만(5:104(2)), 선의 수익자는 비용절감액만 반환하면 된다(5:104(1)). 물론 급부이득에 관한 한, 동 조항은 물권변동 무인주의 하에서만 적용되고, 유인주의하에서라면 과실이나 사용이익 자체가 3:101(1)상의 재산증가 또는 타인재산 이용에 해당하여 반환대상에 포함되게 된다. 이 경우 선의 수익자는 이득소멸의 항변으로 보호받는다.

(iv) 마지막으로 선의 수익자에게는 이득소멸의 항변이 인정되고 그 한도에서는 반환책임이 감축된다(6:101). DCFR이 이득소멸로 규율하는 사안은 매우 넓다. 무상처분은 물론이고 유상처분의 경우에도 시가보다 싸게 처분한 경우, 이득으로 인해 다른 재산을 처분한 경우 또는 다른 수익기회의 포기 등도 이득소멸에 해당한다. 특히 원물 자체에 대한 훼손·멸실의 경우 이득존속에 대한 신뢰는 이득 자체를 자신의 것으로 다룰 자유를 보장하는데, 이는 부주의하게 다룰 자유, 나아가 합리적이라고 볼 수 없는 비뚤어지거나 욱하는 심성에서 또는 기벽이나 도착적(倒錯的) 행위에 기하여 함부로 다룰 자유까지도 보호받게 된다.[18] 따라서 선의 수익자의 경우 자기 재산을 다룸에 있어서 과실 나아가 고의에 의한 파괴의 경우에도 이득소멸의 항변이 인정된다.[19]

나. 민법과의 비교 및 시사점

민법도 선의 수익자의 보호와 관련하여 다양한 장치들을 마련하고 있는데, 앞서 언급한 DCFR에서의 논의 순서에 대응하여 서술하면 아래와 같다.

(i) 민법상 이득이 멸실·훼손되어 수익자가 이득에 갈음하는 代償(com-

---

18) 해설서, VII.-6:101, 4145.

19) 한편 계약해제로 인한 원상회복의 경우에도 상대방의 채무불이행이 없다고 합리적으로 오신한 자의 행위로 반환목적물을 수령 당시와 동일하게 반환할 수 없는 경우 그 한도에서는 반환책임을 면한다(III.-3:512(4)). 여기에서도 DCFR은 선의 수익자 내지 수령자의 신뢰를 강하게 보호하고 있다.

modum ex re)을 취득한 경우 손실자에게는 代償청구권이 인정된다. 그러나 수익자가 이득을 처분하여 받은 대가(commodum ex negotiatione)에 관하여는 다수설은 代償청구권을 부정하는 입장이다. 따라서 수익자가 이득을 저가로 처분한 경우 원물반환불능으로 보아(제747조 제1항) 가액반환책임만이 문제된다.20) 이는 수익자가 이득한 재산에 대하여 일정한 재산적 처분을 한 것의 성패를 손실자에게 전가시킬 수 없다는 것과도 관련이 있다. 따라서 이 경우 수익자가 저가로 매도한 경우에도 수익자는 이득소멸의 항변도 원용할 수 없다고 본다.21)

(ii) 이른바 강요된 이득의 경우 반환책임과 관련하여 민법은 규정을 두고 있지 않고, 학설상 주관적 이득개념을 통한 반환범위의 제한이 논의되고 있다. 이때 부당이득법은 사무관리법의 보충규범으로서 적용되는데, 이에 따르면 제736조를 유추하여 비용지출을 개시한 때 지체없이 본인에게 통지해야 하고, 상환범위는 현실적으로 지출한 액을 한도로 부당이득 소송이 계속되는 시점에서의 수익자의 현존이익에 한정해야 하는 것으로 본다(제739조 제3항).22)

(iii) 원물반환에 있어서 과실이나 사용이익과 같은 부수적 이익조정 문제에 대하여 제201조가 적용된다. 따라서 선의 수익자는 과실이나 사용이익을 취득할 수 있다(동조 제1항). 다만 이 경우 '선의'란 본권을 가지고 있다고 오신한 것으로 단순한 不知를 의미하는 일반적인 선의 개념보다는 엄격하게 새기고 있다.

(iv) 민법도 선의 수익자의 경우 반환책임을 현존이익으로 한정하는 이득소멸 항변을 명문으로 인정하고 있다(제748조 제1항). 수익자의 유책사유에 의한 원물의 손상·파괴·멸실의 경우 이득소멸 항변이 인정되는지와 관련하

---

20) 민법주해/양창수(2005), 제747조, 561면 이하.
21) 민법주해/양창수(2005), 제748조, 588면 이하; 김증한/김학동(2006), 758면.
22) 민법주해/양창수(2005), 제741조, 377면 이하.

여 통설은 긍정하고 있다.[23] 다만 최근에는 선의 수익자라 하더라도 본인의 재산적 결단에 의한 불이익을 손실자에게 전가시켜서는 안 된다는 것을 근거로 고의로 파손한 경우, 나아가 저가로 이득을 매도한 경우에는 이득소멸 항변을 인정해서는 안 된다는 견해가 유력하게 주장되고 있다.[24]

비교하면 (iii) 원물반환에 있어 부수적 이익조정과 관련하여 민법은 선의자에게 과실수취권을 부여하는 방식을 취하였다면 DCFR은 비용절감액(무인주의) 또는 현존이익(유인주의)으로 반환책임을 줄이는 방식을 택하였다. 다만 급부부당이득에 있어서 부수적 이익조정이 제201조 이하가 아닌 제748조 이하가 적용된다는 견해에 따르면[25] DCFR에서와 마찬가지로 수취한 과실이 현존하는 한 반환의무가 인정될 것이다. (iv) 선의 수익자에게 이득소멸 항변을 인정하고 있다는 점에서 양자는 공통적이지만, (i) 수익자가 저가로 이득을 처분한 경우 代償반환과 관련하여서는 차이를 보인다. DCFR은 그 차액만큼은 이득소멸된 것으로 보고 선의 수익자의 경우 代償반환을 선택할 수 있도록 하는 반면, 민법은 그 경우 이득소멸도 인정되지 않고 원물반환 불능으로 되어 가액반환만이 문제된다. DCFR의 규정방식은 이득소멸 항변을 '처분'까지도 포함하여 넓게 파악한 뒤 선의 수익자의 '처분'의 자유까지도 보장하고자 하는 것으로 재화의 유통과 거래가 활발한 현대사회의 요청에 부응하려는 시도로 판단된다. 그러나 이는 다른 한편으로는 수익자의 판단에 의한 재산 처분에 대한 불이익을 손실자에게 전가시킨다는 점에서 문제가 있다. 그러한 이유에서 DCFR 해설서에서도 진정한 대가합의가 존재하는 경우에는 5:102(3)을 유추적용하여 상대방에게 그 손실을 전가할 수 없도록 하고 있다.[26] 따라서 거래행위에 기한 이득의 경우까지 수익자의

---

23) 곽윤직(2003), 374면.
24) 민법주해/양창수(2005), 제748조, 586면, 588면. 아울러 점유물의 멸실·훼손에 대한 점유자의 책임을 규정한 제202조와의 조화도 도모하여야 한다고 한다.
25) 대표적으로 민법주해[IV]/양창수(1992), 점유자와 회복자와의 관계 전론, 361면 이하.
26) 해설서, VII.-5:101, 4109.

代償반환선택권을 부여하는 것은 지나친 보호로 보이고 민법과 같이 가액반환책임이 인정되는 것이 타당해 보인다. 물론 마지막으로 (ii) 노무 부당이득이나 비용지출에 있어 강요된 이득과 관련하여 DCFR은 명문의 규정으로 이에 대처하고 있는데, 민법은 반환책임의 제한이 학설상 논의되고 있다. 이를 위해서는 제203조와 제739조 제3항의 유추를 통한 해결이 요구되는데, 악의의 비용지출의 경우나 본인의 의사에 반하는 사무처리에 있어서도 민법은 가액증가 또는 현존이익 한도에서는 반환의무를 인정한다는 점에서 DCFR과는 차이를 보인다.

3. 거래 안전 보호: 선의유상취득 항변

가. DCFR

부당이득법은 기성의 법률관계를 되돌리고 원상회복을 명하는 점에서 거래안전에 미치는 영향이 크다. 부당한 이득을 반환하도록 하는 부당이득법이 공평과 정의에 기반을 두고 있다고 하더라도[27] 이득이 손실자와 수익자의 2자관계에서 머물지 않고 전전유통된 경우 전득자에게 언제나 반환책임을 인정하게 되면 거래안전은 심중하게 저해된다. 따라서 손실자 보호, 즉 진정한 권리자 보호와, 전득자 보호, 나아가 거래안전 보호라는 가치는 부당이득법에서도 형량이 이루어져야 한다. DCFR은 부당이득법상 재화의 유통과 거래안전 보호를 위해 전득자에게는 선의유상취득의 항변을 일반적으로 인정하고 있는데, 이는 전술한 바와 같이 선의취득 법리를 연장한 것이다. DCFR에서의 선의취득은 선의(무과실 포함)뿐만 아니라 유상취득까지 요구

---

27) 해설서, Vol. 1, 57에서는 "부당한 이득의 수취 금지(No taking of undue advantage)"를 사무관리법과 부당이득법상 요청되는 정의(justice)로 적시한다.

한다는 점에서(VIII.-3:101) 권리외관에 대한 신뢰보호를 넘어서 시장에서의 거래안전 보호를 그 취지로 삼고 있고, 부당이득법에서도 이러한 선의취득 법리가 연장되어 선의·무과실이며 '유상'취득자인 전득자는 보호를 받는다.

나. 민법과의 비교 및 시사점

민법에서도 거래안전 보호를 위해 여러 가지 규정들을 두고 있다. 일정한 사유로 인한 의사표시 무효·취소의 경우 선의의 제3자를 상대로 대항할 수 없게 한다거나(민법 제107조 제2항, 제108조 제2항, 제109조 제2항, 제110조 제3항) 동산의 경우 선의취득(제249조 이하)을 인정한다. 전자가 무효 내지 취소의 효과를 선의의 제3자에게 미치지 않게 하는 방법이라면, 후자는 전득자에게 권리취득 자체를 인정하는 방법이다. 그밖에도 선의 점유자의 과실수취권을 인정하는 민법 제201조 제1항도 넓게 보면 부수적 이익조정에 있어 선의자 보호에 기여한다.

민법과 비교해 보자면, DCFR은 '선의 유상 취득자' 보호라는 일관된 기준으로 거래안전이 요청되는 다양한 사안유형에 대처하고 있고, 그 정책의 기저에는 선의를 전제로 대가를 지급한 유상취득자의 경우에는 그렇지 않은 무상취득자보다는 두텁게 보호해 줄 필요가 있다는 것, 그리고 그로 인한 시장참여자의 신뢰보호, 그것이 거래안전에 기여하는 공익 등의 고려가 작동하고 있다. 이러한 일관된 접근법에 따라 DCFR은 '선의'라 하면 선의취득에서든 부당이득법상 선의유상취득 항변에서든 '선의·무과실'을 의미하고,[28] 나아가 무상취득자의 신뢰는 그로 인한 손실자의 권리 상실과 비교할 때 보호해주지 않는다.

반면 민법은 각 제도별로 선의자 보호와 이를 통한 거래안전 보호가 이루어지고 있기는 하지만, '선의'의 의미가 통일되어 있지 않고, 취득의 유상성

---

28) 수익자의 선의·무과실은 이득소멸 항변을 원용하기 위한 요건이기도 하다.

여부가 이익형량에 있어 기준으로 작용하지 않는다. 즉 의사표시 무효·취소에 있어서의 보호받는 제3자도 '선의'이기만 하면 되고(제107조 제2항, 제108조 제2항, 제109조 제2항, 제110조 제3항), 무상의 선의취득도 인정될 뿐만 아니라(제249조) 사용이익 전득사안에서도 선의 점유자 보호의 맥락에서 유상취득자일 것을 요구하지 않는다(제201조 제1항). 그나마 악의 무상전득자에 대한 보충적인 직접청구권을 규정한 제747조 제2항에서 간접적으로 선의 유상취득자 보호가 간취될 수 있기는 하지만, 선의 '또는' 유상이면 족하다는 점에서 차이는 여전히 존재한다. 민법은 거래안전 보호에 있어 예외적으로만 취득의 유상성을 고려하고 있고,[29] 일반적으로는 선의 여부만을 기준으로 삼고 있다.[30]

그러나 비교법적으로 볼 때 무상취득자는 보호의 필요성이 낮다는 점이 확인되고,[31] 이러한 태도가 그로 인해 권리를 상실하는 손실자와의 이익형량의 측면에서도 타당해 보인다. 물론 현대 사회에서 대부분의 거래는 유상 거래를 기초로 한다는 점에서 무상취득이 실제로 문제될 여지는 적다는 점,

---

29) 도품에 대한 선의취득 특례인 제251조에서는 취득경로와 아울러 취득의 유상성이 요건으로 규정되어 있다. 이 조항이 가지는 의미에 대하여는 이상훈(2017. 2), 378면 참조.

30) 관련하여 선의뿐만 아니라 무과실을 요구하는 선의취득의 경우 거래계에서 무상양도는 이례적이라는 점에서 유상양도의 경우보다는 좀 더 높은 수준의 주의의무가 부과될 수 있을 것이다. 주식의 무상양도에 관한 대법원 2000. 9. 8. 선고 99다58471 판결에서도 취득의 무상성이 과실 판단에 있어 고려된 한 가지 사정으로 보인다.

31) 가령 독일민법의 경우 무상의 선의취득을 인정하면서 무상의 선의취득자에 대하여는 명문의 규정을 두어 선의취득에 관한 물권법 규정의 채권적 교정을 위해 부당이득반환책임을 인정하고(제816조 제1항 제2문), 점유자-회복자 관계에서의 부수적 이익조정에 있어서도 선의의 유상점유자의 경우만 수익반환의무를 배제해주고 있고(제993조 제1항 제2문), 나아가 우리 민법 제747조 제2항에 영향을 주었을 것으로 추측되는 독일민법 제822조에서도 무상전득자에 대한 직접 반환책임을 인정한다.

유상성에 대한 기준을 도입하는 것은 가령 혼합증여와 같은 경우에 불분명한 기준이 될 것이라는 점 등이 반론으로 제기될 수 있다. 그러나 현실적으로 문제될 여지가 적다는 것은 가치평가에 대한 규범적 근거가 될 수 없고, 혼합증여는 이득소멸의 항변에서도 문제될 수 있는데 이 경우 당사자가 증여된 것으로 요해된 부분과 그렇지 않은 부분을 나누어서 처리하면 되고, 지급한 대금이 시가와 현저한 불균형이 있는 경우에는 신의칙에 의해 무상취득으로 처리하면 된다는 점에서 적절한 반론이 될 수 없다.

4. 불법원인급여

가. DCFR

DCFR은 민법상 불법원인급여(제746조)에 해당하는 조문을 수익자의 항변사유 중 하나로 규정하고 있다. 그 내용은 계약 기타 법률행위가 법질서의 근본원칙이나 강행규정 위반 무효인 경우 이득반환이 그 기저의 정책에 위배하는 한도에서 반환책임을 배제하는 것이다. 우선 DCFR의 조문형식은 로마법 이래 불법원인급여에 대한 규율방식, 즉 '원칙적 반환청구 인정, 양쪽 모두 불법원인이 있으면 반환청구 불가'라는 틀에서 벗어났다는 점이 주목된다. 그리고 효과면에서도 이득반환을 인정함으로써 근본원칙이나 강행규정 기저의 정책의 위배하는 한도에서 반환청구를 배제하는 것도 진보적인 입법례로 평가될 수 있다. 그리고 DCFR은 민법 제103조의 공서양속에 해당하는 근본원칙 위반은 물론 강행규정 위반의 경우까지도 위법성 항변을 인정하는데, 강행규정 위반의 효과에 대하여 명시적으로 정한 바가 없는 경우 법원에 넓은 재량을 부여한다(II.-7:302(2)). 그리고 그러한 효과 결정과 관련하여 법원이 고려해야 할 요소들도 열거함으로써(II.-7:302(3)) 구체적 사안에서의 타당한 결론도출을 가능하게 한다.

나. 민법과의 비교 및 시사점

민법 제746조의 불법원인급여의 경우 조문의 규정체계에 대한 비판과 아울러 판례의 법운용과 관련한 문제점들이 지적되어 왔다.[32] 우선 조문의 규정방식이 현실과 괴리가 크다는 점이 지적된다. 불법이 개재된 거래에 있어서 일방에만 불법성이 있는 경우는 실제로는 매우 드물기 때문에 법문언 그대로 적용하면 대부분 반환청구가 배제된다는 점에서 그러하다. 또한 규정체계와 관련하여 민법과 같이 불법원인급여를 일반부당이득의 특칙으로 규정하게 되면 적용범위의 한계를 가져온다는 점에서 독자적인 반환청구권으로 규정해야 한다는 견해도 주장된다.[33]

이러한 문제점을 의식하여 판례는 제746조 본문의 적용범위를 제한하는 입장이다. 우선 "불법"의 의미를 강행법규위반은 제외한 공서양속으로 한정하고,[34] "급여"의 종국성을 요구하고 있으며[35] 단서도 불법성비교설을 통

---

32) 이에 관하여는 송덕수(1995), 425면. 불법원인급여의 적용 결과 반환청구를 거부함으로써 그로 인해 반사적으로 수익자에게 이익이 방치되는 상황이 불합리하고 오히려 정의관념에 배치된다는 점에서 제도 자체의 취지에 대한 근본적 의문을 제기하는 견해(폐지론)도 주장되고 있다. 정상현(2002), 235면.

33) 이용박(2003. 9), 270면 이하. 특히 불법원인급여와 소유물반환청구의 관계에서 전자에 해당하면 후자도 배제된다는 무리한 법해석에 기반한 반사적 소유권 귀속론을 전개한 판례(1979년 전원합의체 판결)를 비판하면서 불법원인급여를 그 조문형식을 바꾸어 독자적인 반환청구 규정으로 해야 한다고 주장한다.

34) 대법원 1969. 11. 11. 선고 69다925 판결 이래 일관된 판례의 태도이다. 그 밖의 강행법규 위반의 경우에는 반환청구를 인정한다. 대법원 1983. 11. 22. 선고 83다430 판결(직업안정법을 위반하여 직업알선업자에게 해외취업알선을 부탁하면서 그 보수로 지급한 금원의 반환청구); 대법원 1994. 4. 15. 선고 93다61307 판결(강제집행면탈 목적의 부동산 명의신탁); 대법원 2001. 4. 1. 선고 2000다49343 판결(비자금 임치 사안); 대법원 2003. 11. 27. 선고 2003다41722 판결(부동산실명법에 위반인 명의신탁약정에 기하여 경료된 등기).

해 반환청구 인정의 범위를 넓히고 있다.36)

그러나 이러한 판례에 대하여도 여전히 비판이 제기되는데, 우선 "불법"의 의미와 관련하여 매우 불분명하며,37) 제746조 단서의 해석에 있어서 판례가 채택한 불법성비교설은 구체적인 사정을 고려한 융통성 있는 사안해결이 가능하다는 장점이 있지만,38) 예측가능성과 법적 안정성의 측면에서는 어려움이 있다는 비판이 제기된다.39) 대표적인 예로 대법원은 고율의 이자약정에 기하여 임의로 지급한 이자 중 사회통념상 허용되는 한도를 초과하는 이자의 반환청구에 대하여, 구 이자제한법이 적용되던 종래에는 임의로

---

35) 가령 대법원 1995. 8. 11. 선고 94다54108 판결(도박자금 채무의 담보를 위하여 근저당권설정등기를 경료한 경우 급부의 종국성을 부정).

36) 이는 대법원 1993. 12. 10. 선고 93다12947 판결(부동산 명의수탁자가 부동산을 매도한 것이 반사회적 법률행위로서 무효인 경우에도 매도인인 명의수탁자의 불법성이 매수인의 불법성보다 크다고 보아 매수인의 매매대금반환청구를 인용)에서 도입된 이후 대법원 1997. 10. 24. 선고 95다49530, 49547 판결(사기도박의 경우 급여자의 반환청구 인정); 대법원 1999. 9. 17. 선고 98도2036 판결(포주가 화대를 보관하고 분배하기로 한 약정에 따라 윤락녀가 화대를 교부한 경우 반환청구 허용. 이를 임의로 소비한 포주는 횡령죄 구성)등에 적용되어왔다. 한편 2013년 법무부 민법개정안에서는 불법성비교설이 반영되었다("불법원인이 수익자에게만 있는 때" → "불법원인이 주로 수익자에게 있는 때").

37) 박병대(2003. 12), 76면은 판례가 대체로 민법 제746조의 불법성을 부정하는 방법으로 타당성을 추구하고 있다고 하나 개별 사건에서 왜 불법성이 부정되는지에 대한 이론적 근거는 제시되지 않고 있다고 한다. 이용박(2003. 9), 272면 이하 참조.

38) 정상현(2002. 8), 149면. 다만 대법원이 채택한 불법현저설은 사실상 일방만의 불법과 큰 차이가 없어 기준으로서의 역할을 기대하기 어렵다고 하면서 상당한 차이만 있으면 된다는 불법상당설을 제시한다.

39) 불법성비교설에 대한 근본적인 반대설로는 송덕수(1995), 444면 이하 참조. 한편 이러한 문제를 지적하면서 판례의 불법성비교론과 함께 규범목적론과 불법실행중단론이라는 구체적 판단기준을 제시하는 견해로 박병대(2003. 12), 76면, 87면 이하 참조. 불법원인급여제도의 입법목적을 일반예방사고에 기초하여 이해하면서 불법성비교론을 대체하는 기준으로 비례원칙심사를 제안하는 견해로 최봉경(2006. 9), 203면 이하 참조.

지급한 초과이자의 반환은 구할 수 없는 입장이었으나,[40] 2007년 전원합의
체 판결을 통해 불법의 원인이 수익자인 대주에게만 있거나 적어도 대주의
불법성이 차주의 불법성에 비하여 현저히 크다고 보아 반환청구를 긍정하
는 입장으로 사실상 판례를 변경하였다.[41] 그러나 누구의 불법성이 "현저
히" 크냐를 따짐에 있어서 보기에 따라서는 차주에게도 불법성이 인정되어
대주만을 비난할 수 없는 경우가 있을 것이고[42] 실제 동 판결의 반대의견에
서는 양쪽 동등불법이므로 반환청구를 부정하는 입장을 개진한 바 있다.

　민법 제746조가 취하고 있는 규정방식과 동조를 둘러싼 비판들을 감안해
볼 때 위법성 항변에 관한 DCFR의 성안례는 간명하면서도 구체적인 사안
에서의 신축적 운용이 가능하다는 장점을 가진다. 우선 DCFR에서는 근본원
칙이나 강행규정 위반의 효과로서 계약의 무효·취소 여부 및 그 범위를 결

---

40) 대법원 1961. 7. 20. 4293민상617 판결; 대법원 1988. 9. 27. 선고 87다카422, 423
　　판결; 대법원 1994. 8. 26. 선고 94다20952 판결 등.
41) 대법원 2007. 2. 15. 선고 2004다50426 전원합의체 판결. 이 판결에 대하여는 대체
　　적으로 결론에는 지지하면서도 불법원인이 수익자에게만 있다고 보아 반환청구가
　　인정된다고 보는 입장이 지배적이다. 양창수, "공서양속에 반하는 이자약정에서 임
　　의로 지급한 초과이자의 반환청구", 법률신문, 제3536호, 10면(= 민법연구, 제9권,
　　269면 이하); 윤진수(2014. 9), 150면. 김재형(2011), 309면도 일반적으로 차주에게
　　불법성이 있다고 보는 것은 매우 예외적일 뿐더러 정의관념에 배치되며 고율의 이
　　자약정으로 인한 이익을 대주에게 그대로 남겨둘 이유도 찾기 어렵고 반환청구를
　　거부하는 방식으로 차주를 응징하더라도 고율의 이자약정이 없어지는 것이 아니라
　　고 보아 다수의견에 찬성한다. 한편 서민석(2007), 182면은 현저하게 고율인 이자
　　약정이 공서양속 위반인지의 판단이 선행되어야 하는 것은 맞지만, 일단 대주와 차
　　주의 경제력의 현저한 차이가 있는 경우에는 공서양속 위반이 되고 그 경우에 동
　　등불법인 경우는 없다는 점에서 위 판결의 반대의견을 비판한다.
42) 서민석(2007), 174면은 현저하게 고율인 이자약정의 효력과 관련하여 대주와 차주
　　가 대등한 지위에 있는지(가령 차주가 고위험, 고수익 사업을 하려는 자인 경우) 아
　　니면 대주와 차주간의 경제력간의 차이로 인해 대주가 독점적 또는 우월적 지위에
　　있고 차주는 열악한 지위에 있는가를 함께 고려하여 전자의 경우 공서양속 위반이
　　라고 볼 수 없고 후자만이 공서양속 위반으로 무효라고 보아야 한다는 입장이다.

정함에 있어 법원의 1차적인 판단을 거친다. 근본원칙이나 강행규정 위반의 효과는 DCFR 제2편 제7장 제3절에 규정되어 있는데, 우선 근본원칙을 위반하는 계약의 경우 근본원칙을 실현시키기 위해 무효가 요구되는 한도에서 계약은 무효로 되고(II.-7:301), 강행규정 위반의 경우에도 해당 강행규정이 위반의 효과를 명시하고 있는 경우가 아니면 법원은 위반된 규정의 목적, 위반의 중대성, 위반의 고의성 등의 다양한 사정을 고려하여 계약의 전부 또는 일부를 취소할 수 있게 된다(II.-7:302). 그리고 그와 같이 무효·취소된 계약에 기해 이행된 것의 청산문제는 부당이득법으로 넘어오게 되는데(II.-7:303), 이때 수익자의 위법성 항변 역시 "근본원칙이나 강행규정의 기저에 있는 정책에 위배하는 한도에서" 인정된다. 이와 같이 위법한 계약의 무효·취소 판단에서부터 위법성을 이유로 무효·취소된 계약의 청산에 있어서 규범목적을 고려한 정책적 고려를 개입함으로써 다양한 사안유형에 따른 탄력적인 처리가 가능하게 된다.

민법의 경우 불법원인급여 사안을 해결함에 있어 규정상으로만 보면 불법원인이 누구에게 있는지만을 기준으로 삼고 그에 따라 일도양단식 해결책만을 제시하는 것으로 보인다.[43] 그러나 학설에서는 민법상 불법원인급여 제도의 취지 및 불법성의 의미와 관련하여 "불법적인 원인행위의 억제라는 목적론적·정책적 고려"를 강조하는 견해가 제시되고 있고,[44] 최근의 판례에서도 강행규정 기저의 규범목적에 대한 고려가 이루어지고 있음이 확인된다.[45] 한편 공서양속 위반으로 무효인 법률행위의 경우 무효의 범위를 어떻

---

43) 이와 관련하여 불법원인급여에 있어서 일도양단식 결론도출을 피하고 수익자와 급여자의 '공조'는 어떠한 형태로든지 고려되어야 하므로 불법원인에 대한 비례적 책임을 지워야 하고 이를 위해 당사자 쌍방의 과실을 고려하여 상계할 수 있다는 주장으로 추신영(2015), 291면 이하 참조.

44) 민법주해/양창수(2005), 제746조, 448면 이하, 476면; 윤진수(2014. 9), 148면도 불법원인급여의 반환금지는 생산적 효율의 관점에서 불법한 행위의 억지에서 출발해야 하고, 이를 위해서는 당해 법규범의 목적을 따져 볼 필요가 있다고 한다.

45) 가령 대법원 2017. 3. 15. 선고 2013다79887, 79894 판결에서는 (구) 농지법상 금

게 보는지가 반환범위를 정함에 있어서 중요한데, 현저하게 고율로 정해진 이자약정이 문제되었던 앞의 2004다50426 판결에서는 공서양속에 위반하여 무효인 부분은 고율의 이자약정 전체가 아니고, 사회통념상 허용되는 한 도46)를 초과하는 이율의 이자약정 부분만으로 보았다. 비교법적으로 독일에 서는 이러한 폭리적 소비대차(Wucherdarlehen)의 경우 이자약정 전체가 무 효이고 따라서 대주는 이자를 전혀 청구할 수 없게 되는 것과 비교해 볼 때,47) 우리 판례의 태도는 구체적 사안에서의 당사자 간의 이득조정을 위한 시도로 평가될 수 있다.48) 이러한 점에서 불법원인급여 관련 사안처리에 있 어서 DCFR의 규정 방식은 여러모로 참조할 가치가 있다.

지하는 농지임대차 계약은 강행규정 위반으로 무효인데, 그것이 불법원인급여인지 가 다투어진 사안에서 이를 부정하였다. 즉 농지임대차 계약이 헌법상 경자유전의 원칙(제121조 제1항) 및 관련 농지법상 규정 위반으로 무효이지만, 그것이 농지로 서의 기능을 상실하게 하는 경우이거나 오로지 투기의 대상으로 취득한 농지를 투 하자본의 회수의 일환으로 임대하는 경우 등과 같이 농지법상의 규범목적에 정면 에 배치되는 경우가 아닌 한, 불법원인급여로 보아 반환청구를 배척함으로써 임차 인으로 하여금 사실상 무상으로 사용하는 반사이익을 누릴 수 있게 하여야만 구 농지법 규범목적이 달성된다고 볼 것은 아니라고 하여 규범목적의 관점에서 정책 위반성 판단을 하고 있다.

46) 당시에는 이자제한법이 폐지(1998. 1. 13.자 폐지)되어서 이 사건 소비대차 이후에 시행된 「대부업의 등록 및 금융이용자보호에 관한 법률」 소정의 제한이율(= 동법 시행령에 따르면 연 66%)이 일응의 기준으로 적용되었다. 한편 적정이율 판단과 관련해서 서민석(2007), 175면 이하는 자본시장의 상황과 위험분배관점이 가장 중 요한 요소로 고려되고 나아가 대주와 차주의 직업, 경제력, 차주의 차용목적 등이 함께 고려될 수 있는데, 이에 대한 판단을 법원에 맡기는 것은 적절치 않고 궁극적 으로는 입법적 해결이 요망된다고 보았는데, 이 판결 이후 이자제한법이 2007. 3. 29.자로 다시 제정되어 같은 해 6. 30.부터 시행됨으로써 결과적으로 입법적 해결 을 보게 되었다.

47) *MünchKomm*/Schwab (2013), § 817 Rn. 35.

48) 이에 대하여 양창수, 민법연구, 제9권(2007), 275면은 우리 법원의 일부무효 법리 운용실태와 이자제한 관련 법적 규율의 역사에 비추어 볼 때 이해할 수 있는 태도 라고 한다.

5. 쌍무(유상)계약 청산의 문제

  DCFR은 민법과 마찬가지로 '법률상 기초' 개념을 매개로 하여 계약의 무효·취소의 경우 이미 급부된 것의 반환을 부당이득법이 규율하도록 하였다. 이로써 비채변제와 같이 비계약상황에서 일방적으로 이득이 부여된 경우와 당사자 간에 계약이 체결되었으나 그것이 일정한 무효·취소사유로 인해 받은 이익을 원상회복시키는 경우가 모두 부당이득법의 규율범위 내로 들어오게 된다. 그러나 일방에 의한 이득부여의 경우와는 달리 계약 청산의 경우, 특히 쌍무(유상)계약[49] 청산의 경우에는 당사자들이 받은 이득은 자신의 급부에 대한 반대급부로 받은 것이라는 점과 그러한 이유에서 청산과정에서도 양 반환의무 간의 견련성 유지가 고려되어야 한다는 특수한 문제가 있다.

  DCFR은 쌍무계약 청산의 문제를 염두에 둔 별도의 규정을 두고 있다. 우선 이득이 노무나 사용이익과 같이 이전 불가능한 경우 반환책임과 관련하여 객관적 금전가치가 아닌 당사자 간에 유효하게 합의된 가격으로 정한다(5:102(3): 중간책임). 이 조문은 쌍무계약 청산의 경우 이득소멸의 항변을 제한하기 위해 준용되고 있으며(6:101(2)(c)),[50] 해설서는 여기서 더 나아가 5:102(3)을 유추하여 유상계약의 경우 선의 수익자의 代償반환선택권(5:101(4))

---

49) 종래 대륙법에서 이 문제는 원상회복의무의 쌍무적 견련성 유지에 초점을 두고 "쌍무계약"의 특수성의 문제로 다루어졌으나, DCFR에서는 반환의무의 쌍무성보다는 청산되어야 할 계약이 유상계약인지에 초점을 두는데, 이득법의 관점에서 보면 후자가 더 타당한 접근법으로 보인다. 여기서는 종래의 용어법을 살리되 유상계약이 문제되고 있음도 나타내기 위해 "쌍무(유상)계약"으로 표기한다. 쌍무계약과 유상계약은 그 범주가 다르지만 양자는 대체로 일치한다는 점에서(예외로 민법상 현상광고 정도만이 있는데, 다수설은 현상광고를 유상편무계약으로 본다) 이해에 큰 지장은 없을 것으로 보인다.

50) 다만 6:102(2)(c)의 조문상의 표현이 쌍무계약상 이득소멸 항변을 제한하기 위한 취지를 잘 반영하고 있지 못하다는 점은 전술하였다.

을 제한하고 있다.51) 그 근거로는 당사자 간에 유효한 대가합의가 존재하는 경우라면(즉, 가격결정에는 하자가 없는 경우라면) 그 한도에서는 수익자의 지급용의(preparedness to pay)가 있었고, 그 한도에서는 위험을 감수해야 한다는 점을 들고 있다.52)

이러한 DCFR의 태도는 이득의 정당화사유로서 손실자의 동의를 일반화시킨 것과 관련이 있다. 즉 손실자의 동의가 있다면 이득이 정당화되어 반환청구가 인정되지 않는 것과 마찬가지로, 쌍무(유상)계약에 있어 이득에 대한 대가가 당사자 간의 유효한 합의로 정해졌다면 수익자(예컨대 매수인)는 자신이 자발적으로 거래하여 지급하기로 한 대가(매매대금)만큼은 상대방에게 지급할 용의를 보였으므로, 그 한도에서 계약의 무효·취소로 인한 부당이득반환에 있어서도 자신의 반환의무(매매목적물의 원물반환의무)가 물건이 멸실·훼손되었다는 이유로 감축된다고 항변(이득소멸 항변)할 수 없다는 것이다.53) 즉 유효한 대가합의를 물건 수익자의 손실(= 급부)에 대한 '임의 동의'로 구성하여, 이것이 존재하면 물건의 이득소멸(이것도 '손실'에 해당한다)에 대한 위험을 인수한 것으로 보는 것이다. 그러므로 쌍무계약 청산의 경우에는 원물반환불능시 이득소멸 항변을 원용할 수 없다는 결론으로 귀결된다.

대가합의가 유효한 경우 선의 수익자의 代償반환선택을 제한하는 것도 이와 궤를 같이 한다. 수익자가 자신의 판단하에 경제적으로 수익성이 없는 처분을 한 경우 그 손실을 누구에게 귀속시킬 것이냐의 문제에 있어서 수익자가 그 손실을 반환청구자인 계약상대방에게 전가하는 것은 인정되어서는 안 되기 때문이다. 따라서 그 경우 수익자는 후속적 재산 거래에 관하여 처음 수익자와 합의된 대금의 한도까지는 위험을 감수해야 한다.54)

---

51) 해설서, VII.-5:101, 4109.
52) 해설서, VII.-5:101, 4109; VII.-5:102, 4122; VII.-6:101, 4155.
53) 해설서, VII.-6:101, 4155.
54) 해설서, VII.-5:101, 4109.

조문상의 표현에 있어서는 쌍무계약의 청산에 적용되는 특칙이라는 의미
가 좀 더 명확하게 드러날 필요가 있어 보이지만, 이러한 DCFR의 규율태도
는 쌍무계약의 특수성의 문제에 대한 적절한 대처로 보인다. 이득소멸 항변
을 명문의 규정으로 인정하고 있는 독일의 경우에도 쌍무계약 청산의 경우
양 반환의무 간의 쌍무적 견련성 유지라는 특수성을 인정하여 일찍이 판례
가 잔고설(Saldotheorie)을 도입한 이래, 학설에서도 사실적 쌍무관계설, 재
산적 결단론, 해제법과의 평행 등을 근거로 하여 이득소멸 항변의 적용범위
를 제한하고 있다.[55] 이 중에서 손실자의 지급의사를 강조하는 DCFR의 태
도는 플루메의 재산적 결단론과 상통하는 면이 있어 보인다.[56]

DCFR에서는 계약의 효력 여부와는 무관하게 손실자의 지급의사가 '가격
결정에 대한 진정한 합의'를 통해 나타났다고 보고 있으므로, 결국 그러한
진정한 합의가 존재하는지가 관건이 된다. 그와 관련하여 해설서는 합의내용
에는 관련이 없는 일정한 기술적 이유로만("only for some technical reason")
계약이 무효가 된 경우라고 하고 있다.[57] 그러나 반드시 그와 같이 좁게 볼
것은 아니고, 사안별 검토가 필요하다. 민법상 부당이득반환의 효과와 관련
하여 제746조의 별도 규율이 적용되는 제103조와 명문으로 현존이익반환을
인정하는 제한능력으로 인한 취소의 경우(제141조 단서)를 제외하면, 불공정

---

55) *MünchKomm*/Schwab (2013), § 818, Rn. 211ff.; 독일 학설에 대한 개관으로는 최
   수정(2003), 315면 이하 참조.
56) Flume, "Der Wegfall der Bereicherung in der Entwicklung vom römischen zum
   geltenden Recht", *FS für Hans Niedermeyer zum 70. Geburtstag* (1953), 103ff.,
   163f., 172ff. [= *Studien zur Lehre von der ungerechtfertigten Bereicherung*, 27ff.,
   80f., 88f.]에서 주장되었고, "Der Wegfall der Bereichrung", *AcP* 194 (1994)
   427ff., 439ff. [= *Studien*, 115ff., 126ff.]에서는 그 이후의 논의를 반영하여 재차 주
   장되었다. 플루메의 부당이득론에 대한 소개로는 Wolfgang Ernst, "Einleitung:
   Werner Flumes Lehre von der ungerechtfertigten Bereicherung", *Werner Flume.
   Studien zur Lehre von der ungerechtfertigten Bereicherung* (2003), 1ff.; 국내문헌
   으로 박세민(2007), 211면 이하 참조.
57) 해설서, VII.-5:102, 4122.

한 법률행위(제104조), 비진의 의사표시(제107조), 통정허위표시(제108조), 착오(제109조), 사기·강박(제110조)이 문제될 것이다. 명백하게 급부와 반대급부 간의 불균형이 문제되는 불공정한 법률행위(제104조)를 제외하면 나머지 의사표시 하자사유들의 경우가 '가격결정에 대한 진정한 합의'의 존재 여부라는 기준에 따라 사안별로 검토될 수 있다. 가령 다운계약서를 작성하는 통정허위표시의 경우에는 은닉행위상 나타난 가격합의가 기준이 될 것이다. 그리고 착오나 사기는 대체로 가격결정에 영향을 미치지만, 반드시 그런 것은 아니고 가격결정에 대한 합의는 유효함에도 의사표시상 하자가 있는 경우도 상정가능하다. 가령 상대방 동일성의 착오인 경우가 그러하고, 가격결정에는 영향이 없는 사기 또는 강박, 즉 지금 당장은 매수의사가 전혀 없는데 사기 또는 강박을 통해 제값을 주고 매수한 경우가 그러하다.[58]

6. 입증책임 분배

전술하였듯이 DCFR은 사안유형을 나누지 않고 단일모델을 채택하였는데, 이는 입증책임 분배 문제와도 밀접한 관련이 있다. 특히 이득의 부당성을 누가 입증할 것인지와 관련하여 중요한 의미가 있다. 한편 DCFR은 제6장에서 3가지 항변사유를 규정하고 있는데, 이러한 항변사유들은 원칙적으로 반환청구를 저지하는 측인 피고(수익자)가 입증책임을 부담해야 할 것이다.

---

58) 물론 착오나 사기·강박의 경우 인과관계 요건도 문제된다. 착오나 사기가 없었더라도 그와 같은 반대급부의 의사표시를 하였을 경우라면 취소권 자체가 인정되지 않을 것이다.

가. 이득의 부당성의 입증책임

(1) DCFR

DCFR은 이득의 부당성 입증책임과 관련하여 세 가지 형태로 달리 규정하고 있다. 우선 DCFR 2:101(1)은 "unjustified unless: (a) or (b)", 즉 "다음 각호 단서에 해당하지 않는 한 이득은 부당하다"로 되어 있다. 이러한 조문 구조에 따르면 이득의 부당성은 전제되고 반환의무자인 피고가 단서상의 이득 정당화 사유, 즉 (a) 이득의 법률상 기초가 있거나 아니면 (b) 손실자의 손실에 대한 착오 없는 임의 동의가 있음을 입증해야 한다. 다만 그 경우 반환청구자인 원고는 법률상 기초로서 계약 기타 법률행위, 법원의 명령 또는 법규정이 무효·취소되거나 기타의 사정으로 소급적으로 효력이 없게 되었다는 것을 주장하거나, 동의의 '임의성'과 관련해서 자신에게 착오가 있다거나 아니면 2:103에 규정된 사유로 인해 임의성이 배제된다는 주장이 가능할 것이다. 결국 유효한 법률상 기초 또는 임의 동의가 있다는 점을 반환의무자인 피고가 입증하지 못하면 부당이득반환청구가 인정된다는 점에서 피고에게 입증책임이 있다.

한편 3자관계 사안을 염두에 둔 2:102은 "justified if: (a) or (b)", 즉 "(a) 또는 (b)의 경우 이득은 정당화된다"는 조문 구조를 취하고 있다. 따라서 이 경우에도 반환의무자가 이득정당화 사유로서 (a) 손실자가 실제 또는 외견상 채무를 임의로 이행하였다거나 (b) 이득이 단지 채무이행의 부수적 결과라는 것을 입증해야 한다. 이 경우 반환청구자인 원고는 2:103(2)에 열거된 사유에 해당하여 임의이행이 아니라고 주장할 수 있다.

이와 달리 목적 부도달 사안에 관한 2:101(4)에서는 "unjustified if: (a), (b) and (c)" 즉 "(a), (b), (c)한 경우에 이득은 부당하다"로 규정되어 있다. 따라서 이 경우에는 반환청구자인 원고가 이득의 부당화 사유로 (a) + (b) + (c)를 모두 입증해야 할 것이다.

정리하면 DCFR에서는 원칙적으로 이득의 부당성은 추정되고, 따라서 반환의무자가 이득의 정당화사유를 입증해야만 한다. 다만 예외로서 목적 부도달 사안에서는 반환청구자에게 이득의 부당성에 대한 입증책임을 지우고 있다. 이는 목적 부도달 사안이 손실에 대한 임의동의가 있음에도 예외적으로 반환청구를 인정하는 것과 관련이 있다.

(2) 민법과의 비교

민법의 경우 입증책임과 관련하여 통일설과 유형설 간의 견해대립이 존재한다. 통일설에서는 제741조의 조문구조에 충실하게 반환청구자가 이득, 손실, 인과관계, 법률상 원인의 흠결을 모두 입증해야 한다[59]고 보는 반면 유형설에서는 사안유형별로 요건을 달리 새기는 해석방법을 통해 입증책임을 분배하고 있다. 즉 급부이득의 경우에는 청구자는 '급부'와 '법률상 원인 없음'만 입증하면 되고, 침해이득의 경우에는 청구자가 '자신에게 배타적 이익을 보장하는 권리가 있음'과 '상대방이 이를 침해하고 있음'을 입증하면 상대방은 '이득 보유의 권리 있음' 즉 법률상 원인 있음을 항변해야 하는 것으로 해석하고 있다.[60]

DCFR과 민법을 비교하면, 급부부당이득에 관한 한 민법에서는 통일설과 유형설 모두 반환청구자가 이득의 부당성에 관하여 법률상 원인없음을 입증해야 하지만 DCFR에서는 이 경우에도 반환의무자가 이득정당화 사유를 입증해야 한다. 한편 침해부당이득의 경우 DCFR은 유형설과 마찬가지로 이득의 정당화사유를 반환의무자가 입증해야 한다. 유형설에서는 침해부당이득의 경우 입증책임이 민법상 제213조에서와 마찬가지로 정해지는 것으로 보는데,[61] 이러한 공통점은 DCFR이 소유물반환청구 유추에 의한 접근법을

---

59) 오석락(1980), 242면; 황형모(1985), 250면 이하.
60) 민법주해/양창수(2005), 제741조, 174면, 245면 이하.
61) 민법주해/양창수(2005), 제741조, 245면 이하.

따르고 있는 것과 무관치 않아 보인다.

그렇다면 민법과 비교할 때 DCFR의 특징은 원칙적으로 사안유형을 구별하지 않고 이득의 정당화 사유(법률상 기초)를 반환의무자에게 입증하도록 한 점인데 이는 민법상 통일설과도 다르고 또한 유형설과도 다르다. 관건은 이득의 정당성/부당성에 대한 추정 여부인데, 유형설에서는 급부이득의 경우에는 급부자가 스스로 이득을 부여하였다는 점에서 이득의 정당성이 추정되지만, 침해이득의 경우에는 그러한 정당성은 추정되지 않는다고 본다. 이러한 구별은 기본적으로 사태적합적으로 판단되며 타당하다. 그러한 의미에서 일방적인 이득부여가 문제되는 목적 부도달 사안에서 손실자에게 이득의 정당화사유를 입증하도록 하는 DCFR의 규정(2:101(4))은 타당성이 있다.

그러나 이득의 부당성을 추정하는 원칙규정에도 불구하고 DCFR에서의 입증책임은 결과적으로는 유형설과 같아진다. 우선 일방의 급부가 문제되는 사안(비채변제)에서 DCFR에서는 수익자가 손실자의 임의의 착오없는 동의를 입증해야 하는데, 이로써 결국 수익자는 손실자의 악의를 입증해야 한다. 이는 민법상 악의의 비채변제에 관하여 제742조에서 변제자의 악의를 수익자가 입증하는 것과 마찬가지로 된다. 다음으로 급부가 계약관계상 이루어진 경우라면 이득의 정당성이 추정되고, 따라서 이득의 법률상 기초로서 계약의 효력여부가 관건이 되는데, 이는 무효·취소를 주장하는 자가 적극적으로 입증해야 할 것이다. 대체로 반환청구자가 계약의 무효·취소를 주장한다는 점에서 이 경우에도 역시 법률상 원인없음은 반환청구자가 입증해야 할 것이다. 침해이득사안의 경우 수익자가 이득의 정당성을 입증해야 함은 전술한 바와 같다. 결국 급부이득 사안이든, 침해이득 사안이든 입증책임 분배에 있어서 DCFR은 유형설과 다르지 않다는 결론으로 된다.

나. 반환청구 저지사유(항변)의 입증문제

DCFR은 제6장에서 반환청구를 저지하는 항변사유들을 규정하고 있다. 입증책임에 관한 일반원칙에 비추어볼 때 이러한 항변에 해당하는 사유들은 반환의무자인 피고가 입증해야 할 것이다. 따라서 이득소멸(6:101), 선의유상취득(6:102), 위법성(6:103)에 대하여 수익자인 피고가 입증해야 한다. 이 중에서 이득소멸과 관련한 입증책임의 문제가 제일 첨예한데, 이에 관하여는 전술하였다.

민법의 경우 제741조에 이어 제742조, 제744조 내지 제746조까지 반환청구 저지사유들을 규정하고 있다. 입증책임의 일반원칙에 따르면 반환청구를 저지하는 측, 즉 수익자에게 해당사유에 대한 입증책임이 있게 된다. 그에 따르면 비채변제지만 변제자의 악의(제742조), 비채변제지만 도의관념에 적합하다는 사실(제744조), 비채변제(타인의 채무의 변제)지만 변제수령한 채권자가 선의이며 불이익한 상태변경이 있다는 사실(제745조), 급부가 불법원인이라는 사실(제746조)을 반환의무자인 수익자가 입증해야 한다. 별도의 규정이 없는 도의관념에 적합한 비채변제를 제외하면 DCFR에서도 이러한 사실들은 모두 수익자에게 입증책임이 있다는 점에서 동일하다. 다만 타인의 채무의 변제의 경우 DCFR에서는 이득소멸 항변으로 처리하고 있다는 점, 불법원인급여에 관하여 DCFR은 민법 제746조 단서에 해당하는 규정이 없다는 점에서는 차이가 있다.

다. 소결

입증책임 분배의 문제는 부당이득 사안의 해결에 있어 매우 중요한 의미를 가진다. DCFR은 원칙적으로 이득의 부당성을 추정하면서 수익자에게 이득의 정당화사유를 입증하도록 하는 구조이지만, 사안유형별로 보았을 때

결과적으로 민법상 유형설의 경우와 입증책임 분배가 같게 처리됨이 확인
된다.

한편 DCFR은 반환청구권의 성립요건과 항변을 별개의 장에서 나누어 규
정하고 있는데 이는 입증책임 배분과 관련하여 중요한 의미가 있다. 가령 소
유권유보부 자재 부합사안의 경우 판례는 도급인의 이득보유에 대한 법률상
원인의 존부의 판단을 선의취득 법리의 유추로 해결하였는데(2009다15602),
그 입증책임이 문제된다. 통일설에 의하면 법률상 원인없음을 반환청구자가
입증해야 하므로 수익자인 도급인이 선의취득하지 못하였음, 즉 악의 또는
과실있음을 청구자가 입증해야 한다. 반면 유형설에 의하면 이는 침해부당이
득에 해당하므로 수익자가 자신에게 법률상 원인있음, 즉 선의취득 요건상의
'무과실'을 입증해야 할 것이다(선의는 제197조 제1항에 의해 추정).[62]
DCFR은 이 문제를 선의유상취득 항변으로 해결하고 있으므로 수익자가 자
신의 '선의·무과실'을 입증해야 한다.[63] 실제 사안에 있어서는 '무과실'의 입
증이 관건이 될 것인데, 이는 수익자에게 어느 정도의 권원에 대한 조사의무
를 부담시킬 것인지의 문제로 될 것이다. 관련하여 해설서는 수익자에게 항
상 조사의무를 부과하는 것은 아니고 합리적인 사람으로서 의심이 생기는
경우에만 추가조사를 할 의무를 부과하는 것으로 설명하고 있다.[64] 결국 거

---

62) 이병준(2010), 129면 이하. 다만 선의취득의 요건 중 무과실의 입증과 관련하여 제
    200조를 근거로 선의의 양수인의 무과실을 추정하는 견해(다수설)와 반대하는 견
    해가 대립하고 있다. 재판례 중에는 동산질권 선의취득 사안에서 선의·무과실 모두
    취득자가 입증해야 한다는 것이 있지만(대법원 1981. 12. 22. 80다2910 판결), 소
    유권유보부 매매 목적물의 취득사안에서 취득자에게 무과실의 입증책임을 인정하
    고 있다(대법원 1999. 1. 26. 선고 97다48906 판결).
63) DCFR에서의 선의개념은 이득의 부당성에 대하여 몰랐거나 아는 것이 합리적으로
    기대될 수 없을 것을 요구한다는 점(5:101(5))에서 민법에서의 선의 요건보다 엄격
    하다. 이는 DCFR이 선의 수익자에게 베푸는 다양한 혜택을 고려할 때 선의 요건
    을 엄격하게 새기는 것은 타당해 보인다.
64) 해설서, VII.-5:101, 4108. 따라서 모든 점들이 이득의 정당성을 나타내고 있다면
    단지 외관적 사실에 대한 조사를 하지 않았거나 거래의 완전성에 대하여 재확인

래계의 관행과 당사자 간의 특수한 사정에 따라 판단될 것이다.

7. 요약·정리

DCFR이 민법에 주는 시사점과 관련하여 지금까지의 내용을 정리하면 아래와 같다.

(1) 노무 부당이득의 경우 금전이나 물건이 이득의 대상인 경우와는 달리 그 자체가 과연 수익자에게 '이득'인지, 그리고 반환책임이 인정되는 경우 그 가액을 어떻게 산정할 것인지와 관련하여 특별한 규율이 필요하다. 민법은 제741조에서 "노무"를 이득의 객체로 명시하였음에도 반환과 관련하여 제747조 제1항에서 가액반환책임만을 규정하고 있고, 구체적인 가액산정에 관하여는 규정하고 있지 않다. 노무 부당이득에서의 가액산정과 관련하여 DCFR은 당사자 간에 계약관계가 있었던 경우, 수익자의 동의하에 노무가 제공된 경우, 그 밖의 경우로 나누어 규율하고 있는데, 이는 유용한 해결책으로 보인다.

(2) 부당이득법상 반환범위 결정에 있어 선의 수익자 보호 문제는 중요한데, 선의 수익자 보호와 관련하여 DCFR은 다양한 장치들을 마련해 두고 있다. 민법도 이에 상응하여 이득소멸의 항변(제748조 제1항)을 비롯한 선의 수익자 보호 규정을 두고 있다. DCFR에서의 선의 수익자의 代償반환선택 규정은 규율을 초점을 빗겨나간 것으로 평가되지만, 강요된 이득에 관한 규정을 명문으로 두고 있는 점은 참조할 가치가 있다.

(3) 전득 사안의 경우 손실자가 이득의 소재지를 찾아내서 전득자를 상대로 '직접' 반환청구할 수 있는지가 문제된다. 민법은 관련되는 지점마다 다양한 규정들을 통해 선의의 제3자를 보호하고 있는데(가령 의사표시 무효·

(double check)하지 않았다고 하여 악의로 되지는 않는다고 한다.

취소에서의 대항불능 법리, 선의 점유자의 과실수취권, 선의취득 등), DCFR
은 선의취득 법리와 이를 연장한 '선의유상취득 항변'으로 전득자를 보호하
고 있다. 이에 따르면 선의이며 무과실이고 나아가 유상취득자만이 보호받
게 된다. 이에 비하면 민법에서는 어떤 경우에는 단순한 부지이기만 하면
되고(의사표시 무효·취소에서의 보호받는 선의의 제3자) 어떤 경우에는 선
의이며 무과실이어야 할 뿐만 아니라(선의취득) '선의' 개념이 달리 해석되
는 경우도 있다(제201조 제1항에서의 '선의' 점유자). 그리고 취득의 유상성
은 보호받는 제3자의 범위를 결정함에 있어 기준으로 고려되지 못한다.
DCFR이 전득자 보호 문제를 일관된 기준으로 처리하고 있다는 점은 주목
할 만하다.

  (4) 불법원인급여와 관련하여 민법 제746조는 규정형식은 물론 판례의 실
제 법운용에 있어서 많은 비판을 받고 있다. 그에 비하면 DCFR의 위법성
항변은 규정방식도 간명할 뿐만 아니라 효과에 있어서 정책적 판단을 통해
개별사안에서의 구체적 타당성의 도모에 유리하다. DCFR의 위법성 항변의
규정방식도 향후 민법 개정에 있어서 중요한 시사점을 준다.

  (5) 쌍무(유상)계약의 청산과 관련하여 DCFR은 두 개의 특칙을 두고 있
다. 재산권 이용 또는 노무제공 계약의 청산에 있어 반환범위 결정에 관한
규정(5:101(3))과 쌍무(유상)계약 청산 일반에 있어 이득소멸 항변의 제한에
관한 규정이 그것이다(6:101(c)). 쌍무계약청산을 일방적인 이득부여 사안과
차별하여 규율하는 태도는 기본적으로 타당하게 평가되는데, 다만 규정방식
상 쌍무계약 청산에 대한 특별 규정이라는 점을 명확하게 드러낼 필요가 있
어 보인다. 민법의 경우 이에 대한 명문의 규정은 없고 후자에 관하여 학설
상 논의가 진행중에 있는데, 급부부당이득 사안의 대부분이 쌍무계약 청산
이라는 점에서 향후 본격적으로 검토될 필요가 있다.

  (6) 합리적인 입증책임 분배와 관련하여 DCFR은 매우 세심하게 조문을
성안하였다. 단일모델하에서 원칙적으로 이득의 부당성은 추정되고 따라서

수익자가 이득의 정당화사유를 입증해야 한다. 부당이득반환청구권이 성립
하더라도 수익자는 항변을 통해 부당이득반환청구를 저지할 수 있다. 특히
이득소멸 항변과 관련하여서 세심한 입증책임 분배가 돋보인다.

제2부
사안유형별 고찰 및
핵심 논거 검토

I. 사안유형별 고찰

지금까지 제1부에서는 DCFR 규정의 특징과 요건론 및 효과론에 있어서 민법에의 시사점을 중심으로 살펴보았다면, 제2부에서는 부당이득과 관련한 구체적인 사안 해결에 있어서 DCFR과 민법의 차이를 고찰한다. 이하에서 다루어지는 사안유형군은 DCFR 해설서에 나온 사례들 중에서 선정하였는데, 비교법적으로 부당이득법상 자주 다루어지면서도 난제에 속하는 사안들에 해당한다. 여기에는 대별하여 이른바 3각관계 사안, 도난차량 수리 사안, 편취금전 변제 사안, 첨부 사안이 속하고, 각각의 사안군에서 개별 사안들을 다루기로 한다.

위에서 언급한 사안군들은 다수 당사자 간의 부당이득반환이 문제되고 있다는 공통점이 있다. 그러나 부당이득반환은 이득과 이에 상응하는 손실이 정해지고 손실자가 수익자를 상대로 한다는 점에서 결국 2자관계로 환원되는데, 다수 당사자 부당이득 사안에서는 재산이동과정에 초점을 둔 이러한 '직접'청구를 인정할 것인지와 이를 인정하는 경우 최종수익자의 보호를 어떻게 할 것인지가 핵심 논점으로 부각된다.

1. 3각관계 사안

계약에 기한 채무의 이행은 계약상대방에게 이루어지는 것이 일반적이지만, 계약상대방이 아닌 제3자에게도 적법하게 이행될 수 있다. 대표적으로 계약상대방의 지시에 기해 지시수령인에게 이행하는 경우,[1] 요약자와의 제

3자를 위한 계약에 기해 낙약자가 수익자에게 이행하는 경우, 그리고 채권이 양도되어 새로운 채권자인 양수인에게 이행하는 경우가 그러하다. 이들 경우에 있어서 제3자에게 적법한 채무이행이 이루어진 후에 기본관계인 계약관계가 무효·취소되면 부당이득법의 문제로 되는데, 이러한 '3각관계(Dreiecksverhältnis)상의 부당이득'에서는 '누구를 상대로' '무엇을' 반환청구할 것인지가 문제된다.

비교법적으로 독일에서 주장된 유형설(분리설)은 급부개념(Leistungsbegriff)을 동원한 해결법을 제시하는데, 즉 급부관계가 존재하면 급부관계 내에서 반환청구가 이루어져야 한다는 것이다. 유형설은 지시 사안에서 문제되었던 보상관계 흠결, 대가관계 흠결, 이중 흠결 사안에 있어서 종래 '재산이동의 직접성'을 기준으로 해결하지 못하던 문제를 단축급부로 구성함으로써 각 원인관계 내에서 반환이 이루어지도록 하는 타당한 결론 도출에 성공하였다는 점에서 널리 지지를 받았으나, 한 번의 급부로 두 개의 급부가 동시에 이루어지는 제3자를 위한 계약 사안이나, 계약관계와 급부관계가 분리되는 채권양도 사안에서 그 한계를 드러내게 되었다. 이러한 문제점을 지적하면서 카나리스는 급부개념으로부터의 결별을 선언하고,[2] 급부개념 없이 3각관계상의 부당이득 사안을 해결할 수 있는 기준들을 제시하였는데, 그가 밝혀낸 3가지 기준은 (i)

---

1) 지시 사안의 가장 일상적인 예로는 은행을 통한 계좌이체가 있는데 그 외에도 거래계에서 다양하게 쓰이고 있다. 판례로는 후술할 분양대금 지급지시 사안이 대표적이다(대법원 2003. 12. 26. 선고 2001다46730 판결). 민법은 지시에 관하여 명문의 규정을 두고 있지는 않지만 변제법리에 의해서 지시 사안의 특징인 단축급부에 따른 보상관계 및 대가관계에서의 동시이행효의 설명이 가능하다. 이에 대하여는 김형석(2006. 9), 292면 이하 참조. 지시 사안의 특징에 대한 분석으로는 박세민(2007), 44면 이하 참조.

2) 급부개념 비판에 대하여는 Larenz/Canaris (1994), § 70 VI 2 참조. 급부개념은 거의 마음대로 조작 가능한 개념이고 오늘날 급부개념은 기껏해야 도그마틱한 약호(Kürzel) 정도의 의미만 가지고 있다고 한다. Medicus/Petersen (2011), Rn. 686도 요약공식(Kurzformel) 정도로만 받아들이고 있다.

계약 당사자 간의 대항사유(유치권, 상계적상, 시효 등) 유지, (ii) 계약 상대방과 제3자 간의 법률관계에 기해 대항받는 사유(대표적으로 계약의 무효 주장)로부터 보호(이른바 exceptio ex iure tertii의 불허), (iii) 적절한 도산 위험의 배분이었다.3) 카나리스가 제시한 이러한 기준들은, 계약관계의 청산은 계약 상대방 사이에서 이루어져야 한다는 "계약법의 기본원리"와 상통한다.

　DCFR에서는 계약법의 기본원리를 통해 3각관계 사안의 해결을 시도한다. 이는 앞서 설명한 카나리스의 실질적 기준설의 영향을 받은 것으로 보이고, 무엇보다 DCFR이 단일모델에 입각하고 있다는 것과 관련이 있다. DCFR은 이를 위해 2:102에서 명문의 규정을 두었는데, 그 취지는 계약관계는 계약당사자 간에 청산한다는 대원칙(이른바 "계약법의 기본원칙") 하에 두 가지 예외로 첫째, 채무범위 밖에서 이행된 경우와 둘째, 채무이행에 임의성이 배제되는 경우에는 직접청구를 인정한다는 것이다. 따라서 DCFR에 의하면 계약관계의 존부, 즉 비록 무효·취소이기는 하나 당사자들이 성립을 의도한 계약관계가 있었는지, 단순히 채무자의 오상이 아닌 '외견상' 채무의 이행인지 여부와 아울러 채무이행에 임의성이 있었는지가 사안해결에 있어서 결정적인 의미를 가지게 된다.

　한편 서술 순서와 관련하여 독일에서 종래 3각관계는 급부개념을 중심으로 지시 사안을 모델로 논의가 시작되지만,4) 계약법의 기본원리에서 출발하는 DCFR은 해설서에서 제3자를 위한 계약 사안을 먼저 설명하고 이어서 채권양도 사안과 지시 사안에 동일한 원리가 적용된다("The same principle applies ....")고 설명한다.5) 이는 DCFR이 독일에서와 같이 "급부" 개념을 전제로 하고 있지 않고, 계약법의 기본원리로부터 출발하다보니 지급지시 사

---

3) Canaris (1973), 802ff.(= *GS*. Bd. 3, 719ff); Larenz/Canaris (1994), § 70 Ⅵ 1b 참조.

4) 대표적으로 Larenz/Canaris (1994), § 70; Medicus/Petersen (2011), § 27의 서술방식이 그러하다. 3각관계에서 지시 사안이 가지는 비중과 의미에 대하여는 박세민 (2007), 7면 참조.

5) 해설서, Ⅶ.-2:102, 3967.

안 대신 제3자를 위한 계약 사안에서부터 논의를 풀어나가는 것이 수월하다
고 여겼기 때문으로 추측된다. 이하에서 종래의 논의순서에 따라 지시 사안
부터 살펴보기로 한다.6)

가. 지시 사안

(1) DCFR

(가) 계약법의 기본원리를 통한 해결

우선 지시 사안에서 지시인을 B, 피지시인(내지 출연자)을 A, 수령자를 C
라고 할 때, 재산이동이 발생한 A와 C의 관계(출연관계)를 살펴보면, A의
출연은 A와 B의 관계(보상관계)에서의 채무이행으로 이루어진 것이므로
2:102에 의해 C의 이득은 '정당화'된다. 따라서 A와 B 사이의 보상관계가
유효하면, A는 B를 상대로 계약상 반대이행만을 청구할 수 있다. 보상관계
가 하자있는 경우라도 역시 C의 이득은 2:102에 의해 '정당화'되고 따라서
A는 B를 상대로만 부당이득반환청구를 할 수 있다. 이때 A가 입은 손실은
재산감소(3:102(1)(a) 전단)인데, B가 얻은 이득이 무엇인지가 문제된다. 대
가관계가 유효한 경우라면 B가 얻은 이익은 C에 대한 채무감소이고, 손실
해당성은 4:101(e)의 채무해소로 볼 여지도 있다. 그러나 이것은 타당하지
않다. A는 B를 상대로 부담하는 자신의 채무를 이행할 의사만을 가지고 있
었고 B의 C에 대한 (대가관계상의) 채무를 이행할 의사는 없었기 때문이다.
오히려 이 경우에는 거래연쇄 사안과의 평행이 고려되어야 한다. 즉 A-B,
B-C인 거래연쇄 사안에서 거래의 편의상 B의 지시로 A가 C에게 바로 지
급한 경우라면 B가 얻은 이득은 A가 C에게 이행한 재산증가에 해당할 것이
다. A는 B에게 변제할 의사로 C에게 이행한 것이기 때문이다. 따라서 지시

---

6) 이하의 내용 중 일부는 이상훈(2017. 5), 91면 이하에 공간된 바 있다.

사안에서도 A와 B 사이에서의 B의 이득은 A가 C에게 출연한 재산에 해당하는 만큼의 재산증가로 보아야 한다.[7] 다만 이 경우 B의 이득이 A의 손실에 어떻게 '해당'하는지, 즉 어떤 손실해당 유형에 해당하는지는 해설서상 명확하게 언급되고 있지는 않지만, 이 경우에도 거래연쇄 사안과의 유추를 통해 4:101(a)에 의해서 손실해당성이 인정된다고 보아야 할 것이다. B가 얻은 이득은 A와의 관계에서 2:101상의 정당화요소가 없으므로 부당하다. 이러한 해결법은 DCFR이 택한 항목별 이득개념과 이득의 부당성을 2자 간의 관계에서 판단하는 것으로부터 도출될 수 있다. 이는 각각의 관계별로 이득 항목이 다를 수 있음을 의미한다. 즉 지급지시가 정상적으로 이루어진 사안이라면 B의 입장에서 볼 때 C와의 관계에서는 채무감소가 이득이지만(C는 B에 대한 채권상실의 재산감소가 손실), A와의 관계에서는 A로부터 채무이행을 받은 것이 이득으로 되기 때문이다(B는 A에 대한 채권상실의 재산감소가 손실).[8]

다음으로 대가관계가 하자있는 경우 역시 A와 C 사이에서 C의 이득은 2:102에 의하여 정당화되고 A는 B를 상대로 계약상 청구만을 할 수 있다. 이때 C의 재산증가(3:101(1)(a) 전단)는 B의 A에 대한 채권상실이라는 재산감소(3:102(1)(a) 전단)의 손실에 '해당'되고(4:103(1)) C의 이득은 B와의 관계에서 정당화되지 않으므로 B는 C를 상대로 C가 얻은 이득을 부당이득반환청구를 할 수 있다.

보상관계와 대가관계가 모두 하자가 있는 이른바 이중하자(Doppelmangel)[9]

---

7) 그 점에서 제3자변제 사안과는 구별된다. A는 타인채무변제라는 의사가 없었으며 그에 해당하는 변제지정도 없었다. 만약 제3자 변제라면 B가 얻은 이득은 채무감소이고 양자의 귀속은 4:101(e)에 의하여 인정되게 된다.

8) 물론 양자가 동시에 발생하므로 A의 C에 대한 지시이행으로 B는 A에 대한 채권상실(손실)과 C에 대한 채무감소(이득)을 입게 될 것이다.

9) 'Doppelmangel'은 테니스 경기에서 사용하던 용어(서브에 두 번 다 실패하여 1점을 잃는 것, 'double fault')인데, 관련 사안이 독일민법 시행 직후 문제되었다. 어떤 자가 피고로부터 토지를 임차하고 원고로부터 씨감자를 사서 파종한 후 무자력이 되

사안에서도 A와 C사이에 C의 이득은 2:102에 의하여 정당화되고, 따라서 직접청구는 인정되지 않고 부당이득은 각 당사자 사이에 이루어져야 한다. 따라서 A는 B를 상대로, B는 C를 상대로 각각 부당이득반환청구가 이루어져야 하는데, 이때 B가 얻은 이득이 무엇인지가 문제된다. 해설서상 명확한 설명은 없으나, 논리적으로 추론해보면 앞서 보상관계 하자에서와 마찬가지로 B가 얻은 이득을 A가 C에게 이행한 재산증가로 보는 것이 타당하다. A의 입장에서는 대가관계의 하자는 B와의 부당이득관계에서는 영향을 미쳐서는 안 되는데, 왜냐하면 A가 의도한 것은 B에 대한 채무의 이행이었지 B의 C에 대한 채무의 이행은 아니었기 때문이다. 만약 이것까지 의도하였다면 제3자 변제에 해당하게 되는데 A에게는 타인채무변제에 대한 의사 또는 그러한 변제지정이 있다고 볼 수 없다.[10] 그렇다면 역시 이 경우에도 A가 C에게 출연한 재산을 B가 얻은 이득으로 보아야 한다. 따라서 원물반환이 불가능하다면 가액반환이 이루어져야 할 것이다.[11]

지시 사안의 해결에 있어서 DCFR은 급부개념을 동원하는 유형설의 결론과 일치한다. 급부개념의 가장 큰 장점 중 하나가 이중하자 사안의 경우에도 B가 얻은 이득을 C에 대한 부당이득반환청구권(Kondiktion der Kondiktion)

있는데, 나중에 그가 정신이상이어서 행위무능력자로 밝혀져서 토지임대차와 씨감자 매매계약 모두 무효로 된 사안에서 감자가 임대인인 원고의 토지에 부합해서 피고가 임대인인 원고에게 직접청구하자 제국법원은 이를 인정하였다(RGZ 51, 80).

10) 지시를 통한 단축급부 사안과 제3자 변제 사안의 구별에 관하여는 지원림(2014), [4-70].

11) 한편 이 경우 A가 은행이라고 할 때 B가 받은 이득을 A의 금융서비스로 보아서는 안 된다. 그 경우 금융서비스로서 금전가치는 지급된 액수가 아니라 오히려 수수료로 보아야 하기 때문이다. 이 점에 대한 지적은 Wendehorst (2006), 253. 물론 Wendehorst는 DCFR을 비판하면서 이중하자 사안에서 3:101(1)에 열거된 항목 중 B가 얻은 이득이 없고, 굳이 있다면 금융서비스상의 수수료 정도인데 이것이 3:101에 나타난 이득의 "naturalistic" 관념을 보여준다는 취지로 언급하였으나, 역설적으로 그러한 지적으로부터 B가 얻은 이익은 금융서비스가 아니라는 점이 분명해진다.

으로 보지 않고, A가 C에게 급부한 것 자체로 본다는 것인데, 앞서 설명한
것과 같이 DCFR의 경우에도 항목별 이득개념과 2자관계상 부당성 판단, 그
리고 거래연속 사안과의 유추를 통해 동일한 결론의 도출이 가능하다.

(나) 계약법의 기본원리의 한계 및 예외

① 채무범위 밖에서의 이행: 지시부존재, 지시철회·취소

위와 같은 계약법의 기본원리는 그것이 계약상 (실제 또는 외견상) 채무
범위내에서 이루어진 경우에만 적용된다. 따라서 이행한 것이 채무범위를
넘어서거나 지시가 부존재한 경우에는 수령자를 상대로 한 직접청구가 인
정된다. 이 경우는 2자간 착오이행 사안에 해당하기 때문이다.

지시부존재의 경우 직접청구의 인정은 비교법적으로도 그 타당성이 확인
된다. 독일법의 경우 지시부존재 사안에서는 지시인이 귀속가능한 방식으로
권리외관을 창출하지 않는 한 출연자의 수령자에 대한 직접청구가 인정된
다.[12] 외견상 지시인의 보호(시효의 문제, 상계나 유치의 항변을 받지 않을
가능성 등)가 필요하고, 또 외견상 피지시인 주도로 행한 급부를 지시인의
급부로 귀속시킬 수 없기 때문이다(이른바 귀속성 하자). 그 경우에는 수령
인이 선의였다 하더라도 보호받지 못하게 된다. 독일의 판례도 그러한 유효
한 지시 없이 착오로 지급 또는 이체된 은행의 수령자에 대한 직접청구를
수령자의 선악불문 인정한다.[13]

한편 지시철회 또는 취소 사안이 문제된다. 해설서에서는 지시가 철회되
었으나 피지시인이 이를 간과하고 이행한 사안을 지시부존재 사안과 같게
보아 직접청구를 인정하고 있다.[14] 그러나 이 사안은 대가관계가 부존재한

---

12) Larenz/Canaris (1994), § 70 IV 2; *MünchKomm*/Schwab (2013), § 812, Rn. 80f.;
   Medicus/Petersen (2011), Rn. 677에 따르면 이른바 "Wie gewonnen, so zerronnen
   (얻은 그대로 사라진다. 쉽게 얻은 대로 쉽게 사라진다)"이 적용된다고 한다.

13) *MünchKomm*/Schwab (2013), § 812, Rn. 83.

14) 해설서 VII.-4:103, 4075, 사례 11.

사안이므로 직접청구의 인정에는 문제가 없다. 만약 이 경우 대가관계가 유효할 때 선의 수령자 보호 여부가 문제되는데, 해설서상에서 이러한 사안은 직접적으로 다루어지고 있지 않다.[15]

비교법적으로 독일의 다수설은 지시철회 사안은 지시부존재와는 달리 재산이동에 어쨌든 지시인에게 귀책사유가 있고 선의 지시수령인에 대한 보호필요성으로 인해 지시인과 피지시인 간의 보상관계 흠결로 처리함으로써 지시수령인은 외견상 피지시인의 직접청구를 당하지 않도록 한다. 그 결과 유효한 대가관계가 존재하는 경우 지시수령인은 보호되고, 그렇지 않은 경우에도 지시수령인은 지시인만을 상대하게 된다.[16] 따라서 (외견상) 피지시인은 지시인을 상대로 해야 하는데, 유효한 대가관계가 존재하는 경우라면 지시인의 이득한도로, 그렇지 않은 경우라면 지시인이 수령자를 상대로 가지는 부당이득반환청구권의 양도만을 구할 수 있게 된다(Kondiktion der Kondiktion). 판례는 수령자의 선악 여부를 고려하여 악의인 경우에만 직접 청구를 인정한다.[17]

영국에서도 지시철회가 문제된 사안이 있었다. 1980년 Barclays Bank Ltd v W. J. Simms, Son and Cooke (Southern) Ltd.[18] 판결에서는 건축회사의 법정재산관리인이었던 은행 고객(Royal British Legion Housing Association Ltd.)이 건축회사를 위하여 수표를 발행하고 철회하였으나 은행이 착오로

---

15) 지시철회 사안에서 은행의 '착오'는 채무이행의 임의성을 배제하지 않기 때문에 (2:103(2)) 은행의 수령자에 대한 직접청구는 2:102(a)에 의해 제한된다고 보는 견해가 있다. Wendehorst (2008), 245.

16) *MünchKomm*/Schwab (2013), § 812, Rn. 109f. 여기서 지시철회에도 불구하고 대가관계상 외견상 지시인의 변제지정은 유효하다고 보는데, 그 근거로 대리권수여표시에 의한 조항(제170조 이하)을 법유추한다(Larenz/Canaris (1994), § 70 IV 3). 다만 수표나 어음의 철회의 경우에는 선악불문 수령자가 보호된다고 보는 견해도 있다(Larenz/Canaris (1994), § 70 IV 3 c); Reuter/Martinek (1983), 450).

17) 이에 대하여는 Medicus/Petersen (2011), Rn. 676.

18) [1980] 1 QB 677.

지급한 사안이 문제되었다. 이 사건에서 Goff J는 이른바 "인과적 착오" 접
근법을 취하여 우선 착오를 이유로 하는 은행의 직접청구를 인정하였다.[19]
그러면서 만약 (a) 지급자가 지급의도가 있거나 있다고 법적으로 간주되는
경우, (b) 지급이 유효한 약인(good consideration), 즉 채무소멸을 위한 것이
었고 실제 채무를 소멸시킨 경우, 그리고 (c) 수령인이 선의로 상태변경한
경우에는 반환청구가 저지된다고 하였다. 결국 변제효 여부가 지시철회 사
안에 있어서 중요한 요소로 고려되고 있음이 확인되는데, 당해 사안에서는
변제효가 인정되지 않았고 따라서 직접청구가 인정되었다.[20]

　이 문제는 부당이득법이 자동으로 해답을 줄 수 없고 결국 지시철회를 간
과한 위험을 누가 부담할 것인지에 대한 법정책적 판단이 중요하다는 점을
잘 보여주는데, 이때 지시의 철회가능성 보장이 지시인에게 가지는 의미, 지
시철회는 보상관계에서 비롯한 사정일 뿐이고 선의 수령자를 보호해야 할
필요성 등이 고려될 수 있다.[21] 결국 지시 철회 또는 취소 사안에서 지시인
의 귀책사유 유무에 따라 지시부존재와 같이 보아 피지시인의 수령자에 대
한 직접청구로 해결할지 아니면 보상관계상의 하자로 보아 지시인과 수령
자 사이에서 해결하도록 할지는 선의 수령자에 대한 보호 문제로 귀착된다.
그리고 이 문제는 피지시인의 이행이 대가관계상 변제효를 발생시키는지와
밀접하게 관련이 되어 있는 점이 확인된다.

　DCFR이 지시철회 사안에서 유효한 대가관계가 존재하는 경우 선의 수령
자 보호의 문제를 어떻게 다루는지는 명확하게 알 수 없지만, 지시철회를

---

19) 이러한 접근법은 이후 판례법상 지지된다. Meier (2002), 50f. + n.28은 영국 판례가
　　취하는 인과적 착오법리는 원상회복이 인정되는 착오의 범위를 너무 넓히는 문제
　　점이 있다고 비판하면서, 위 판결에서 취한 접근법은 다름 아닌 '법률상 원인 없
　　음' 접근법이라고 평가한다.
20) Meier (1999. 11), 574는 채무자 동의 없는 제3자변제의 경우 변제효가 없으므로
　　수령자를 상대로 하는 직접청구가 인정된다고 분석한다.
21) Schlechtriem, Coen, Hornung (2001), 414.

지시부존재와 같이 취급한다는 점에서 원칙적으로 직접청구가 인정되지만, 대가관계가 유효한 경우라면 선의유상취득 항변을 통해 수령자를 보호하는 입장으로 추측된다.22)

② 채무이행의 임의성이 배제되는 경우

DCFR은 계약법의 기본원리가 적용되지 않는 예외로 채무이행에 임의성이 없는 경우 직접청구를 인정한다. 임의성이 없는 사유로 2:103에서는 "무능력, 사기, 강요, 협박 또는 불공정한 착취"를 열거하고 있다. 이러한 경우들은 계약법의 기본원리가 적용될 수 없는 중대한 하자라고 해설서는 설명하고 있다.23)

이와 같은 직접청구권은 비교법적으로 특이하다. 계약법의 기본원리가 적용되는 한 계약의 무효·취소사유를 불문하고 당사자 간에 청산이 이루어져야 하기 때문이다. 특히 제3자 사기·강박 사안에서 상대방이 그러한 사실을 알았거나 알 수 있었을 상황이 아니어서 의사표시의 취소권이 인정되지 않는 경우(제110조 제2항), 이러한 직접청구권은 유의미해진다. 다만 원물반환과 관련하여 물권행위 유인성을 취하는 법제나 물권행위 무인성의 경우에도 하자가 채권행위뿐만 아니라 물권행위까지 하자가 미치는 경우에는 소유물반환청구를 통한 '직접' 청구가 인정된다는 점에서 상황이 같아진다.24) 이는 DCFR이 소유물 반환청구권을 유추하는 모델을 택한 점을 감안할 때

---

22) 이러한 추측은 6:102의 성안과정으로부터도 지지된다. 2006년 수정안에서는 6:102의 적용범위를 "2:103으로 인해 2:102상 이득이 정당화되지 않거나 4:101 이외의 방식으로 이득이 손실에 해당되는 경우"로 제한하였으나 이에 대하여 Wendehorst (2006), 253에서 지시철회의 경우 이에 해당하지 않아 직접청구를 받는 제3자가 항변으로 보호받지 못하는데 이는 비교법적으로도 유례가 없고 6:102의 취지와도 맞지 않는다는 점을 지적하였고, 이후에 최종본에서 위 문구가 삭제되면서 6:102의 적용범위가 확장되었다.

23) 해설서, VII.-2:102, 3966. 그 경우에는 '억지로 받아낸'(extracted) 동의라고 한다.

24) 이에 대하여 이상훈(2017. 5), 87면 이하 참조.

수긍될 수 있다. 이때 직접청구를 당하는 선의 유상취득자 보호문제는 6:102
로 해결된다.

(2) 민법

(가) 판례의 해결법

대법원 2003. 12. 26. 선고 2001다46730 판결에서 지급지시 사안에서의
부당이득반환문제가 다루어졌다(분양대금 지급지시 사안). 이때 대법원은
지시수령인에 대한 직접청구를 부정하고 계약당사자 사이에서 청산이 이루
어지도록 판시하였다.[25] 즉 "계약의 일방 당사자가 계약상대방의 지시 등으
로 급부과정을 단축하여 계약상대방과 또 다른 계약관계를 맺고 있는 제3자
에게 직접 급부한 경우, 그 급부로써 급부를 한 계약당사자의 상대방에 대
한 급부가 이루어질 뿐 아니라 그 상대방의 제3자에 대한 급부로도 이루어
지는 것이므로 계약의 일방 당사자는 제3자를 상대로 법률상 원인 없이 급
부를 수령하였다는 이유로 부당이득반환청구를 할 수 없다"고 보아 지급지
시 사안을 단축급부적으로 구성하였다.[26] 그리고 만약 이 경우 직접청구를
인정하게 되면 "자기 책임하에 체결된 계약에 따른 위험부담을 제3자에게
전가 시키는 것이 되어 계약법의 기본원리에 반하는 결과를 초래할 뿐만 아
니라 수익자인 제3자가 계약 상대방에 대하여 가지는 항변권 등을 침해하게
되어 부당하기 때문"이라는 계약법의 기본원리에 입각한 이유를 제시하였
다. 지급지시 사안에서의 피지시인의 지시수령인에 대한 직접청구를 계약법
의 기본원리를 논거로 제한하고 있다는 점에서 DCFR과 동일한 입장으로
볼 수 있다.

---

25) 위 판결에 대하여는 김대원(2004. 7), 91면 참조.
26) 이에 대하여 민법주해/양창수(2005), 제741조, 205면은 "주로 독일에서 전개된 「삼
　　각관계에서의 급부부당이득」의 법리를 받아들인 것"으로 평가한다.

(나) 직접청구 인정여부 검토

① 채무범위 밖에서의 이행: 지시부존재, 지시철회·취소

지시 사안에서 유효한 지시가 있는 경우라면 직접청구가 부정되지만, 지시 자체가 부존재하는 사안의 경우 우리 학설 중에서도 출연자의 수령자에 대한 직접청구를 허용해야 한다는 입장이 있다. 그 논거로는 수령자에 대한 출연이 지시인에 대한 대가관계상의 급부로 귀속될 수 없으며 처음부터 보상관계 및 대가관계에 영향을 주지 않는다는 점,[27] 변제법리의 관점에서 볼 때 타인급부에 대한 수권 및 변제지정이 없으므로 보상관계 및 대가관계에서의 변제효가 발생할 수 없으며 만약 직접청구를 인정하게 된다면 지시인은 스스로 재산이동과 관련된 아무런 행위를 하지 않았음에도 수령자와의 대가관계를 둘러싼 분쟁에 끌어들여지게 된다는 점이 제시되고 있다.[28] 이 경우 수령자가 변제의 유효성을 신뢰하고 대가관계상 반대급부를 이행하는 등의 재산을 감소시킨 경우에는 이득소멸 항변으로만 보호될 수 있다.[29] 판례도 지시가 위조되어 무효인 사안에 대하여 수령자를 상대로 하여 직접 부당이득반환청구를 인정하고 있다.[30]

그러나 지시철회나 지시취소의 경우에는 달리 판단된다. 지시를 민법상 분석해보면 지시인과 피지시인 간의 위임계약을 전제로 위임계약상의 사무

---

[27] 김형배(2003), 298면 이하.

[28] 김형석(2006. 9), 310면 이하는 특히 과다이체나 착오이체의 경우 대개 외견상 수령자는 악의라는 점에서 직접청구를 인정하는 것이 제747조 제2항의 취지에도 부합한다고 본다. 제철웅(2000. 3), 146면은 중간자의 무권대리인이 개입으로 소유권이전등기가 중간생략하여 경료된 사안을 다룬 대법원 1996. 2. 27. 선고 95다38875 판결을 지시부존재 사안으로 보고 소유권이전이 이루어지지 않았다고 본 결론을 지지한다.

[29] 김형석(2006. 9), 316면. 그 경우 출연자는 그로 인하여 종국적으로 채무를 면한 자(통상은 지시인)에 대하여 구상을 함으로써 자신의 손실을 전보해야 한다고 한다.

[30] 위조수표 발행사안: 대법원 1997. 11. 28. 선고 96다21751 판결; 약속어음 변조사안: 대법원 1992. 4. 28. 선고 92다4802 판결. 이에 대하여는 김형석(2006. 9), 312면, 313면 이하 각 참조.

처리의무를 발생시키는 단독행위(제680조, 제681조)이면서 동시에 보상관계
상의 채무를 변제하도록 하는 수권행위이고 아울러 지시인이 출연자를 使者
로 사용하여 수령자에게 행하는 변제목적 지정행위(제476조 제3항)인데, 이
들은 모두 단독행위에 해당하는 의사표시로 철회가 가능하고 아울러 하자
가 있으면 취소가 가능하다.[31]

　학설에서는 지시철회나 취소의 경우에는 일정 정도 지시인의 행위가 관
여되었고, 특히 대가관계상 유효한 채권자인 수령자에 대한 보호가 필요하
다는 점이 지적되고 있다. 따라서 이를 단순히 지시부존재로 다루기보다는
선의수령자 보호를 위해 보상관계 흠결에 준하여 처리하자는 견해가 주장
되고 있다.[32] 우선 지시철회의 경우 출연자가 지시인의 변제지정을 전달하
는 이상 수령자의 관점에서는 단축급부 구성으로 보면 어디까지나 대가관
계상의 급부라는 점과 우리 민법이 선의 유상취득자를 보호하고 있는 민법
제747조 제2항의 고려상 직접청구는 배제되어야 한다고 본다. 다만 지시취
소의 경우 개별취소 원인별로 살펴보아야 하는데, 착오나 사기·강박의 경우
실제로 취소가 인정되는 예는 매우 드물 것이고, 결국 무능력자 취소만이
문제될 것이라고 한다. 왜냐하면 착오의 경우는 대체로 동기착오 또는 중과
실이 문제될 것이고, 설령 취소되는 경우에도 선의 제3자 보호조항으로 선
의 수령자는 보호받게 될 것이기 때문이다. 그리고 지시취소에도 불구하고
지급지시에 포함된 변제지정은 피지시인이 使者로서 변제목적지정을 전달
한 이상 대리권 소멸후의 표견대리에 관한 제129조의 유추로 역시 선의 수
령자는 보호받게 될 것이라고 한다. 사기·강박의 경우에도 마찬가지로 실제
취소가 인정되는 경우는 매우 드물 것인데, 우선 대개는 의사표시의 하자는
원인관계에만 존재하고 지시 자체에는 하자가 있다고 보기 어려우며, 제3자
사기·강박의 경우라면 피지시인이 이를 알았거나 알 수 있었어야 하고, 설령

---

31) 이에 대하여는 김형석(2006. 9), 317면.
32) 김형석(2006. 9), 322면 이하 참조.

취소가 인정된다 하더라도 역시 제3자 보호조항(제110조 제3항)의 적용으로 선의 수령자는 보호받게 된다. 다만 행위무능력의 경우에는 행위 무능력자 보호라는 상위가치상 귀책사유를 불문하고 지시부존재로 보아 직접청구가 인정될 것이라고 본다.33) 이와는 달리 지시취소 시점을 기준으로 피지시인의 출연 전에 이미 취소가 된 경우라면 지시부존재로 처리해서 직접청구가 인정되지만 이미 출연이 있은 후에 취소된 경우라면 지시인의 귀책여하가 고려되어야 한다는 견해도 있다.34) 그런데 후자의 견해는, 지시의 취소는 의사표시의 하자를 전제로 한다는 점에서 그러한 하자가 없이도 가능한 철회와는 다르며 취소의 효과는 어차피 소급적 무효라는 점에서(제141조 본문), 지시에 따른 이행 시점이 취소 전이냐 후이냐에 따라 달리 취급되는 것은 이해하기 어렵다. 그리고 여기서는 피지시인의 직접청구로부터 수령자의 보호가 관건인데, 수령자 보호와는 무관하게 취소시점만을 기준으로 삼는 것도 수긍하기 어렵다.

DCFR에서도 지시는 적법하게 철회될 수 있고, 지시에 하자가 있는 경우 일정 요건이 충족되면 취소될 수 있다. 그러나 지시취소의 경우 민법에서와 마찬가지로 착오나 사기·강박을 이유로 지시를 취소하는 것은 그 요건을 충족하기가 매우 어려울 것이다. 아마도 DCFR의 규율범위 밖에 있는 행위무능력의 경우에만 예외적으로 지시취소가 인정될 것이고 그렇다면 그때에는 지시부존재와 같이 취급되어 피지시인의 직접청구를 받는다는 점에서는 앞서 소개한 학설과 같은 결론으로 된다. 예외적으로 취소요건을 충족한 경우, 민법에서는 선의 제3자 보호조항으로 수령자는 보호받게 된다. DCFR의 경우 아마도 선의유상취득 항변(6:102)의 적용이 고려될 수 있을 것이고, 결과적으로 반환청구는 지시인을 상대로 해야 한다.

---

33) 김형석(2006. 9), 317-320면. 그 결과 출연자는 지시인에 대한 부당이득법적 구상을 해야 하고 그 경우 지시인은 강요된 이득의 법리에 따른 보호(대가관계상 채무의 시효소멸, 상계적상 등)가 가능하다고 본다(322면).
34) 김형배(2003), 299면 이하.

② 채무이행의 임의성이 배제되는 경우

DCFR은 임의의 채무이행이 아닌 경우 계약법의 기본원리의 예외로서 직접청구를 인정한다. 반면 민법은 기본관계가 무능력, 사기, 강요, 협박, 불공정한 착취 등을 이유로 무효 또는 취소되는 경우에도 부당이득법에 의한 채권적 청산은 어디까지나 계약관계 당사자 간에 이루어지도록 하고, DCFR에서와 같은 계약법의 기본원리에 대한 예외는 인정되지 않는다. 물론 물권행위 유인성을 취하는 민법상 소유물반환청구를 통한 직접청구의 가능성이 고려될 수는 있다.

한편 대법원 2005. 1. 13. 선고 2004다54756 판결에서는 매매계약상 이행인수약정을 포함하는 지급지시 사안에서 기본관계가 사기로 인해 취소된 경우 그 취소의 효과가 지급받은 지시수령인에게 미치는지 여부가 문제되었다.35) 원심과 대법원은 모두 이 문제를 지시수령인이 제110조 제3항의 제3자에 해당하는지의 문제로 접근하였다. 원심은 지시수령인이 제110조 제3항의 선의의 제3자에 해당한다고 보아 직접청구를 부정하였는데, 대법원은 지급받은 지시수령인은 지시인의 채권자에 불과하고 새로운 이해관계를 맺지 않았으므로 제110조 제3항이 말하는 제3자로 볼 수 없다는 이유로 원심을 파기·환송하였다. 위 사안과 관련하여 기본관계의 취소는 이행인수 약정을 무효로 만드는 것임에는 분명하나(제137조) 지급지시의 효력에까지는 영향이 없고, 따라서 이는 보상관계의 흠결사안에 해당하므로 직접청구를 부정해야 한다고 분석하는 견해가 있다.36) 대법원이 기본관계의 하자로써 부당이득반환청구권이 발생한다고 보면서 선의 제3자 보호조항으로 이 문제

---

35) 사실관계 정리는 김형석(2006. 9), 284면 이하 참조.

36) 김형석(2006. 9), 326면 이하 참조. 한편 동, 288면에서는 이행인수인의 채무변제의 경우에도 이는 어디까지나 채무자의 이행보조자로써 행한 것이고 따라서 지시수령인인 채권자에 대한 독자적인 급부에 해당하지 않아 채권자를 상대로 부당이득반환청구를 할 수 없는데, 채권자는 채무자와의 관계에서 유효한 채권에 기한 적법한 변제를 수령하여 법률상 원인이 존재하기 때문이라고 본다.

를 해결하려고 했다면, 위의 견해는 기본관계의 하자와 지시의 효력을 분리
하여 고찰한다는 점에서 차이가 있다.[37)]

DCFR에 의할 때 위 사안은 채무자의 임의이행성이 "사기"로 인해 배제
되므로 기본관계 취소의 효과에 대해 보호받는 제3자에 속하는지와는 무관
하게 피지시인에게는 '직접'청구가 인정되었을 것이다. 물론 이때 제3자가
선의 유상취득자인 경우에는 보호된다. 기본관계의 하자로 인한 취소로써
직접청구권을 발동시키면서 선의 제3자(DCFR의 경우에는 그중에서도 유상
취득자만) 보호한다는 점에서 판례와 접근법을 같이한다. 이는 앞서 소개한
지급지시에 따른 변제법리로 이 문제를 풀어가는 견해와는 접근법에 있어
서 차이를 보인다.

이러한 접근법의 차이는 DCFR이 소유물반환청구의 유추모델을 택한 것
과 무관치 않아 보인다. 그 점에서 판례와 DCFR의 접근법이 같게 된 것도
우연의 일치가 아닌 것이다. 이는 만약 위 사안에서 이득이 물건이라고 해
보면 훨씬 명료해진다. 즉 B가 A로부터 물건을 매수하고 다시 C에게 전매
한 경우, B가 A에게 매매목적물을 C에게 인도할 것을 지시하였고 이에 따
라 인도가 이루어졌는데, A와 B 사이의 매매계약이 사기를 이유로 취소되
었다고 하자. 민법에 의하면 그 경우 물건의 소유권은 물권행위 유인성에
따라 A에게 복귀하고 A는 B를 상대로 부당이득반환청구권(제741조)과 아
울러 점유자인 C를 상대로 소유권에 기한 소유물반환청구권(제213조)도 인
정된다. 다만 이때 C가 선의자인 경우 C는 새로운 이해관계를 맺은 자이므

---

37) 김형석(2006. 9), 318면에서는 의사표시 취소로 인한 선의의 제3자 보호조항(제109
조 제2항, 제110조 제3항)이 지시수령자에게도 적용되는지에 대하여 위와 같은 선
의의 제3자 보호조항이 하자있는 의사표시에 기하여 발생한 권리외관을 믿은 자의
신뢰를 보호하는 규정이라면 지급받은 수령자는 선의의 제3자로 보아 보호가 가능
하다고 한다. 한편 수령자가 선의여서 직접청구가 배제되는 경우 출연자는 지시인
에 대한 구상이 문제되는데(과실에 의한 지급이어서 계약상 구상은 불가능하므로
부당이득에 의한 구상만 가능), 그 경우에는 강요된 이득의 법리를 통해 지시인의
보호가 가능하다고 한다.

로 제110조 제3항에 따라 A에게 대항가능하게 된다. 결국 민법과 DCFR의 차이는 제3자 보호범위에서만 있게 되는 것이다.

나. 제3자를 위한 계약 사안

(1) DCFR

(가) 계약법의 기본원리 적용: 요약자반환설

DCFR은 2:102에 나타난 계약법의 기본원리를 적용하여 제3자를 위한 계약 사안을 해결한다. DCFR도 제2편 제9장 제3절에서 '제3자를 위한 계약의 효력'이라는 제하에 규정을 두고 있는데, 이에 따라 계약의 당사자들은 계약으로 제3자에게 권리나 기타 이익을 부여할 수 있다(II.-9:301(1)).[38] 해설서는 이러한 제3자를 위한 계약의 목적이 종종 거래과정을 단축하기 위함이라고 설명한다. 만약 제3자를 위한 계약이 법적으로 불가능하다면, 계약당사자가 우선 다른 계약당사자로부터 이행을 받고 그 다음에 제3자에게 다시 이행해야 하거나 이행청구권을 제3자에게 양도해야 하기 때문이다.[39] 그러면서 제3자를 위한 계약에서의 '제3자'는 계약 당사자가 아닌데, 왜냐하면 계약당사자인 요약자와 낙약자 간에는 쌍무적 결합이 존재하지만, 낙약자와 제3자 간에는 이러한 쌍무성이 없이 제3자는 낙약자를 상대로 권리만을 취득하기 때문이라고 한다. 따라서 제3자는 계약당사자의 지위에서 쌍무성에 근거한 구제수단(가령 동시이행의 항변권, 해제권 등)을 갖지 못하고 다만 낙약자를 상대로 이행청구권과 불이행시 손해배상청구권만을 갖게 된다.[40]

---

38) "권리"와 별도로 "이익(benefit)"을 규정하고 있는 이유로 제3자에게 낙약자를 상대로 하는 적극적인 권리 부여 외에 제3자가 낙약자를 상대로 부담하는 책임의 면책이나 제한하는 것도 제3자를 위한 계약에 해당될 수 있기 때문이라고 한다. II.-9:301(3) 및 해설서, II.-9:301, 616 참조.

39) 해설서, II.-9:301, 616.

그러므로 DCFR에서는 제3자를 위한 계약 사안에서 기본관계가 무효·취소된 경우 제3자가 아니라 '계약상대방'인 요약자를 상대로 반환청구가 이루어지게 된다.[41) 그 이유로 이행청구권만을 가지는 제3자는 채권·채무관계의 당사자로 될 수 없기 때문인데, 즉 (i) 제3자의 이행청구권은 낙약자가 요약자에 대하여 가지는 대항사유를 받는다는 점에서(II.-9:302) 완전한 의미의 채무 상대방이 아니고, (ii) 제3자에 대한 반환청구를 인정하게 되면 제3자에게 이행청구권이 있는 경우가 없는 경우보다 오히려 더 불리하게 되는 결과를 초래하며, (iii) 제3자에 대한 직접청구를 인정하면 요약자가 가지는 대항사유를 우회하게 되는 결과를 초래한다는 점을 들고 있다.[42)

(나) 직접청구가 인정되는 경우

제3자를 위한 계약 사안과 관련하여 직접청구권이 인정되는 사례가 해설서상에는 언급되고 있지 않지만, 지시 사안과 마찬가지로 채무범위를 넘어서는 이행인 경우 또는 채무이행에 임의성이 없는 경우에는 직접청구가 인정될 것이다. 이러한 직접청구가 인정되는 경우 제3자가 선의이고 대가관계가 유상이라면, 선의유상취득 항변으로 보호를 받게 된다(VII.-6:102). 대가관계가 무상이라면 낙약자는 제3자를 상대로 직접 청구가 인정될 것이다(4:103(2), 6:101(3)).

---

40) 해설서, II.-9:302, 621. 낙약자는 요약자를 상대로 대항가능한 항변을 제3자를 상대로 원용할 수 있음(II.-9:302(b))은 민법과 같다.
41) 다만 계약해제의 경우 DCFR은 소급효를 인정하지 않고 따라서 부당이득법이 적용되지 않는다.
42) 해설서, VII.-2:102, 3967.

(2) 민법

(가) 기본관계 해제시 반환상대방 결정의 문제

국내에서는 기본관계가 해제된 사안이 문제되었다. 대법원은 "그 계약관계의 청산은 계약의 당사자인 낙약자와 요약자 사이에 이루어져야 하므로, 특별한 사정이 없는 한 낙약자가 이미 제3자에게 급부한 것이 있더라도 낙약자는 계약해제에 기한 원상회복 또는 부당이득을 원인으로 제3자를 상대로 그 반환을 구할 수 없다"고 판시하였다.[43] 후속 판결에서는 같은 취지에서 기본관계가 무효인 경우에도 계약관계의 청산은 계약의 당사자인 낙약자와 요약자 사이에서 이루어져야 한다고 판시하였다.[44] 해제로 인한 원상회복의 법적 성질을 부당이득반환으로 보는 통설·판례에 의하면 양자를 같게 취급하는 것은 당연한 결론이다.

이에 대하여 학설은 위 판결을 지지하는 요약자반환설과 이에 반대하는 제3자반환설이 대립한다. 먼저 요약자반환설의 논거로는 (i) 위 판결은 지시사안에서와 마찬가지로 3자간의 부당이득 관계가 적용되는 '단축된 급부'라는 법률관계가 동일하게 나타난다는 점,[45] (ii) 제3자가 낙약자에 대하여 가

---

43) 대법원 2005. 7. 22. 선고 2005다7566, 7573 판결. 나아가 "제3자를 위한 계약에서의 제3자가 계약해제시 보호되는 민법 제548조 제1항 단서의 제3자에 해당하지 않음은 물론이나, 그렇다고 당연히 계약해제로 인한 원상회복의무를 부담해야 하는 것은 아니고, 또한 낙약자는 미지급급부에 대해서는 민법 제542조에 따라 계약해제에 따른 항변으로 제3자에게 그 지급을 거절할 수 있는 것이나, 이는 이미 지급한 급부에 대해 계약해제에 따른 원상회복을 구하는 것과는 다른 경우로서 동일한 법리가 적용될 수는 없는 것"이라고 판시하고 있다.

44) 대법원 2010. 8. 19. 선고 2010다31860, 31877 판결(토지거래허가를 받지 않은 토지매매계약이 확정적으로 무효가 된 사안).

45) 이에 대하여 배호근(2006), 315면 이하에서는 위 판결은 그보다 앞선 분양대금 지급지시 사안(대법원 2003. 12. 26. 선고 2001다46730 판결)에서 대법원이 설시한 '단축된 급부이론' 또는 '제3자간 부당이득관계론'이 제3자를 위한 계약에도 적용될 수 있음을 분명히 밝혔다는 점에서 의의가 있다고 한다.

지는 청구권은 제3자의 지위를 강화하기 위한 것인데, 낙약자에게 제3자를 상대로 하는 직접청구권을 인정하게 되면 오히려 제3자에게 불리하게 작용하게 되어 불합리하다는 점,[46] (iii) 제3자가 보유한 이득은 유효한 대가관계상 채권에 기해 취득한 법률상 원인 있는 이득이기 때문이라는 점 등이 언급되고 있다.[47] (iv) 관련당사자의 이익상황에 따른 평가적 관점에 의하면 수익자의 급부 수령 전후를 구분하여, 급부 수령 전이라면 단순히 이행청구권만을 갖던 지위에 불과하나 급부 수령 후에는 동시에 자신이 요약자와의 원인관계에서 법률관계가 이행·결제되는 경우가 많고, 이로써 수익자는 해제로부터 보호되어야 할 새로운 이해관계를 갖게 된다고 평가하는 견해도 있다.[48]

요약자반환설의 논거를 검토해보면 우선 (i)에 해당하는 지시 사안과의 유사성은 독일의 다수설에서도 동원되는 논거인데,[49] 굳이 급부개념을 동원하지 않더라도 위 판결에서 스스로 밝히고 있는 바와 같이 계약의 청산은 계약관계의 당사자 간에 이루어져야 한다는 법리만으로도 반환관계의 상대방이 요약자라는 것을 충분히 도출할 수 있다는 점에서 그 자체로는 진정한 논거가 되지 못한다.[50] (ii)는 제3자를 위한 계약의 구조로부터 도출된 논거

---

46) 윤진수(2014. 9), 136면.
47) 박세민(2007), 325면. 원심판결에서도 이러한 논거가 제시된 바 있다: "대가관계에 아무런 하자가 없는 경우 제3자의 급부수령은 요약자와의 관계에 기한 **정당한 수령**으로서 부당이득반환의 대상이 되지 아니한다 …."(강조는 인용자).
48) 김상중(2012. 6), 172면. 이와 비견할 만한 경우로, 보증보험계약에서 주채무자에 해당하는 보험계약자가 계약체결 과정에서 보험자를 기망하였다는 이유로 보험자가 보증보험계약 체결의 의사표시를 취소한 경우 보증보험계약의 채권담보적 기능을 신뢰하여 새로운 이해관계를 가지게 된 선의의 피보험자는 계약취소로부터 보호받는 제3자에 속한다고 본 대법원 2002. 11. 8. 선고 2000다19281 판결을 들고 있다.
49) *MünchKomm*/Schwab (2013), § 812 Rn. 193.
50) 급부개념으로부터 출발하여 결론을 도출하는 통설에 대하여 Canaris (1973), 829는 이는 부당전제(petitio principii)이며, "이익법학에 의하여 타당하게 비판받는 개념

로 DCFR 해설서에서도 이러한 취지의 논거가 언급되고 있고,51) 일견 타당해 보인다. 그러나 이행청구권의 부여와 부당이득청산의 문제가 논리필연적으로 관련되어 있다고 볼 수 없다는 점에서 이를 결정적인 논거로 볼 수 없다. 이 점은 반대설인 제3자반환설의 입장에서는 제3자의 지위를 이행청구권의 부여와는 별개로 부당이득 반환이 문제되는 경우 직접청구를 감수해야 하는 열악한 지위로 보는 점에서도 확인된다. (iii)은 채권자로서 '자신의 것을 받았다'고 하는 이른바 suum recepit 항변에 관한 것으로, 대가관계가 유효하다면 제3자가 낙약자로부터 수령한 것은 요약자와의 대가관계에 기하여 수령한 것이므로 이에 대한 수령자의 신뢰를 보호하고자 하는 것이다. 그러나 제3자를 위한 계약은 반드시 대가관계를 전제하지 않으며, 그러한 신뢰를 보호할 것인지는 변제법상의 별도의 검토가 필요하다. 또한 이를 역적용하면 이른바 이중하자의 경우에는 제3자가 수령한 것은 보호받을 수 없으므로 직접청구가 가능하게 되는데,52) 이중하자의 경우라 하더라도 계약법의 기본원리의 예외가 인정될 이유는 없기 때문에 역시 직접적인 논거로 볼 수 없다.53) (iv)의 논거는 단순히 낙약자의 급부를 수령하고 이로써 요약자와의 법률관계가 이행·결제되는 것이 해제로부터 보호받아야 할 "새로운 법률관계"를 갖게 된다고 볼 수 있을 것인지에 대한 평가가 해제의 효과와 관

법학적인 "전도된 방법론(Inversionsmethode)"의 시대착오적인 일례"라고 신랄하게 비판한다.

51) 제3자에게 이행청구권이 있다고 하여 직접 반환책임을 부담한다고 보면 이행청구권 없는 제3자가 오히려 더 나은 지위에 있게 된다는 것이다. 해설서, VII.-2:102, 3967.

52) 박세민(2007), 325면. 따라서 대가관계상 채권의 효력에도 문제가 있다면 제3자(수익자)를 상대로 "급부"부당이득반환청구권을 행사할 수 있다고 한다.

53) 이중하자의 경우 오히려 직접청구가 인정되어야 한다는 것은 제3자반환설의 논거에 해당한다. 김병선(2012), 421면 이하는 suum recepit 논거를 제시하는 2005다7566 판결과 이중흠결 사안에서 직접청구를 부정(2010다31860)한 것의 모순을 지적한다.

련한 기존의 제548조 제1항 단서상의 해석론과 어떻게 정합될 수 있는지가 문제된다.

다른 한편 요약자반환설에 대한 제3자반환설의 비판 논거는 다음과 같다.54) (i) 제3자를 위한 계약에서 제3자의 채권은 기본관계 및 그로부터 발생하는 대항사유에 종속된다는 점(제542조)에서 기본관계 자체가 실효된 경우에도 그로부터 영향을 받지 않는 독립된 권리를 부여하는 것은 아니라는 점,55) (ii) 제3자에 대한 직접청구를 인정하게 되면 오히려 권리를 가진 제3자의 지위를 더 열악하게 만든다는 것은 제3자를 위한 계약이라는 제도에 정형적으로 내포되었으며, 따라서 수익의 의사표시로써 요약자와 낙약자 사이의 계약에 편입된 제3자는 이로써 지위가 강화됨과 동시에 약화되는 위험도 감수한 것으로 보아야 한다는 점,56) (iii) 이른바 목적적 급부관계는 낙약자와 요약자 사이가 아니라 오히려 낙약자와 제3자 사이에서 인정된다고 보는 점이 더 설득력이 있다는 점,57) (iv) 제3자에 대한 직접청구권을 인정하는 경우 낙약자가 부담해야 할 요약자의 무자력의 위험을 제3자에게 전가한다는 비판은, 제3자가 본래 자기가 부담하여야 할 위험을 그대로 부담할 뿐이며 제3자에게 직접청구를 인정한다고 하더라도 민법 제542조의 취지상 요약자와 낙약자 간의 항변사유 등이 인정된다고 해석해야 한다는 점, (v) 제548조 제1항 단서의 제3자에 해당하지 않는 한, 제3자를 위한 계약에서의 제3자도 원상회복의무를 부담해야 한다는 점,58) (vi) 물권행위 유인주의를

---

54) 대표적으로 정태윤(2007), 691면 이하; 김병선(2012), 418면 이하.
55) 이은영(2005), 205면은 제541조를 근거로 제3자가 수익의 의사표시 이후에는 요약자 단독으로 계약을 해제할 수 없다는 입장에서 제3자의 동의 있는 해제의 경우에는 제3자가 반환의무를 부담한다는 보는데, 그러나 이 견해는 판례가 낙약자의 채무불이행의 경우 요약자 단독의 해제를 인정하고 있으며(대법원 1970. 2. 24. 선고 69다1410 판결), 낙약자가 기본계약을 해제한 경우에 대한 설명이 되지 않는다는 점에서 채택될 수 없다.
56) 홍성주(2012. 2), 657면 이하.
57) 김병선(2012), 420면.

취하는 민법에서는 급부의 목적물이 유체물인 경우 소유자인 낙약자는 직접 제3자를 상대로 소유물반환청구 내지 침해부당이득반환청구를 행사할 수 있다는 점을 들고 있다.

생각건대 제3자반환설에서 제시하는 (i)과 (ii)는 제3자를 위한 계약에서 제3자의 지위를 어떻게 볼 것이냐에 관한 것으로 제3자가 기본계약에서의 계약에 기한 항변을 받는다는 것(제542조)만으로 계약청산의 당사자가 된다는 결론이 자동적으로 도출될 수는 없다. 제542조는 위 판결에서 적절히 지적한 바와 같이 아직 제3자에게 이행하기 전에 계약이 해제된 경우 제3자에게 이행을 거절할 수 있다는 취지이고 이미 이행된 것에 대한 계약해제로 인한 원상회복을 구하는 상황을 염두에 둔 것이 아니기 때문이다.59) 아울러 (ii)에서와 같이 제3자가 반환청구를 받는 것이 제3자를 위한 계약에 내포되었다는 논거는 결론을 선점한 논변이고 제3자에 대한 반환청구를 정당화하는 데 기여하지 못한다. (iii)은 급부개념에 기반한 해결책은 두 개의 급부가 존재하는 제3자를 위한 계약에서는 효용을 발휘하지 못한다는 점에 대한 지적으로 급부개념을 전제한 해결법에 대한 비판이 될 수는 있겠으나, 계약법의 기본원리를 적용하여 계약관계 당사자 사이에서 청산이 이루어져야 한다는 것을 깨는 논거는 될 수 없다. 그리고 (iv)에서와 같이 요약자의 무자력의 위험은 어차피 제3자가 부담한다는 식의 논거는 요약자와 제3자 간의 대가관계가 전제된 경우에만 타당한데, 대가관계의 존재가 제3자를 위한 계약의 성립에 있어서 반드시 요구되는 것도 아닐 뿐더러, 제3자를 위한 계약에서 대가관계는 기본관계에 영향이 없다는 것이 원칙이라는 점에서60) 대가

---

58) 정태윤(2007), 695면은 차라리 판례가 제3자의 지위를 민법 제548조 제1항 단서의 제3자에 해당한다고 이론구성을 취하는 것이 우리 민법체계에 보다 부합하는 접근 방식이라고 한다.

59) 제철웅(2012. 8), 49면은 이익상황이 단축급부 상황과 유사하다면 제542조의 법문에 구속되는 것은 "시대적합인 해석"이라고 할 수 없다고 평가한다.

60) 대법원 2003. 12. 11. 선고 2003다49771 판결.

관계까지 고려하여 계약관계상의 위험을 논하는 것은 타당하지 못하다. 또한 제548조 제1항 단서의 제3자에 해당하지 않으므로 직접 반환의무를 부담한다는 (v)의 논거도 타당하지 않은데, 제548조 제1항은 해제의 소급효와 관련하여 새로운 이해관계를 맺은 제3자를 보호하기 위한 조항이지 계약청산의 상대방을 정하는 것과는 무관한 조항이기 때문이다. 물론 민법이 유인주의를 택하고 있다는 점에서 원상회복의 객체가 물건인 경우 제548조 제1항 단서상 보호받는 제3자가 아니라면 원 소유자는 직접 소유물반환청구가 가능하다. (vi)의 비판논거가 이러한 점을 지적하는 것이다.61) 그러나 이를 근거로 계약관계 청산의 상대방이 제3자라고 볼 수는 없는데, 물권행위 유인성을 취하는 민법상 원상회복 수단으로 소유물반환청구권은 별개의 구제수단이라는 점에서 채권적 부당이득반환청구의 상대방이 누구인지를 정하는 국면에서는 원용될 수 있는 논거가 아니다.62) 유인주의하에서 물권법적 해결책이 우선되어야 하고 적어도 조화를 도모해야 하는 것은 자명하나,63) 계약관계 청산이 문제되는 한, 반환의무자가 누구인지에 대한 결정이 제3자 보호의 문제보다 논리적으로 선행하여 판단되어야 한다. 무엇보다 문제된 사안에서와 같이 금전이 지급된 경우라면 물권적 직접적 효과설을 전제로 하는 제548조 제1항의 적용 여지는 줄어들게 된다.

정리하면 제3자를 위한 계약에서 제3자는 이행청구권을 가지지만 계약의 당사자는 어디까지나 요약자와 낙약자이고, 그러므로 요약자반환설이 타당하다. 제3자는 어디까지나 계약당사자 간의 제3자약관에 의하여 권리를 부

---

61) 정태윤(2007), 692면. 특히 689면에서는 독일법상 무인주의와의 차이를 부각시킨다.

62) 가령 2자간 부당이득사안에서도 유인주의 하에서 부당이득반환청구권과 물권적 청구권(소유물반환청구권)간에 관계가 문제되는데(이른바 "점유부당이득"), 급부부당이득에 관한 한 양자의 경합을 인정할 실익이 존재한다. 경합인정의 실익으로는 민법주해/양창수(2005), 547면 이하, 552면 참조.

63) 이러한 관점에서 김병선(2012), 427면은 "관념적으로는 분명 물권적청구권과 부당이득반환청구권이 구별된다"고 하면서도, 요약자반환설에서 이러한 결과를 "부당이득법적으로" 설명하는 것은 용이하지 않을 것으로 본다.

여받은 자이고, 이러한 제3자가 수익의 의사표시를 통해 권리가 확정된 이후에도(제539조 제2항, 제541조) 기본계약으로부터 발생하는 취소권이나 해제권은 제3자가 아니라 요약자가 취득한다는 점에서 분명하고, 따라서 계약법의 기본원리에 따라 계약관계의 청산은 계약당사자 사이에서 이루어져야 한다. 비록 제3자는 낙약자로부터 이행받기 전에는 기본관계에 기한 항변을 받는 지위에 있기는 하지만(제542조), 그렇다고 하여 반환관계의 당사자가 될 수는 없는데, 이를 인정하게 되면 제3자가 대가관계상 요약자를 상대로 가지는 항변을 침해하고, 결국 낙약자에게 자신이 계약상대방으로 선택한 요약자의 무자력의 위험을 우회하는 이익을 주는 결과로 되기 때문이다. 즉, 계약법의 기본원리에 따르면 요약자반환설이 지지되어야 한다.

(나) 직접청구가 인정되는 경우

DCFR에서 직접청구가 인정되는 경우는 앞서 언급한 바와 같이 채무범위 밖에서의 이행이나 임의이행성이 배제되는 경우이다. 원칙적으로 두 가지 경우가 아닌 한 요약자를 상대로 반환청구를 해야 한다. 예외적으로 역시 대가관계가 무상이라면 이익전용소권의 예외로서 직접 청구가 인정될 수 있다(4:103(2), 6:101(3)).

민법상 제3자를 위한 계약의 대표적인 사안으로 타인을 위한 보험계약을 들 수 있는데, 보험자가 보험금을 잘못 지급된 사례에서 판례는 보험자의 직접청구권을 인정하고 있다. 사안들을 분석해 보면 보험자가 보험 적용대상이 아니거나 면책사유에 해당함에도 보험자가 피해자에게 직접 보험금을 지급하거나[64] 무효인 보험계약에 기하여 보험금을 지급한 경우가 있다.[65]

---

64) 대법원 1995. 3. 3. 선고 93다36332 판결; 대법원 2007. 12. 28. 선고 2007다54351 판결; 대법원 2000. 12. 8. 선고 99다37856 판결.

65) 대법원 1995. 9. 29. 선고 94다4912 판결(타인 명의를 도용하여 체결한 보험계약에 기해 보험금을 지급한 사안); 대법원 1995. 10. 13. 선고 94다55385 판결(타인 명의를 모용하여 체결한 보증보험계약에 기해 보험금을 지급한 사안).

이에 대하여는 상법 제724조 제2항에 의한 피해자의 직접청구권의 법적 성질을 보험자가 피보험자의 피해자에 대한 손해배상채무를 병존적 인수한 것으로 보고 보험자가 '자신의' 손해배상채무를 변제할 의사로 한 것이라고도 볼 수 있으나,[66] 다른 한편으로 DCFR에서와 같이 계약법의 기본원리의 예외로서 채무범위 밖에서의 이행에 해당하여 직접청구가 인정되는 것으로 볼 수도 있다.[67]

한편 비교법적으로 독일의 경우 대가관계가 무상인 경우 직접청구권은 제822조에 근거하는데, 다만 그것이 1차적 청구권인지 아니면 보충적 청구권인지에 관하여는 학설상 견해가 대립한다.[68] 우리 학설 중에서도 제3자를 위한 계약의 목적이 제3자에 대한 경제적 지원이나 부양과 같은 급여(Versorgung)를 목적으로 하는 경우와 제3자를 위한 계약상 제3자가 낙약자가 추구하는 급부목적과 관련을 가진 제3자라고 볼 수 없는 경우에는 직접청구가 인정된다는 견해가 있다.[69] 후자는 채무범위 밖에서의 이행이라는

---

66) 대법원 2000. 12. 8. 선고 99다37856 판결. 참고로 독일판례는 보험 사안의 경우 지시 사안과는 달리 보험자의 자기 변제지정이 있었던 것으로 보아 직접청구를 인정하고 있다(BGHZ 113, 62, 68ff). 판례에 찬성하는 견해로 Staudinger/Lorenz (2007), § 812, Rn. 44f, S. 134f. 반대설로 Larenz/Canaris (1994), § 70 V 3a, S. 243은 이러한 직접청구권은 수령자의 보험계약자에 대한 대항사유(가령 악의의 비채변제)를 차단시키고 보험계약자의 무자력의 위험을 부당하게 보험자에서 오상채권자로 이전시킨다고 한다. 그 외에도 보험자가 책임요건의 존재에 관한 문제를 자신을 건너뛰고 보험수령자를 상대함으로써 보험계약자의 정당한 이익이 침해된다고 한다.

67) 제철웅(2012. 8), 50면에 의하면 "중간자에 대해 채무가 있다고 오신하여 중간자의 지시 없이 직접 제3자에게 금원을 지급한 경우"와 다를 바 없다고 한다.

68) 제822조에 기한 청구권이 일차적 청구권이라는 견해로는 Staudinger/Lorenz (2007), Rn. 38, S. 123; 보충적 청구권이므로 요약자가 가중된 책임을 부담하고 따라서 자력있는 경우에는 배제된다는 견해로는 Larenz/Canaris (1994), § 70 V 2b, S. 241.

69) 김형배(2003), 332면. 후자에 해당하는 사안으로 독일의 부동산 중개료(Makler-Courtage) 사안(BGHZ 58, 184)을 들고 있다.

점에서 DCFR과 같은 입장이지만, 전자의 경우 대체로 대가관계가 무상인 경우가 많다. 따라서 이러한 경우에는 제3자에 대한 보호의 필요성이 떨어지는 것은 사실이나, 민법 제747조 제2항이 독일법 제822조와 달리 무상요건 뿐만 아니라 악의요건까지 요구한다는 점에서 제3자가 선의 무상전득자의 경우에 무상성만을 근거로 직접청구를 근거지우기는 어려워 보인다.

다. 채권양도 사안

채권양도 사안에서도 양도인과 채무자 사이의 법률관계가 실효되어 부당이득반환이 문제되는 경우 '누구를' 상대로 '무엇을' 반환청구해야 하는지의 어려운 문제가 발생한다. 제3자를 위한 계약사안에서는 낙약자와 요약자 간의 제3자약관에도 불구하고 요약자는 계약당사자로서의 지위뿐만 아니라 제3자에게 이행될 급부에 대하여 여전히 채권자로서의 지위도 가지고 있다. 그러한 이유에서 낙약자의 이행이 직접 제3자에게 이루어졌다고 하더라도 요약자와의 관계에서 급부이행을 받은 것으로, 즉 3각관계 내에서 단축급부적으로 구성하는 데 별 무리가 없다. 그런데 채권양도 사안의 경우 양도인과 양수인 간의 채권양도를 통해 양수인이 새로운 채권자로 되는데 (III.-5:113),[70) 이와 같이 채권자 변경이 이루어지면 원래 계약관계의 당사자인 양도인은 더 이상 채무자를 상대로 급부를 청구할 수 없고, 이제는 양수인만이 채권자로서 이를 청구할 수 있게 된다. 따라서 채권양도의 경우에는 단축급부 구성에 어려움이 있고, 그러므로 3각관계의 틀 안에서의 분석이 가능한지가 문제된다.

---

70) 다만 DCFR은 담보목적 채권양도의 경우 인적재산 담보에 관한 제9편 규정이 우선 적용된다(III.-5:103(1)). DCFR에서의 채권담보에 관하여는 정소민(2012. 12), 92면 이하.

(1) DCFR

(가) 계약법의 기본원리 적용: 양도인반환설

DCFR은 채권양도 사안에서도 기본계약이 무효·취소된 경우 계약관계 내에서 청산이 이루어지도록 한다. 즉 양수인이 채무자로부터 받은 이득은 그것이 임의의 채무이행인 한에서 VII.-2:102에 의해 정당화되어 양수인은 직접 청구를 받지 않게 된다. 따라서 기본계약의 무효·취소로 인한 청산은 양수인이 아니라 '계약상대방'인 양도인과의 사이에 이루어지게 된다.[71] 결국 DCFR에서 일관되게 기준으로 삼는 것은 계약관계, 즉 채권·채무관계의 당사자가 누구인지이다.

채권양도는 양도되는 채권의 귀속주체 변경만 일어날 뿐이고 양도인과 채무자 간에 계약관계는 여전히 유지되므로 채무자는 양도인을 상대로 반대이행을 청구해야 한다. 여기서 DCFR이 주목하는 지점은 양수인은 채무자를 상대로 일방적으로 '채권'만을 취득하고 채무는 부담하지 않는다는 점이다. 따라서 해설서에서는 채무자가 선이행하기로 하는 채권이 양도되고 이에 따라 채무자가 양수인에게 선이행하였는데 양도인이 반대이행을 하지 않자 양수인을 상대로 반환청구를 하는 경우, 양수인은 반환의무를 부담하지 않고 따라서 채무자는 자신의 계약당사자인 양도인을 상대로 반환청구를 해야 한다고 설명한다.[72] 이와 같이 채권양도에서의 양수인은 채무자와의 관계에서 일방적 권리를 취득하고 의무를 부담하지는 않는다는 점에서

---

71) 해설서, VII.-2:102, 3967, 3968, 사례 10(매매대금채권을 양도하고 매도인이 양수인에게 매매대금을 지급한 후에 매매계약이 취소된 사안). 기타 채권양도 사안들로는 채권양도 후 통지 전 양도인에게 지급한 사례(VII.-2:102, 3968, 사례 12, VII.-4:103, 4071, 사례 1)와 제1양도 후 통지 전 이중양도한 후 제2양도를 통지하고 채무자가 제2양수인에게 지급한 사례가 있다. 독일도 양도인반환설이 다수설이다. 독일의 학설에 대한 소개로는 정태윤(2007. 12), 213면 이하 참조.

72) 해설서, III.-5:113, 1050.

제3자를 위한 계약에서의 제3자의 지위와 유사한 측면이 있다고 볼 수 있다.[73] 다만 계약상 지위 이전을 통해 계약당사자가 교체되는 경우라면 반환상대방은 변경된 계약당사자로 될 것이다.[74]

한편 양도인반환설을 택할 때, 반환대상이 무엇인지와 관련하여 DCFR의 명확한 입장은 제시되어 있지 않다. 만약 채권양도가 거래연쇄의 방편으로 이루어진 경우라면(변제를 위한 양도) 재산이동의 직접성을 요구하지 않는 DCFR에 의하면,[75] 양수인의 입장에서는 새로운 채권자로서 채무이행을 받았으나 채무자의 입장에서는 양도인과의 계약관계상 채무를 이행한 것과 달리 볼 이유가 없다. 따라서 양도인의 이득은 채무자가 양수인에게 이행한 것으로 볼 수 있는데, 이는 원래 계약관계내에서 채권자였던 양도인이 수령하기로 했던 것이기 때문이다.[76]

---

73) 제3자를 위한 계약 사안과 채권양도 사안 간에 관련성은 해설서, II.-9:301, 616.

74) DCFR은 계약상 지위 이전(Transfer of contractual position)에 관하여는 별도로 규정하고 있고(III.-5:302), 채권양도를 통해 양수인이 채권취득뿐만 아니라 채무부담까지 하는 경우에는 계약상 지위 이전에 관한 규정에 따르도록, 즉 그 계약관계의 상대방인 채무자의 동의가 요구된다(II.-5:302(1))는 점에서 이를 요구하지 않는 채권양도와 대비된다(III.-5:104(4)).

75) 해설서, VII.-1:101, 3847. 한편 DCFR에서는 거래연쇄 사안에서의 인도가 직접 이루어진 경우 소유권의 통과취득(passing of ownership)을 인정한다(VIII.-2:303). 이 조문에 대하여는 김진우(2013. 12), 288면 이하 참조.

76) 채권양도 사안에서 초과이행이 문제된 해설서, VII.-6:102, 4163f. 사례 5 참조. 채권양도시 양도인이 양수인에게 채권의 가액을 초과하여 부실표시하였고 채무자가 부실표시된 액수를 이행한 경우에도 양수인이 원 채권보다 초과하여 받은 이익은 정당화되지 않는다고 한다. 이 경우 양수인은 선의유상취득 항변(6:102)을 원용할 수도 없는데, 양수인이 받은 이득은 양도인의 채무자에 대한 채권을 대가로 한 것이고 손실자인 채무자의 이행을 대가로 한 것이 아니기 때문이라고 한다. 결국 양수인에게 정당화되는 이득은 양수채권액만큼인데, 이로부터 양도인과 양수인 간의 채무소멸액이 얼마인지는 부당이득법상 받은 이익을 정함에 있어서 영향이 없음을 알 수 있다.

(나) 직접청구가 인정되는 경우

채무범위 밖에서의 이행이나 임의이행성이 배제되는 경우에는 직접청구가 인정된다. 우선 채권양도 자체가 이루어지지 않은 경우에는 양수인을 상대로 직접청구가 인정된다. 그 경우 채무자의 이행은 채무범위 밖에 있기 때문이다. 양수인에 대한 지급이 원래 채권보다 초과지급된 경우라면 초과부분에 한하여 직접청구가 인정된다.[77] 아울러 양수인에 대한 채무이행이 임의성이 배제되는 경우 직접청구가 인정된다. 다만 양수인이 선의 유상취득자라면 6:102의 항변 원용이 가능하다.

(2) 민법

(가) 기본관계 해제시 반환상대방 결정의 문제

채권양도가 개입된 부당이득 사안 중 판례상 문제가 된 것은 분양대금채권 중 미수금채권이 양도되어 채무자가 양수인에게 이행하고 나서 기본관계인 분양계약이 해제되자 채무자가 양수인을 상대로 부당이득반환청구를 한 사안이었다. 대법원은 양수인에 대한 부당이득반환청구를 인정하였는데, 그 논거로 양수인은 제548조 제1항 단서의 보호받는 제3자의 범위에 포함되지 않는다는 것을 들었다.[78]

이에 대하여 학설은 판례를 지지하는 양수인반환설과 판례의 결론에 반대하는 양도인반환설이 팽팽하게 대립하고 있다. 우선 양수인반환설의 진영에서는 다음과 같은 논거들이 제시되고 있다. 먼저 해제의 소급효를 언급하며 기본관계의 해제로 인해 채무의 변제로서 수령한 급부가 이제 법률상 원인 없게 되므로 양수인은 채권 자체를 취득할 수 없어서 채무자는 양수인을 상대로 직접 반환청구를 할 수 있다는 논거가 제시된다.[79] 한편 채권양도의

---

77) 해설서, VII.-6:102, 4163f. 사례 5.
78) 대법원 2003. 1. 24. 선고 2000다22850 판결.

경우 양도인과 채무자 간에는 더 이상 이행의 문제가 남지 않으므로 양도인에게 반환대상인 '이득'이 과연 존재하는지가 문제되고, 그리고 쌍무계약상 채권양수인은 양도인과 채무자 사이의 계약이 해제될 수도 있다는 점을 충분히 예상할 수 있었으므로 해제 전에 변제받았다고 하더라도 양수인에 대한 반환을 인정해야 한다고 보는 견해도 있다.[80] 한편 판례가 계약해제의 효과가 채권양도보다 우선한다는 결론을 도출하기 위하여 제548조 제1항 단서의 제3자 보호범위에 관한 법리를 원용한 것은 특히 사안과 같이 금전채권이 문제된 경우 적절한 판단기준이 되지 못한다는 점을 지적하면서 이 문제는 채무자 보호를 규정한 제451조 제2항의 해석론에 따라 이행을 받은 당사자 사이에 개별적으로 처리하는 것이 간명한 해결책이라는 견해도 있다.[81] 마지막으로 계약해제법이나 채권양도법만으로는 어느 쪽의 결론도 지지해 주지 않고, 그보다는 유인성을 취하는 물권법적 평가를 고려해 볼 때, 양도인반환설에 의하면 양도인에 대한 부당이득반환청구와 아울러 양수인에 대한 물권적 청구권까지 인정되어 채무자에게 근거없는 선택권을 부여하게 될 것이므로, 양수인에 대한 원물반환을 지향하도록 구성해야 한다는 논거도 제시된다.[82]

이에 대하여 양도인반환설 진영에서는 계약관계의 청산은 당사자가 예정한 무자력위험의 부담을 고려하여 계약당사자 간에 이루어져야 한다는 점, 그렇지 않고 양수인을 상대로 반환청구를 해야 한다면 채무자는 채권양도 전보다 불리한 지위에 놓이므로 타당하지 않다는 점, 다른 한편으로 양수인

---

79) 양창수(2003), 371면 이하. 박세민(2007), 299면도 결론에 있어서 같은 취지로 이해된다.

80) 윤진수(2014. 9), 138면. 이동진(2015. 2), 286면도 "해제가능성은 그 채권의 일부로서 양수인이 채권과 함께 인수할 수밖에 없다"고 본다.

81) 김동훈(2003. 6), 290면, 306면. 그에 따르면 양도 전에 채권자에게 지급한 금원은 채권자에게, 양도 후에 양수인에게 지급한 금원은 양수인을 상대로 반환청구해야 한다는 입장이다.

82) 이동진(2015. 2), 290면 이하.

을 반환상대방으로 하는 것은 양도인이 가지는 대항사유를 우회한다는 점에
서 채무자를 근거 없이 우대한다는 등의 계약법의 기본원리에 기초한 논거
가 공통적으로 제시되고 있다.[83] 그 밖에 채권양도의 경우에도 이익상황이
단축급부라는 점에서 지시 사안과 달리 볼 근거가 없다는 점,[84] 양수채권의
원인이 되는 계약관계에 개입할 여지가 없었고 계약의 해제에 아무런 책임
이 없는 양수인을 상대로 반환청구를 인정하는 것은 양수인의 입장에서는
매우 부당한 일이 될 것이라는 점을 지적하는 견해도 있다.[85] 한편 양수인반
환설이 반환방법과 대상에 있어서 더 간명하다는 논거에 대하여는 채무자가
지급한 금전은 양수인의 일반재산에 편입될 뿐더러 채권이 여러 차례에 걸
쳐 양도된 경우 각각의 양수인을 상대로 해야 하는데 이는 용이하지도 않고
법률관계를 지나치게 복잡하게 만든다는 점도 언급된다.[86]

우선 위 2000다22850 판결이 들고 있는 채권양수인은 제548조 제1항 단
서상의 보호받는 "제3자"에 해당하지 않는다는 논거를 검토해 본다. 양수인
이 채무자로부터 이행받기 전에 양수채권의 원인관계가 해제된 경우 양수
인이 채권양수를 이유로 채무자에게 이행을 청구할 수 없다는 데에는 이론
의 여지가 없다. 그러나 과연 제548조 제1항 단서가 양수인이 채무자로부터
이행을 받고 나서 계약해제로 인한 원상회복이 문제되는 경우 양수인이 원
상회복의 당사자로 된다는 것을 뒷받침하는 논거인지에 대하여는 별도의
검토가 요구된다.

위 판결에서는 제548조 제1항 단서의 일반론에 좇아 "민법 제548조 제1
항 단서에서 규정하고 있는 제3자란 일반적으로 계약이 해제되는 경우 그
해제된 계약으로부터 생긴 법률효과를 기초로 하여 해제 전에 새로운 이해

---

83) 배성호(2012. 12), 284면; 최수정(2005), 319면 이하, 324면 이하; 김창희(2011),
     249면 이하; 전재우, 법률신문 제3686호(2008. 10. 2.자), 14면.
84) 제철웅(2000. 3), 143면; 배성호(2012. 12), 267면 이하.
85) 김창희(2011), 270면.
86) 최수정(2005), 321면.

관계를 가졌을 뿐 아니라 등기·인도 등으로 완전한 권리를 취득한 자를 말하고, 계약상의 채권을 양수한 자는 여기서 말하는 제3자에 해당하지 않는다고 할 것"을 근거로 들고 있지만, 이에 대하여는 설득력이 없다는 지적이 있다.87) 무엇보다 이 판결의 결론은 계약관계의 청산은 계약당사자 간에 이루어져야 한다고 하는 계약법의 기본원리에 배치된다. 그 점에서 채권양수인은 제548조 제1항 단서상 보호받는 제3자에 해당하지 않는다고 보는 통설·판례를 비판하면서 채권양수인이 이행을 받고 나서 계약이 해제된 경우라면 제548조 제1항 단서상의 제3자에 해당한다고 보아 양수인의 반환의무를 부정하는 견해도 주장된다.88) 이 견해에 대하여는 채권양수인이 계약해제의 위험을 안았다는 사정은 이행 후라고 해서 달라지지 않는다는 비판이 제기되는데,89) 채무의 이행 전과 이행 후는 관련 당사자들 간의 이해관계가 달라지고 그 점에서 이행받은 후라면 양수인의 지위는 보호받을 가치가 있다고도 볼 여지도 있다.90)

생각건대 계약이 이미 이행된 상황에서 해제로 인해 원상회복이 문제되는 한, 이 문제는 채권양도에서의 채무자 보호법리 또는 해제법상의 제3자 보호문제가 아닌 부당이득의 법리로 해결해야 하는데,91) 이는 다름 아닌 계약관계의 청산은 계약당사자 간에 이루어져야 한다는 계약법의 기본원리가

---

87) 윤진수, 민법기본판례(2015), 395면. 그 대신 양수인으로서는 양수 당시 계약이 해제될 수 있다는 사실을 충분히 예상할 수 있었으므로 양수인에게 계약해제로 인한 위험을 부담시킨다고 하여 불합리할 것은 아니라는 이유를 제시한다.
88) 정태윤(2009), 357면에서는 이러한 방법은 계약이 실효되면 그 청산문제는 계약당사자 간에 이루어져야 한다는 계약법의 기본원리와도 부합하고 제3자를 위한 계약 사안에서 요약자반환설을 취한 2005다7566 판결과의 모순을 해결할 수 있다고 한다.
89) 윤진수(2014. 9), 139면.
90) 김상중(2012. 6), 172면 이하도 제3자를 위한 계약 사안에 대한 판결(2005다7566)에 대한 것이기는 하나 관련 당사자의 이익상황을 고려한 평가적 관점에 따르면 이행 전과 이행 후의 상황에 대한 제3자의 보호가치는 다르다는 점을 지적한다.
91) 이 점에 대한 지적으로 박세민(2007), 301면.

적용되어야 함을 의미한다. 이러한 계약법의 기본원리는 계약자유의 이면으로 자신이 계약의 상대방으로 택한 자를 상대로 이행 또는 불이행의 책임을 물어야 하고, 궁극적으로는 자신이 선택한 자의 무자력의 위험을 부담함을 의미한다는 점에서 타당하다. 그리고 이와 같이 계약체결과정에서의 계약상대방 선택이 가지는 무자력의 인수라는 의미는 계약관계가 실효되었다 하더라도 달리 평가될 이유가 없다. 그러한 점에서 채무자 보호를 위한 제451조 제2항의 해석론에 의지하거나 위의 대법원 판결과 같이 채권양수인이 제548조 제1항 단서의 보호받는 제3자에 해당하는지 여부로 접근하는 방식은 문제가 있어 보인다. 제451조 제2항은 채무자가 이행하기 전의 상황에서 이행거절권능만 부여한 것으로 해석되는 견해가 유력하고,[92] 제548조 제1항 단서는 물권적·직접적 효과설에 의한 해제의 소급효를 제한하는 의미를 가지고 있지 그것이 계약관계 해제로 인한 원상회복의 당사자를 정하는 기능까지 가지고 있다고 보기는 어렵기 때문이다. 따라서 해제로 인해 이행된 것의 원상회복이 문제되는 한, 우선 제548조 제1항에 따라 원상회복의 상대방이 누구인지가 결정되어야 하고 제3자의 보호문제는 그 다음에야 비로소 문제될 것이다.[93] 더욱이 금전채권 양도가 문제된 2000다22850 판결 사안은 제548조 제1항 본문이 적용될 사안이었고 제548조 제1항 단서의 적용이 문제될 여지는 없었던 것으로 보인다.

한편 반환의 대상이 물건인 경우 물권행위 유인성 하에서 소유물반환청구권과의 관계가 문제된다. 이 경우 채권양수인은 제548조 제1항 단서상의

---

92) 제철웅(2000. 3), 143면. 김창희(2011), 263면도 제3자를 위한 계약 사안에서 제542조의 적용범위의 문제와 평행하게 보면서 2005다7566 판결이 지급 거절만 가능한 소극적 항변권으로 본 점을 언급한다.

93) 채권양도 사안 이후에 나온 제3자를 위한 계약 사안에 대한 판결인 대법원 2005. 7. 22. 선고 2005다7566, 7573 판결에서는 타당하게도 이 문제를 구분하여 판시하였다: "제3자를 위한 계약에서의 제3자가 계약해제시 보호되는 민법 제548조 제1항 단서의 제3자에 해당하지 않음은 물론이나, 그렇다고 당연히 계약해제로 인한 원상회복의무를 부담해야 하는 것은 아니[다]".

제3자에 해당하지 않는다는 판례에 의한다면 반환의무자로 되기 때문이다.[94] 이에 대하여 양도인반환설에서는 양수인도 제548조 제1항 단서의 보호받는 제3자에 포함시켜야 한다고 하거나,[95] 계약청산에 있어서는 부당이득반환청구권이 물권적 청구권에 앞서 적용된다고 보는 견해가 주장된다.[96] 그러나 이러한 견해에 따르면 원물반환청구의 가능성이 차단되는데 이를 정당화해 줄 수 있는 근거가 없다는 비판이 양수인반환설 측에서 유력하게 제기되고 있다.[97]

생각건대 민법상 이득의 객체가 물건인 경우라면 당연히 물권법적 고려가 우선되어야 한다. 민법상 통설·판례가 물권행위 유인성을 취하고 있고 해제의 효과와 관련해서도 물권적·직접적 효과설을 취하고 있으므로, 반환대상이 물건인 경우 기본계약의 해제시 물권의 소급적 복귀에 따른 물권적 반환청구권이 인정된다. 이는 민법이 원물반환에 관한 권리자의 이익을 그만큼 더 두텁게 보호하고자 하는 것으로 단순히 금전 또는 금전가치에 대한 권리만을 가지는 자와의 차별을 정당화한다. 따라서 원 소유자는 계약상대방을 상대로 하는 부당이득반환청구권 외에 원물반환을 위한 물권적 반환

---

94) 이는 통설과 판례가 원물반환을 위한 부당이득반환청구권과 물권행위 유인성에 따른 소유물반환청구권과의 관계에 대하여 후자를 전자의 특칙으로 보면서도 후자의 법적 성질을 "부당이득반환청구권"으로 보는 것과도 무관치 않아 보이는데, 후술하듯이 양자는 분리해서 보아야 한다.

95) 정태윤(2009), 358면 이하는 유인주의를 전제로 하는 한 금전채권의 경우에도 제548조 제1항 단서가 적용되어야 한다고 본다. 김창희(2011), 260면 이하는 이 견해를 비판하면서도, 결론에 있어서는 금전채권의 경우 이행받은 양수인은 등기·인도 등 완전한 권리를 취득한 것에 준하여 보호받아야 한다는 견해를 취한다(270면).

96) 최상호(1996. 4), 89면 이하; 최수정(2005), 321면 이하에서는 계약청산의 경우 이미 이행된 급부의 반환은 소유권의 논리가 아닌 계약법의 보충규범으로서 부당이득법에 따라야 한다고 보고, 따라서 부당이득법에 관한 규율이 물건지배질서를 유지하고 규율하기 위한 일반적인 물권적 청구권에 앞서 적용된다는 입장이다. 동(2002), 141면 이하도 참조.

97) 이동진(2015. 2), 295면.

청구권도 가지게 된다. 이에 대하여 채무자에게 "근거 없는 선택권"을 부여하게 된다는 비판이 제기되는데,[98] 그러나 이는 민법이 물권·채권 준별론을 취하고, 채권적 부당이득반환청구권과 물권적 반환청구권의 경합을 인정함으로 인한 결과로서 "근거 없는 선택권"을 부여한 것이라 말할 수 없다. 그 점에서 반환대상이 물건인 경우와 금전 또는 금전채권인 경우는 달리 평가될 필요가 있다.[99]

채권양도 사안에서 양도인반환설과 양수인반환설이 첨예하게 다투어지는 지점 중 하나는 채권양도 사안을 지시 사안에서와 같이 단축급부로 구성할 수 있는지에 있다. 양도인반환설에서는 법적 구성은 다르지만 이익상황에 있어서 같으므로 양자는 동일하게 처리되어야 한다고 보지만,[100] 양수인반환설에서는 그렇지 않으므로 달리 처리되어야 한다고 본다.[101] 생각건대 채

---

98) 이동진(2015. 2), 293면.

99) 이동진(2015. 2), 292면은 채권양도 사안에서 반환대상이 부동산이나 동산과 같은 현물인 경우에서부터 출발하여 채무자가 양수인에 대하여 물권적 청구권을 행사할 수 있는 한 양수인에 대한 원물반환을 지향하도록 부당이득반환청구권을 구성해야 한다고 하고, 295면에서 금전 내지 금전가치인 경우에도 물권법적 평가가 고려되어야 한다는 점은 변함이 없다는 견해이다. 물론 후자의 경우 양수인 반환설의 근거가 약해진다는 점을 자인하면서도, 이때에도 급여와 금전소유권 내지 금전가치 이동이 채무자로부터 양수인에게 직접 행해진다는 점에서는 차이가 없다고 한다.

100) 제철웅(2000. 3), 143면; 배성호(2012. 12), 267면 이하. 독일법상 동일한 취지의 지적으로 Larenz/Canaris (1994), § 70 V 1a. 다만 급부개념을 통한 해결("sacrificium intellectus")에는 반대한다.

101) 이동진(2015. 2), 294면은 급여목적물의 권리취득에 대한 중간자의 통제 유무에서의 차이를 지적한다. 박세민(2007), 293면도 채권양도에서는 채무자의 변제시점에 채권양도인과 양수인 사이에 채권관계는 존재하지 않고 채무자와 양수인 간의 단 하나의 채권의 변제효만이 문제되며, 아울러 지시와 양도통지가 다르다는 점을 지적한다. 지원림(2014), [4-70]은 채권양도의 경우 채권자의 지시 내지 부탁이 없다는 점에서 지급의 자발성 측면에서 단축급부의 경우와는 차이가 있다고 한다. 다만 이 판결에 대한 해설을 하고 있는 지원림·제철웅(2012), 680면 이하는 이러한 차이가 급부부당이득반환관계의 당사자 결정에 영향을 미치는 것으로 보면서도

권양도 사안에서 양도인은 더 이상 채권을 가지지 않고 양수인만이 채권을 가진다는 점과 그 결과 양수인에게 직접 채무이행이 이루어진다는 점에서 단축급부로 구성하는 데 난점이 있다. 그러나 그렇다고 하여 채권양도 사안을 단순히 양수인과 채무자 간의 2자관계 사안으로 환원시킬 수는 없다. 왜 나하면 채권양도는 채권의 귀속주체의 변경만이 일어나는 것이고, 채무자와의 계약관계 당사자가 양도인이라는 점에는 변함이 없기 때문이다. 따라서 이때 계약관계의 실효로 인해 부당이득반환이 문제되는 경우 계약법의 원리를 뛰어넘어 양수인을 상대로 직접청구를 인정할 수는 없어 보인다.

이와 달리 계약당사자의 지위변경에 해당하는 계약인수가 이루어진 경우에는 원상회복의 당사자가 바뀌는 것이 정당화된다.[102] 계약인수는 당사자의 의사에 의한 계약당사자 변경으로, 잔류당사자의 동의 내지 승낙이 있어야 효력이 발생한다.[103] 이때는 변경된 계약당사자의 무자력의 위험을 인수하겠다는 의사가 있으므로, 계약인수인을 상대로 원상회복을 청구하는 것이 계약법의 기본원리에도 부합된다.

그러므로 계약당사자의 지위변경에 해당하는 계약인수가 아닌 단순히 채권자 변경에 해당하는 채권양도 사안이라면,[104] 양도인이 여전히 반환의무자라고 보아야 한다. 2000다22850 판결에서도 이러한 계약법의 기본원리를

이런 차이가 사소한 것이라면 반대의 평가도 가능하다고 보아 여지를 둔다.

102) 물론 이 경우에 판례는 양도인의 채무가 면책적으로 이전되는지(면책적 인수)와 병존적으로 이전되는지(병존적 계약인수)는 구체적인 약관 내용에 따라 해석되어야 한다고 보면서(대법원 1982. 10. 26. 선고 82다카508 판결), 당사자가 동의 내지 승낙을 함에 있어 양도인의 면책을 유보하였다는 등의 특별한 사정이 없는 한 양도인은 계약관계에서 탈퇴하고, 따라서 나머지 당사자와 양도인 사이에는 계약관계가 존재하지 않게 되어 그에 따른 채권채무관계도 소멸한다고 본다(대법원 2007. 9. 6. 선고 2007다31990 판결).

103) 계약인수에 있어서 '동의'의 기능에 대한 분석으로 이동진(2012. 3), 669면 이하.

104) 채권양도가 채권채무관계의 이전이 아닌 단순한 채권(권리)만의 이전이라는 점은, 채무자가 신채권자인 양수인에게 이행을 하더라도 여전히 자신은 구 채권자인 양도인을 상대로 이행청구를 해야 한다는 점에서 드러난다.

의식하고 계약당사자인 매도인의 지위와 단순한 채권양수인의 지위를 구분하였는데, 가령 "피고[양수인]는 분양계약상의 매도인의 지위를 양도받은 것이 아니라 분양대금 미수금채권을 양도받았을 뿐"이라고 본다는 점에서 그러하다. 그러나 양수인반환설을 취함에 따라 "위와 같은 [양수인의 반환]의무는 원고가 계약해제로 인하여 분양계약의 당사자인 양도인 등에게 부담하는 이 사건 분양 부분의 명도의무와 동시이행관계에 있다고 볼 수 없"게 되는 문제가 발생하였다. 이는 동시이행의 관계는 원래 계약관계의 당사자 간에만 인정되기 때문이라는 것을 염두에 둔 것에서 비롯하는데, 이러한 문제는 애초에 양수인을 반환청구의 상대방으로 인정함으로써 초래된 것이다.105)

(나) 반환대상의 문제

양도인반환설을 택할 때 양도인이 무엇을 반환해야 하는지가 문제된다. 이는 양도인이 얻은 '이득'이 무엇인지와 관련된 것으로, 이에 대하여 독일의 학설에서는 양도인은 양수인에 대한 채무소멸의 이익을 얻는다는 견해와106) 양수인에 대한 채무자의 출연 자체를 이득으로 보는 견해가 있다.107)

---

105) 양창수(2003), 374면은 이 사건에서 대법원이 양수인반환설을 택한 것은 타당하지만 양수인인 피고의 동시이행 항변, 즉 계약해제로 인한 피고의 대금반환의무가 양도인이 채무자인 원고로부터 건물을 인도받는 것과 상환으로 이행되어야 한다는 주장을 배척한 것은 비판한다. 채권의 일부양도가 있었다 하여 채무자나 양수인이 채권양도가 있기 전의 법적 이익 또는 불이익을 받아야 할 이유가 없고, 동시이행의 항변을 인정함으로써 채무자가 부담하는 반대채무의 이행을 간접적으로 강제하여 사건을 일거에 해결가능하기 때문이라고 한다. 한편 이동진(2015. 2), 311면은 쌍무관계가 세 당사자 사이에 분열된 경우 채무만을 부담하는 제3자가 그 채무의 이행에 있어서 동시이행항변을 원용하는 것은 권리남용으로 허용되어서는 안 된다는 입장이다.

106) 이행을 위한 채권양도의 경우 양수인에 대한 채무로부터의 해방을, 이행에 갈음하는 양도나 채권매매의 경우 담보책임으로부터의 해방을 이득으로 본다(Larenz/Canaris (1994), § 70 V 1a, S. 238).

107) 최수정(2005), 327면. 독일학자 중에 대표적으로 Lieb와 Kupisch가 있다.

전자의 견해에 대하여는 이중하자 사안에서는 채무가 소멸되지 않는다는 점과 채무액과 양도액이 다른 경우 무엇을 기준으로 할 것인지에 대한 비판이 제기되고,[108] 후자의 견해에 대하여는 '법적 의제'라는 비판이 있다.[109] 그러나 3각관계 사안에 있어서 부당이득반환문제에 있어서만큼은 어떤 형식을 통해 채무가 이행되었는지는, 즉 그것이 제3자를 위한 계약이든, 지시든, 채권양도든 달리 평가될 이유가 없다고 생각된다.[110] 제3자를 위한 계약과 채권양도 사안에서의 제3자와 양수인의 지위의 유사성은 앞서 언급한 바와 같고, 지시가 지시인의 지시 내지 부탁에 따라 피지시인이 이를 지시수령인에게 직접 이행하는 것이라면, 채권양도 사안은 이행기가 도래하기 전의 채권 또는 이행기가 도래하였더라도 이를 직접 채무자로부터 이행받아 양수인에게 다시 이행하는 대신 양수인과의 합의 하에 채권의 귀속주체를 변경하는 것으로 볼 수 있기 때문이다. 따라서 채무자의 이행 전이라면 각 당사자의 법적 지위는 차이가 있겠으나, 이미 이행된 급부를 부당이득법적으로 원상회복함에 있어서 달리 처리될 이유는 없어 보인다. 그렇다면 채권양도 사안에서도 양도인이 반환해야 할 이득은 양도인의 양수인에 대한 채무소멸이 이득이 아닌 양수인이 수령한 것으로 보아야 한다. 왜냐하면 부당이득법상 이득은 손실과의 관련하에서 객관적으로 정해져야 하고, 양수인이

---

108) 최수정(2005), 327면.

109) 윤진수(2014. 9), 138면. 이동진(2015. 2), 299면도 의제의 근거를 대고 있지 못할 뿐만 아니라 의제하는 경우 현존이익 감소여부는 누구를 기준으로 어떻게 고려해야 하는지 등의 까다로운 문제를 피하기 어렵다고 비판한다. 그러나 이는 양수인 반환설을 취함에서 비롯하는 것으로 양도인반환설의 경우에는 문제가 될 여지가 적을 것이다.

110) 참고로 해설서, VII.-4:101, 4036에서는 삼각관계 또는 거래연속의 경우 A의 B에 대한 지위가 A 또는 B의 C에 대한 지위에 달려 있어서 다수 당사자 간의 관계 또는 모든 쌍들 간의 관계가 순차적으로 고려되어야 하므로 사안의 복잡성은 불가피한데, 다만 이러한 법적 복잡성은 당사자들 간의 경제적 상호연결의 한 단면일 뿐이라고 한다.

수령한 이득은 채권양도가 없었더라면 원래의 계약관계내에서는 양도인이 수령했었을 것이기 때문이다. 따라서 양도인과 양수인 사이의 합의내용은 반환해야 할 이득이 무엇인지를 결정함에 있어서 영향을 미치지 못한다고 보아야 한다.

(다) 직접청구가 인정되는 경우

DCFR의 경우 채권양도 사안에서도 채무범위 내에서의 이행 여부와 임의 이행 여부가 직접청구 인정의 기준이 된다. 민법에서도 채권이 아예 양도되지 않았거나, 존재하지 않는 채권이 양도된 경우,[111] 양도된 채무보다 초과 이행한 경우에는 양수인을 상대로 하는 직접청구가 인정될 수 있다.

라. 정리 및 평가

DCFR은 계약관계의 청산은 계약당사자 간에 이루어져야 한다는 계약법의 기본원칙을 일관되게 적용하여 3각관계 부당이득 사안을 풀어가고 있다. 그 결과 3각관계 사안에서 기본관계의 실효로 인해 부당이득반환이 문제되는 경우, 어떠한 방식을 통해 제3자에게 채무가 이행되었는지와는 무관하게 채무를 이행한 손실자가 애초에 선택한 계약상대방, 즉 지시 사안에서 지시인, 제3자를 위한 계약에서는 요약자, 채권양도 사안에서는 양도인을 상대로 반환청구를 해야 한다. 그 이유로는 애초 채무자가 기대한 것은 자신이 선택한 계약상대방으로부터의 반대이행이었다는 점, 제3자를 상대로 직접청구를 인정하면 손실자에게 계약상대방의 무자력의 위험을 우회할 가능성이라는 망외의 득을 제공하고 따라서 계약이 정상적으로 진행된 것보다 손실

---

111) 관련 사례로 김형배(2003), 327면 이하에서는 방화를 저지른 자가 보험금채권을 양수한 경우를 지적하면서 이 경우에도 계약법의 일반원칙을 적용하여 양도인 반환설을 지지하는데, 이 경우에는 채권 자체가 부존재하므로 외견상 양수인을 상대로 직접청구가 인정되는 것이 타당하다.

자가 더 많은 이득을 얻어서는 안 된다는 점, 다른 한편으로 수령자에 대한 무자력의 위험을 부담지워서는 안 된다는 점 등이 제시된다.[112] DCFR의 특징은 오히려 그 예외인정 사유에 있다. 우선 계약법의 기본원리가 적용되기 위해서는 실제 또는 외견상 채무범위 내에서의 이행이어야 한다. 따라서 실제 채무범위를 초과하여 이행하거나 외견상 채무조차 없는 경우, 가령 지시 사안에서의 지시부존재, 제3자를 위한 계약 사안에서 보상관계의 부존재 또는 무효, 채권양도 사안에서 채권양도 자체가 없는 사안에서는 직접청구가 고려될 수 있다. 이러한 경우에는 3각관계가 아니라 2자관계상 손실자의 착오로 인한 비채변제 사안에 해당하기 때문이다. 또한 DCFR에서는 채무자의 채무이행에 있어 임의성이 배제되는 경우, 즉 그것이 "억지로 받아낸 동의"인 경우 곧바로 수령자를 상대로 하는 직접청구가 인정된다.

우리 판례는 2000년대 들어와 이익전용소권을 정면에서 부정한 99다 66564, 66571 판결에서 명시적으로 계약법의 기본원리를 논거로 동원하였지만, 3각관계 사안에 관한 비교적 초기 판례에 속하는 채권양도 사안(2000다22850)에서는 이 문제를 의식하지 못하고 제548조 제1항 단서의 보호받는 제3자의 문제로 보아 양수인반환설을 택하였다. 그러나 그 이후의 분양대금 지급지시 사안(2001다46730)에서 본격적으로 단축급부개념을 받아들임으로써 계약관계 내에서 반환이 이루어지도록 하였고, 이어서 제3자를 위한 계약 사안(2005다7566, 7573)에서는 계약법의 기본원리에 따라 요약자 반환설의 입장을 택하였다.[113] 계약법의 기본원리를 일관되게 적용한다면 채권양도 사안의 경우 양도인반환설로 판례가 변경될 가능성도 있어 보인다. 물론 해제의 소급효를 취하는 민법상 이득이 물건인 경우에는 원물반환과 관련하여 양수인이 제548조 제1항 단서에 해당하지 않음을 이유로 소유물반환

---

112) 해설서 VII.-2:102, 3964f.
113) 그 후에 3각관계 사안으로 질권자가 직접청구권을 행사하여 제3채무자로부터 초과지급 받은 경우의 반환문제를 다룬 대법원 2015. 5. 29. 선고 2012다92258 판결 및 그에 대한 평석으로 이계정(2017. 2), 622-663면 참조.

청구가 우선 적용되어야 하지만, 그 경우에도 부당이득법에 의한 계약관계 청산의 국면에서 계약법의 기본원리에 따른 반환상대방 결정 문제가 선행되어야 하는 점은 변함이 없다. 이 문제는 유인주의하에서 부당이득반환청구권의 기능과 위상을 결정하는 문제와도 관련이 있다.[114]

2. 도난차량 수리 사안

가. 사안 및 문제제기

도난차량 수리 사안, 즉 X가 절취한 E 소유 자동차의 수리를 내용으로 하는 도급계약을 D와 체결한 후 도난차량임이 밝혀지자 X는 종적을 감추고, 그후 차주 E가 나타나서 D에게 소유물반환청구를 하는 사안[115]은 부당이득법상 여러 가지 점에서 흥미로운 논점을 제기한다. 우선 이 사안에서는 노무 부당이득이 문제된다. 다음으로 도급계약상의 채무이행으로 인한 이익이 계약당사자 이외의 제3자(소유자)에게 전용되었다는 점에서 전형적인 이익전용 사안에 해당한다. 아울러 이 사안유형은 비교법적으로도 많이 다루어진다는 점에서 각국의 결론과 해결법을 비교해 보는 것은 해당 부당이득법제의 특징을 살펴보는 데 유용할 것이다.

---

114) 관련하여 제철웅(2000. 3), 137면 이하는 이미 경료된 중간생략등기 사안에서 대가관계 흠결시 부당이득반환의 문제를 단축급부 법리를 적용하여 해결하는데, 그 경우 유인주의를 기계적으로 적용하여 최초 양도인에게 소유권이 복귀하는 것에 반대하고, 유인주의제도 운용에 있어 제도목적을 고려해야 함을 강조한다.
115) 해설서, VII.-2:102, 3966, 사례 8.

나. DCFR과 민법의 해결법 비교

DCFR은 D의 채무이행은 X와의 도급계약에 기한 것이지만, X의 사기적 의사표시(fraudulent misrepresentation)에 의한 것으로 임의이행이 아니므로 D의 E를 상대로 한 부당이득반환청구를 인정한다(2:102, 2:103). 이러한 직접청구권은 위의 사안과 같이 계약상대방이 종적을 감춘 경우에 실익이 있게 된다. 다만 이때 선의 수익자인 소유자의 보호를 위해 5:102(2)가 적용되어 소유자는 실제 얻은 이익(비용절감)만 반환하도록 한다.

민법상 이 사안이 문제되는 경우 자동차 소유자가 자동차를 점유하고 있는 수급인을 상대로 소유물반환청구(제213조)를 하고 부수적 이익조정과 관련하여 제201조 이하가 적용될 것이다. 이때 수급인 D는 소유자와의 관계에서 자신의 계산으로 비용지출과정을 관리한 자가 아니라는 점에서 제203조에 의한 비용지출자가 아니므로[116) 소유자를 상대로 비용상환청구권을 행사할 수 없다.[117) 그러므로 D는 유치권을 행사하여(제320조 제1항)[118) 간접적인 방식으로 상환을 강제하거나,[119) 자신의 계약상대방인 X를 찾아 권리행사를 하는 것(보수청구 또는 계약이 취소된 경우 부당이득반환청구) 외에는 다른 대안이 없게 된다.[120)

---

116) 대법원 2002. 8. 23. 선고 99다66564, 66571 판결. 평석으로 홍성주(2003. 2), 49면 이하.

117) 제철웅(2003. 6), 97면 이하는 그 근거로 민법상 이익전용소권이 부정되어야 하는 것과 권원있는 점유자의 경우 제203조의 적용이 부정되어야 한다면 당연히 권원 없는 점유자의 경우에는 제203조가 적용되지 않아야 함을 제시한다.

118) 수급인이 점유개시시나 비용지출 당시 도급인이 소유자 기타 권한자가 아님을 알았거나 중과실로 알지 못한 경우 불법점유자에 해당하여 수급인에게는 유치권이 인정되지 않을 것이다(제320조 제2항). 이동진(2010. 6), 52면.

119) DCFR에서도 점유자-회복자 간의 부수적 이익조정에 관한 규정에서 선의의 비용 지출자의 경우에는 유치권이 인정되나 악의자의 경우에는 유치권이 인정되지 않는다(VIII.-7:104).

120) 독일민법의 경우 제647조에서 수급인의 법정질권이 인정되고 있고 학설상 선의취

양자를 비교하면, DCFR의 경우 사안해결을 위해 2:102와 2:103이 적용되는데, 도급인이 차주임을 밝히지 않은 것이 일종의 사기적 의사표시라는 점에서 수급인의 임의이행이 배제되는 것으로 보아 계약법의 기본원리의 예외 사안으로 다루어진다.[121] 이때 DCFR은 D가 도급계약을 사기를 이유로 취소할 수 있음을 전제하고 있는데, 여기서는 신의성실 및 공정거래에 따라 공개해야 하는 정보의 불공개가 문제될 것이다.[122] 그러나 위와 같은 사안에서 특별히 도급인의 기망이 개입되지 않는 한, 도급인이 단순히 자신이 차주임을 밝히지 않았다고 하여 "사기"로 볼 수 있는지는 의문이지만(가령 수급인이 차주임을 확인하기 위해 차량등록증을 요구하였는데 위조 등록증을 제시한 경우라면 예외), 이것이 의사표시 취소요건으로 사기를 구성하는지 여부와는 별도로 DCFR의 경우 부당이득법상 직접청구는 '임의이행'의 부정으로 정당화된다.

채무이행의 임의성이 부정되는 것을 이유로 계약상대방이 아닌 이득의 수령자를 상대로 직접 부당이득반환청구를 인정하는 DCFR의 태도는 민법상 생경하다. 오히려 민법은 우선 도급인이 도난차량임을 밝히지 않은 사정만으로 민법상 사기를 이유로 도급계약을 취소하기는 어려울 것으로 보이고,[123] 설령 취소가 인정된다고 하더라도 계약법의 기본원리가 적용되어 원

득이 인정되고 있으나 우리 민법은 제666조에서 부동산공사의 수급인의 경우 저당권설정청구권만을 규정하고 있고 동산 수급인의 경우에는 규정이 없다. 한편 비교법적으로 보았을 때 무권리자로부터도 유치권 취득을 인정하는 민법상 수급인에게 제203조의 비용상환청구권을 인정할 필요성이 낮다는 견해로는 제철웅(2003. 6), 99면 이하.

121) 해설서, VII.-2:102, 3966.
122) 사기로 인한 취소권은 II.-7:205 참조. 참고로 DCFR은 정보불공개로 인한 사기를 넓게 인정하는 입장이다.
123) 계약체결 전 정보공개의무의 범위와 관련하여 민법상의 규정은 없지만, 판례는 신의칙상 고지의무를 인정하고 있다. 대법원 2007. 6. 1. 선고 2005다5812 판결 등(아파트 단지 인근에 대규모 공동묘지가 조성된 사실을 아파트 분양자가 수분양자에게 고지할 의무를 부담하는지 여부). 이 판결은 고지의무 위반을 이유로 손

래의 계약관계 내에서 청산이 이루어지도록 하고 있기 때문에 이러한 직접 청구는 인정되지 않는다.

DCFR이 이 사안에서 수급인이 제공한 노무(3:101(1)(b): "일의 완성")를 독자적인 이득항목으로 포착하여 선의 수급인의 소유자에 대한 비용상환청구 문제를 부당이득법에서 다루는 데 비하여, 민법은 이 문제를 부당이득법에서 정면으로 다루지 않고 물권법 규정에 기대어 해결하고 있다. 그런데 그 경우 수급인의 비용지출자성이 부정됨으로써 수급인은 도급인만을 상대해야 하는 문제가 발생하고, 도급인이 사라진 상황에서는 (물건을 계속 점유중인 것을 전제로) 유치권 외에는 민법상 다른 구제수단은 없게 된다.

한편 반환범위에 있어서도 민법과 DCFR은 상이할 수 있다. DCFR은 선의의 소유자 또는 이익을 강요받은 소유자의 경우 주관적으로 얻은 이익만을 반환하게 하므로 필요비 및 유익비 중 소유자에게 이득이 된 부분만 상환받을 수 있는데 비해, 민법은 수급인에게 유치권을 부여함으로써 비용상환의 간접상환의 방식이기는 하나 보수채권(제664조)을 상환받을 수 있게 될 것이다. 그 밖에 유치권에 기한 경매권(제322조 제1항)도 인정되나 물건을 계속 점유하고 있어야 한다.

다. 비교법

권한 없는 점유자가 도급계약을 체결하여 물건을 수리 또는 개량한 경우 수급인이 소유자를 상대로 직접 비용상환청구를 할 수 있는지의 문제는 비교법적으로 많이 다루어지는 사안이다. 이때 민법과 마찬가지로 이 경우 계약법의 기본원리를 전제로 하면서도,[124] 선의 수급인의 보호방법에 대하여

해배상책임을 인정하였는데, 피해자의 청구 등에 따라 사기취소도 허용될 수 있다 (대법원 2006. 10. 12. 선고 2004다48515 판결).

124) 독일의 경우 BGHZ 27, 317. 영국법도 같은 태도이다(Goff/Jones (2007), para. 1-074: "It is generally unwise to cut across contractual boundaries and, through

다양한 논의가 전개되고 있다.

독일의 1960년 연방대법원 판결에서는 점유할 권원있는 중간자와 도급계약을 체결하여 수급인이 이를 이행하였는데 나중에 중간자의 점유권원이 상실되어(매수인이 소유권유보부매매에서 할부금 미지급으로 매도인이 계약 해제) 수급인도 권원없는 점유자가 된 사안에서, 수급인에게 소유자를 상대로 독일민법 제994조 이하의 비용상환청구를 인정하였다. 수급인의 비용지출은 매매계약 해제 전에 이루어졌으므로 권원있는 점유자로서 지출하였다는 사정은 문제되지 않는데, 그 이유는 권원있는 점유자를 권원없는 점유자보다 더 불리하게 취급해서는 안 된다는 것이었다.125) 다수설은 수급인 보호의 필요성은 인정하면서도 판례의 해결법에 대하여 반대하는데, 무엇보다 위 사안에서 비용지출자는 자신의 계산으로 비용지출과정을 주도한 도급인이지 수급인이 아니라는 것이다. 그 대신 판례가 부정하고 있는 수급인의 법정질권에 대한 선의취득(제647조, 제986조)을 인정함으로써 해결해야 한다고 한다.126) 이에 대하여 위 사안에서는 법정질권이 아니라 약정질권이 성립한다고 보는 견해가 있는데, 즉 소유자인 매도인이 매수인에게 차량수리의무를 부과한 경우, 이는 매수인에게 질권설정의 처분권한을 수여한 것이고 따라서 수급인은 사전동의 또는 추인을 통하여 소유자로부터 직접 질권을 취득한 것으로 볼 수 있다는 것이다.127) 법정질권의 선의취득이든 약

---

the grant of a restitutionary claim to redistribute to a stranger, such as the owner of the car, the burden of risks which the garage has assumed under its contract with the rouge.")

125) BGHZ 34, 122. 다만 이는 목적물의 점유를 요건으로 하고 따라서 수급인이 중간자인 도급인에게 목적물을 인도한 후 1개월 내에 소를 제기하거나 본인이 그 비용지출을 추인하지 않은 경우라면(제1002조) 비용상환청구할 수 없다(BGHZ 51, 250).

126) 이에 대하여 제철웅(2002. 6), 66면은 이는 독일민법이 우리 민법 제320조에서와 같은 유치권을 인정하지 않는 데서 비롯한 것으로, 수급인의 법정질권에 대한 선의취득을 인정함으로써 우리와 동일하게 처리될 수 있다고 본다.

정질권의 취득이든 소유자를 직접 상대로 하는 수급인의 비용상환청구권은 인정되지 않고, 다만 피담보채권인 도급인에 대한 보수청구권이 만족을 얻지 못하게 되는 경우라면 담보물인 소유자의 물건을 환가할 수 있게 된다.

한편 영국에서는 착오개량 사안에서 그것이 상대방으로부터 요청받지 않은 경우라면 원칙적으로 비용상환청구를 인정하고 있지 않고 있다. 그 이유는 만약 이를 인정하게 되면 법이 거래를 강제하게 되기 때문이다. 그러나 이러한 전통적인 영국법의 태도에 대하여 예외를 인정하려는 움직임이 나타나고 있는데,128) 착오개량 사안과 관련하여 불법행위 소송의 국면에서 항변을 부여하는 방식으로 착오개량자를 보호하는 입법이 이루어졌다.129)

커먼로상 중요한 진전은 1973년 Greenwood v Bennett 판결130)에서 이루어졌다. 차량정비업자이자 판매업자(manager of a garage)인 베닛(Bennet, 피고)이 자동차 한 대를 매수하였는데 이를 시판하기에는 수리가 필요하여 이를 설(Searle)이라는 사람에게 인도하고 수리하도록 약정하였다. 그런데 Searle은 이를 임의로 사용하다가 사고를 내고 거의 폐차로 된 자동차를 하퍼(Harper)에게 팔았다. Harper는 선의로 유효한 약인(대가)을 주었고, 이를 다시 팔았다. 차량 도난신고를 받은 경찰이 그 자동차를 입수한 후 경합권리자 확인절차(interpleader)에 들어갔고, 이 과정에서 비용상환이 문제되었는데, County Court 판사는 소유자가 매수인이 지출한 비용에 대하여 책임이 없다고 판시하고 그에 기하여 경찰은 자동차를 차주인 베닛에게 돌려주

---

127) Medicus/Petersen (2011), Rn. 594.
128) 대표적으로 Goff/Jones (2007), para. 6-011에서는 비용상환청구를 인정하지 않는다면 선의 개량자는 어려움(hardship)을 겪게 된다는 점에서 선의 개량자와 선의 소유자 간의 균형이 중요하다고 언급한다.
129) Torts (Interference with Goods) Act 1997 s. 6
동법 s. 6 (2), (3)에서는 소유자로부터 제소된 매수인 또는 매수인에 의하여 제소된 개량자에게도 동일한 항변이 부여되고 있다. 이에 관하여는 Goff/Jones (2007), para. 6-013.
130) [1973] QB 195 (CA).

었다. 이에 대하여 선의매수인인 Harper는 차주인 베닛에게 자동차에 대한 법적 권원이 있음을 인정하면서도 수리에 들어간 인건비와 재료비로 최소 약 226파운드의 비용상환을 청구하였는데, 항소법원은 이를 받아들였다.

동 판결은 영국법상 착오개량자에 대한 비용상환청구를 인정했다는 점에서 획기적이라고 평가된다. 다만 판사 3명 중 오직 데닝 경(Lord Denning MR)만이 선의 매수인은 항변만이 아니라 독립적인 원상회복청구권을 가진다고 급진적인 판시를 하였는데, 상세한 논증 없이 단지 소유자는 개량자의 손실로 부당하게 이득을 얻어서는 안 된다는 것만을 근거로 삼고 있다는 점에서 많은 비판을 받았다.[131] 필리모 재판관(Phillimore LJ)과 케언스 재판관(Cairns LJ)은 당해 사안에서의 절차적 특수성을 언급하면서 일반적인 경우라면 데닝 경의 판시가 적용될 수 없다고 하였다.

위 사안에서 자동차는 횡령물이라는 점에서 영국법상 소유권취득이 불가능한 상황이었고, 당해 사안은 당사자들이 아닌 경찰 당국에 의해 제기된 절차에서 누구에게 횡령된 자동차가 반환되어야 하는지를 밝히는 절차였다는 특수성이 있었다. 또한 이미 항소심 판결시에 차주는 해당 차량을 400파운드에 매각할 용의가 있었다는 점에서 선의 매수인의 비용지출을 통한 가치증가분이 '실현'된 상황이었다는 점도 비용상환청구권의 인정에 있어서 중요하게 고려되었을 것이다.[132]

정리하면 도난차량 수리 사안에서 비교법적으로 비용상환청구가 인정되지 않는데, 그 배후에는 계약법의 기본원리가 자리잡고 있다. 그러나 독일과

---

131) Birks (1989), 125f: "사안에서 '이득' 쟁점이 어떻게 해결되었는지는 미스터리에 속하며 … 그 권위는 취약한데, 왜냐하면 문제에 대한 분석을 결여하고 있기 때문이다." Matthews (1981. 11), 351에서는 데닝 경을 "마술 지팡이를 휘둘러 '재산' 과 '개량'을 '부당이득'으로 바꾸는 마술사"라고 신랄하게 비판한다.

132) Lorenz (1999), 377f.에 따르면 위 사안이 독일법상 문제되었다면, 무단처분자인 Searle이 매수인 Harper에게 자동차등록증(logbook)을 제시할 수 없었으므로 선의취득이 배제되고, 따라서 매수인인 Harper는 악의점유자(제990조)로서만 비용상환청구를 할 수 있다고 본다(제994조 제2항, 제684조 제1문, 제818조 제2항).

영국의 경우 선의 수급인의 보호를 위하여 이러한 원칙을 깨려는 움직임이 있다는 점에서 주목할 만하다. 민법의 경우 수급인에게 물권적 유치권(제320조)의 부여를 통해 소유자를 상대로 비용상환을 간접강제한다는 점에서 적극적인 비용상환청구를 인정할 필요성은 상대적으로 줄어든다. 그러나 그 배후에서 선의 비용지출자와 소유자 간의 이익형량이 문제되고 있다는 점은 각국에서 공통적인데,133) 민법은 물권적 유치권으로 이를 해결하고 있다는 점에서 적극적인 이득반환청구를 인정하는 DCFR과는 차이가 있다. 이러한 차이는 수급인의 점유 상실의 경우 실익이 있다.

3. 편취금전 변제 사안

가. 판례의 해결법

이른바 '편취금전' 변제 사안에서는 편취자의 채권자가 자신이 편취자에 대하여 가지는 채권을 피편취자를 상대로 '법률상 원인'으로 주장할 수 있는지가 문제된다. 비교법적으로 금전의 경우에도 특정성이 유지되는 한 소유물반환청구가 가능하지만, 민법상 통설과 판례에 의하면 '금전은 점유하는 자가 소유권을 취득한다'는 법리가 적용되므로,134) 금전 절취 또는 현금 인출을 통한 편취의 경우 소유물반환청구를 통한 구제수단은 원천적으로 배제된다.135) 따라서 손실자에게는 편취자를 상대로 하여 부당이득반환청구

---

133) 비용지출 사안에 관한 한 독일과 같이 채권적 유치권만 인정하든지 아니면 민법과 같이 물권적 유치권을 인정하든지 모두 선의의 비용지출자와 무책한 소유자 사이의 이익형량이라는 정책적 판단이 이루어지고 있다는 지적으로 이동진(2010. 6), 72면.

134) 이에 대하여는 최근 학설사적 연구에 기반한 유력한 비판이 제기되고 있다. 정병호(2016. 1), 1면 이하; 서을오(2016. 12), 1면 이하 참조.

135) 형사 사건의 경우에는 달리 판단된다. 금전의 절도피해자가 제3자(피고인)를 시켜

내지 불법행위에 기한 손해배상청구권이 인정될 뿐이다. 문제는 편취자의
무자력 등을 이유로 하여 손실자가 변제받은 채권자를 상대로 변제금이 편
취금전이라는 것을 이유로 직접 부당이득반환청구를 할 수 있는지이다. 3자
관계 관련하여 비교적 초창기에 해당하는 2000년대 초반에 대법원은 위 사
안에 대하여 의미 있는 판결을 내렸다. 우선 대법원은 인과관계와 관련하여
서는 사회관념상 인과관계에 따라 피해자의 손실과 채권자의 이득 사이에
인과관계가 있음을 인정하였다.[136] 다음으로 법률상 원인 존부의 판단에 있
어서 "채권자가 그 변제를 수령함에 있어 악의 또는 중대한 과실이 있는 경
우"에는 법률상 원인이 결여한 것으로 보지만 "단순한 과실이 있는 경우"에
는 그 변제는 유효하고 채권자의 금전 취득이 피편취자에 대한 관계에 있어
서 법률상 원인을 결여한 것이 아니라고 판시하였다.[137] 이러한 판결의 태
도는 후속 재판례에서도 이어지고 있다.[138]

절도범이 자신의 집에 보관 중이던 쇼핑백에 담긴 금전을 찾아오게 한 사건에서
도 절도 피해자에 대한 관계에서 그 금전은 "타인의 재물"이라고 할 수 없다고
판시하였다(대법원 2012. 8. 30. 선고 2012도6157 판결). 나아가 장물인 현금을
금융기관에 예금의 형태로 보관하였다가 동일한 액수의 현금을 인출한 경우 물리
적 동일성은 상실되었으나 액수에 의해 표시되는 금전적 가치에는 변동이 없으므
로 장물로서의 성질이 그대로 유지된다고 보고 있다(대법원 2000. 3. 10. 선고 98
도2579 판결; 대법원 2004. 3. 12. 선고 2004도134 판결).

136) 사회관념상 인과관계론은 다름 아닌 편취금전 변제 사안을 처리하기 위해 일본에
서 고안된 것이다.

137) 대법원 2003. 6. 13. 선고 2003다8862 판결. 금전의 경우에 무과실이 아닌 무중과
실을 기준으로 삼는 이유는 지시채권(민법 제514조)이나 어음·수표상의 선의취득
(어음법 제16조 제2항, 수표법 제21조)을 유추적용하는 것인데, 이는 부당이득반
환청구와는 무관한 것이고 이와 같이 수익자의 선악여부에 따라 부당이득의 성립
여부가 달라지는 것에 대한 비판으로 김재형(2015), 288면.

138) 대법원 2004. 1. 15. 선고 2003다49726 판결; 대법원 2008. 3. 13. 선고 2006다
53733, 53740 판결(대출금을 편취하여 횡령금을 변제한 사안); 대법원 2011. 2.
10. 선고 2010다89708 판결(횡령금으로 설립한 재단 명의로 대출받은 금전을 횡
령금 채무 변제에 사용한 사안); 대법원 2012. 1. 12. 선고 2011다74246(편취자가

나. 학설상의 평가

위 판결과 관련하여 다각도에서 학설상 치열한 논쟁이 이루어지고 있다. 먼저 판례가 이 사안에서 이득과 손실 간에 이른바 '사회관념상 인과관계' 를 인정한 것과 관련하여 판례의 결론에 반대 또는 지지하는 입장 양쪽에서 비판이 제기된다. 우선 사회관념상 인과관계를 통해 인과관계를 확장시키는 것을 비판하는 견해에서는 편취행위와 변제행위는 별개의 행위로서 편취자 의 자유의사를 매개로 연결되어 있으므로 (직접적) 인과관계가 부정된다고 본다.139) 이에 반하여 판례의 결론은 지지하면서도 적어도 금전의 경우에는 사회관념상 인과관계에 따라서가 아니라 금전의 특수성을 고려하여 인과관 계가 부정되는 경우는 사실상 찾기 어렵다는 견해도 있고,140) 문제된 사안 은 현금의 편취가 아닌 계좌이체방식의 횡령이라는 점에서 이득은 중간자 에게 귀속된 바 없고 피편취자의 손실과 채권자의 이득은 직접적 인과관계 가 있으므로 채권자의 선악 또는 과실여부를 불문하고 부당이득반환이 인 정되어야 한다고 보는 견해도 있다.141)

다음으로 법률상 원인의 판단 부분과 관련하여서도 다양한 평가가 이루 어지고 있다. 우선 채권자가 편취자에 대하여 가지는 채권이 편취된 금전 보유에 대한 "법률상 원인"이 되어 부당이득이 되지 않는다고 보아 위 판결 을 비판하는 견해가 있다.142) 그리고 보다 근본적으로 '금전은 점유하는 자

편취금을 증여하고 수증자가 이를 집수리비용으로 소비한 사안).

139) 김형배(2003), 174면, 303면 이하 참조. 이익전용소권을 인정하지 않는 우리나라 에서 사회관념상 인과관계를 통해 직접청구를 인정하려는 것은 "본말을 전도하는 것"이라고 한다. 그러면서 다수당사자 부당이득관계에서 인과관계의 직접성은 사 실관계가 아닌 급부관계를 기초로 이해해야 하는데, 이 경우 급부관계가 성립할 수 없으므로 직접청구는 인정될 수 없다는 결론이다.

140) 박세민(2008. 6), 117면 이하.

141) 정태윤(2005), 467면 이하.

142) 양창수(2003), 295면; 지원림(2014), [5-247]; 김재형(2015), 288면.

가 소유한다'는 통설·판례를 비판하면서 금전이 선의취득의 객체가 될 수 있음을 전제로 판례가 취한 선의취득법리는 채무자가 현금을 횡령해서 채무변제에 사용하거나 피해자의 계좌에 있는 금전을 부당하게 인출하여 채무변제에 사용한 경우에만 적용되고, 판례에서 문제가 된 현금이 등장하지 않는 사안, 즉 계좌이체만으로 횡령이 이루어진 사안에서는 선의취득법리를 적용하는 것은 방법론상 문제가 있다고 비판한다.143) 반면 위 사안에서의 판례의 해결법은 금전의 경우 점유자에게 소유권이 인정된다는 통설·판례의 법리를 전제로 할 때(아울러 판례가 금전의 의미를 금전과 경제적으로 동일한 가치가 있는 수표나 예금 등에도 확장한다는 점에서) 민법상 금전에 대한 소유물반환청구권이 부정되는 공백을 메우면서도 현대의 경제상황에 부합되도록 당사자의 이익상황을 적절히 교량하고 있다는 점에서 매우 실용적인 문제해결이라는 점에서 높이 평가하는 견해도 있다.144) 또한 위 판결을 물권법적 소유권 귀속을 정하기 위한 선의취득의 차용이라고 해석하는 것에 반대하면서, 변제법리의 관점에서 금전의 편취가 개입된 재산이동과정에서 수령자가 자신이 수령한 것의 적법성과 완전성에 대한 신뢰, 즉 채권의 변제효 발생에 대한 신뢰를 보호하기 위한 것이고(그러한 예로서 제745조와 제465조를 들고 있다), 그러한 신뢰가 없는 경우 수령자에 대한 직접청구가 인정되는 것으로 분석하는 견해도 있다.145)

---

143) 정병호(2016. 1), 41면 이하. 선의취득과 부당이득은 그 취지가 상이할 뿐만 아니라 부당이득의 법률상 원인은 이득보유의 객관적 사유라는 점을 근거로 제시한다. 한편 최준규(2009. 11), 135면 이하는 물건으로서의 금전의 성격을 중시하면서도 일반 동산을 빼앗긴 피해자와의 균형을 고려할 때 판례법리는 긍정될 여지가 있다고 평가하면서, 다만 금전의 물건성을 고려할 때 피해자에게 부당이득반환청구권이라는 채권적 권리만을 인정하는 것은 다소 문제가 있다고 지적한다.

144) 제철웅(2012. 8), 55면 이하. 이를 통해 금전에 할당된 권리내용을 가늠해 볼 수 있는데, 독일법상 금전에도 소유물반환청구권을 인정하는 것과 견주어보면, 판례가 금전의 보유자에게 부당이득법을 통해 대세적 효력이 있는 어떤 권리를 가진다고 볼 수 있다고 한다.

마지막으로 편취금전 변제 사안에 부당이득법을 적용하는 것과 관련하여, 이 사안은 불법행위에 기한 손해배상이나 채권자 대위권을 통해 해결될 수 있는 것이고 직접청구를 인정하는 것은 다른 채권자들의 관계에서 우선변제권을 인정하는 결과가 되어 채권자 평등의 원칙에 반한다고 보아 판례에 의할 때 부당이득법이 무리하게 확대적용된다고 비판하는 견해도 있다.146) 나아가 유사한 맥락에서 위 판결을 부당이득의 보충성의 견지에서 비판하면서 "금전을 편취당한 자는 금전편취자에 대하여 그 내부관계의 원인에 따라 불법행위나 채무불이행으로 인한 손해배상을 청구할 수 있기 때문에 근본적으로 부당이득이 성립하기 위한 법적인 손해가 있다고도 할 수 없다." 고 보는 견해도 있다.147)

다. 비교 및 검토

DCFR은 편취금전 변제 사안을 채무변제로 인한 채권상실이라는 이득소멸의 항변으로 풀어나간다. 즉 편취된 금전으로 변제받은 채권자는 금전의 수령으로 이득을 받았지만 그가 선의인 경우 편취자인 채무자를 상대로 가지는 채권을 상실하는 이득소멸의 항변을 원용할 수 있게 되는 것이다.148)

---

145) 박세민(2008. 6), 123면 이하. 즉 "수령자의 선의로 인해 채무자의 지급이 변제효를 가지게 되는 것이 아니라 오히려 선의가 결여된 경우 변제효가 배제되는 구조" 라고 한다.

146) 이용박(2003. 9), 266면. 문형배(2006. 2), 406면도 같은 견해이다. 그러나 동, 401 면에서 금전 선의취득에 대하여 유추적용설을 취하면서 채권자가 채권의 변제로서 수령하였다면 횡령한 금전이라는 점에 대한 악의·중과실이 있는 경우에도 '법률상 원인'이 있다고 보는 것은 논리적으로 연결이 잘 되지 않는다. 이러한 취지의 질문에 대하여 동, 416면은 어느 쪽이든 금전취득으로 인한 이익의 보유를 정당화할 법률상 원인이 된다는 입장이다.

147) 이용박(2003. 9), 268면.

148) 해설서 VII.-6:101, 4142, 사례 3. 이득소멸의 유형은 "다른 재산의 손실"(other loss of the assets, loss of other assets)이다. 그런 의미에서 사례에서 "D[손실자]

DCFR의 선의 개념(5:101(5))이 '무과실'까지 요구한다는 점에서 선의·무과
실의 채권자가 보호받는다는 점에서는 우리 판례와 공통적인데, 다만 우리
판례에 의하면 경과실 있는 채권자도 보호받는다는 점에서 보호받는 채권
자의 범위가 더 넓다.

 편취금전 변제 사안은 채권자가 편취자와의 채권관계상 변제수령을 정당
한 것으로 인정할 것인지의 문제로 귀결되는데, 그 점에서 이 문제를 변제
효의 문제로 접근하는 견해는 일리가 있다. 다만 변제효의 인정 문제는 단
순히 변제법리만으로 결정되지 않고, 결국 "법률상 원인" 존부 판단을 통한
부당이득반환책임의 성부에 대한 검토를 전제하므로 보다 면밀한 검토가
요구된다.[149] 이를 위해 우선 민법이 제463조와 제465조에서 종류물이 변제
로서 타인의 물건을 인도한 경우(가령 매도인이 도품을 매매목적물로 매수
인에게 인도한 경우) 채무자와 채권자 나아가 소유자와 채권자 간의 이익조
정을 어떻게 하고 있는지를 참고할 필요가 있다. 민법 제463조에 의하면 그
경우 "채무자는 다시 유효한 변제를 하지 아니하면 그 물건을 다시 반환청
구하지 못한다"고 규정하고, 제465조에서는 채권자가 변제로 받은 물건을
선의로 소비하거나 타인에게 양도하면 변제의 효력을 인정한다. 다만 이러
한 유치권한 또는 변제효는 채권자와 채무자 사이의 관계에만 발생하고 이
로써 소유자의 권리행사까지 제한하는 것은 아니다. 따라서 채권자가 물건

  는 E[수익자]를 상대로 부당이득반환청구권을 가지지 않는다."는 엄밀하게 말하
  자면 E가 선의인 경우에만 적용된다. 항변의 효과로 청구권은 멸각된다
  (extinguish). 해설서, VII.-6:102, 4163, 사례 4도 참조.
149) 박세민(2008. 6), 123면은 기본적으로 채권의 변제효를 인정하는 것을 전제로 수
  령자의 시각에서 "자신이 수령한 것이 올바른 채무자에 의해 적법하고 완전하게
  이행된 것이라고 인식되지 않았다면 그에게 수령 자체에 대한 책임을 묻는 것이
  타당하다는 식의 이론구성이 이루어져야 한다"고 하나 우선 이 사안에서의 핵심
  관건인 채권의 변제효를 인정하는 근거가 제시되지 않고, 과연 "유효한 채권을 기
  초로 그것에 상응하는 재산이 채무변제의 목적으로 수령자의 수중으로 들어간 사
  실만으로도 변제효 발생을 인정"할지는 별도의 검토가 요구된다.

을 계속 점유하고 있는 경우라면(그 경우에는 변제효도 없음) 소유물반환청
구권에 의하여, 소비 또는 양도한 경우라면 부당이득반환청구권이나 불법행
위를 이유로 한 손해배상청구권이 성립하며, 이 경우 채권자가 소유자를 상
대로 반환 또는 배상의무를 이행한 경우 채무자에게 구상권을 행사할 수 있
게 된다(제465조 제2항). 이를 통해 민법은 변제원인(causa solvendi)으로 타
인 물건을 인도(traditio)하더라도 그 자체로 소유권 이전이 발생하지 않는
입장임을 알 수 있다. 따라서 채권자라 하더라도 소유자의 권리행사에 얼마
든지 직면할 가능성이 열려 있는 것이다.

　타인 물건으로 변제한 경우에 대한 민법의 법리는 금전채권 변제의 경우
에도 어느 정도 존중될 필요가 있다. 거래계에서 유통되는 금전은 개성이
없다는 점에서, 그리고 오늘날 대부분의 편취 사안이 계좌이체 형태로 이루
어진다는 점에서 금전에 대한 물권적 권리행사는 고려될 여지가 현실적으
로는 거의 없지만, 적어도 편취한 금전으로 변제한 경우라면 채무자와의 채
권관계를 이득의 법률상 원인으로 보아 변제효를 인정하고 이를 통해 부당
이득반환책임도 면한다고 볼 것은 아니다. 판례도 이러한 문제를 의식하고
채권자가 선의·무중과실인 경우에만 변제가 "유효"하고 이득이 법률상 원인
이 있는 것으로 구성하였다. 판례에 따르면 결국 채권자의 중과실 여부가
변제효 인정 여부, 나아가 부당이득반환청구의 성부에 있어 관건이 될 것이
다. 그러나 민법은 수익자의 선악여부는 반환범위에서만 고려하고 있고(제
748조) 반환청구의 성립요건(제741조)에서는 고려되고 있지 않으며,150) 채
권자의 중과실 여부가 과연 반환청구의 승패를 가를 만큼 명확한 기준인지
에 대해서는 의문이 제기되고 있다.151) 이러한 점에서 변제효의 문제를 반

---

150) 김재형(2015), 288면은 편취금전에 의한 변제 사안에서 부당이득의 성립여부를
　　　채권자의 악의 또는 중과실과 같은 주관적 요소를 기준으로 판단할 근거가 없다
　　　고 한다.
151) 양창수(2003), 302면은 위 판결이 나오고 작성된 [후기]에서 위 판결에 따르면 부
　　　당이득의 판단문제가 과실판단 여부에 걸리게 되는 것에 특히 우려를 표하고 있

환청구권의 성립요건이 아닌 반환범위 결정에 관한 이득소멸의 관점에서 포착한 DCFR의 입장은 이론구성의 면에서나 결과의 타당성의 면에서 볼 때 고려해볼 만한 대안으로 보인다. 즉 수익자의 선악에 따라 이득소멸 항변의 인정여부가 결정되므로 악의 채권자는 보호받지 못하고 선의 채권자만 보호받는 결론으로 되기 때문이다. 그리고 그 경우 무중과실 여부에 대한 미세한 판단도 불필요하게 될 것이다. 다만 DCFR에서의 선의 개념(무과실 포함)과 민법상 선의 개념에는 차이가 있다는 점에서, 어느 범위까지 채권자인 수익자를 보호할 것인지의 문제는 여전히 남아있다.

4. 첨부 사안

가. 사안유형

제3자가 개입된 첨부 사안의 유형은 크게 A 소유의 자재를 B가 절취하여 (i) C에게 매도하고 C가 스스로 부합시킨 사안과 (ii) B가 C와 도급계약을 체결하고 B가 부합시킨 사안, (iii) 마지막으로 A가 B에게 소유권유보부로 자재를 매도하였는데, B가 아직 매매대금을 완납하지 않은 상태에서 C 소유의 건물에 부합시킨 경우가 있다. 이 문제에 관하여 독일에서의 논의를 먼저 살펴보기로 한다.

사안 (i)과 관련하여 B가 무권리자의 처분이라는 점에서 A는 B를 상대로 침해부당이득을 주장할 수 있는 것은 분명하다. 문제는 A가 C를 상대로 직접 부당이득반환청구를 할 수 있는지이다. 이와 관련하여 독일 판례는 도둑 (B)으로부터 송아지를 매수한 후 육가공을 통해 소시지가 됨으로써 소유권

으며, 지원림(2014), [5-247]에서도 변제받는 채권자에게 금전의 출처에 대한 조사 의무를 부과하는 것에 대하여 의문을 제기한다.

을 상실한 송아지 소유자(A)가 가공자(C)를 상대로 부당이득반환청구를 한 '송아지 사건'(Jungbullen-Fall)에서 A의 C에 대한 직접청구(침해부당이득)를 인정하였는데 그 이유는 도둑인 B는 C에게 점유만을 급부하였고 소유권은 급부할 수 없으므로 B－C 간에는 급부관계가 성립하지 않는다는 것이다.152)

사안 (ii)의 경우 도품이라는 점에서는 동일하지만 수익자가 아니라 도급계약에 기해 수급인을 통하여 부합이 이루어졌다. 이 경우 B와 C 간에 급부관계가 존재하는지가 문제되는데, 이는 단순히 C의 급부행위가 있었다는 것으로 결정되어서는 안 되고 도급계약의 이행으로써 급부결과("일의 완성")까지 발생해야 한다. 일단 자재의 소유권은 수급인을 통하여 도급인의 건물에 부합됨으로써 급부결과가 실현되었다(법률에 의한 소유권 취득). 이렇게 되면 B와 C 간에 급부가 존재하므로 급부부당이득의 우위에 따라 A는 C를 상대로 부당이득반환청구(침해부당이득)를 청구할 수 없다는 결론이 도출되어야 할 것이다. 그러나 C가 스스로 부합한 사안과 수급인을 통해 부합한 경우를 달리 취급할 이유가 없다는 점에서 A의 C에 대한 부당이득이 인정되는 것이 타당하고, 이를 위해 독일의 다수설은 '급부부당이득의 우위'의 의미를 수정한다.153) 즉 종래 수익자의 입장에서 급부를 통하여 이득을 얻은 자는 급부자를 상대로 하는 급부부당이득만이 인정되며 제3자를 상대로 하는 침해부당이득은 성립하지 않는다는 것에서,154) 이제는 손실자의 입장에서 급부자는 급부부당이득만을 행사할 수 있고 따라서 비급부자는 비급부부당이득을 여전히 행사할 수 있다는 것으로인데, 전자에 의하면 A는 C를 상대로 부당이득반환청구를 할 수 없지만 후자에 의하면, A와 B 사이에 급부관계가 없는 한, A는 C를 상대로 부당이득반환(침해부당이득)을 청구할 수 있게 되는 것이다.155)

---

152) BGHZ 55, 176.
153) Larenz/Canaris (1994), § 70 III 2e, 4b; Medicus/Petersen (2011), Rn. 730.
154) 이 원칙을 예외 없이 고수하는 견해로 Reuter/Martinek (1983), 406.
155) 이로써 계약관계가 매개된 이익전용 사안에서 DCFR과 유사한 결론이 도출된다.

마지막으로 (iii) A가 B에게 소유권유보부로 자재를 매도하였는데, B가
아직 매매대금을 완납하지 않은 상태에서 C 소유의 건물에 부합시킨 경우
가 있다. 이 사안은 처분권자인 매도인 A의 승낙 없이 부합이 이루어짐으로
써 A가 소유권을 상실하였다는 점에서 A의 C에 대한 침해부당이득의 성부
가 문제된다. 이에 대하여 독일의 판례와 통설은 A의 C에 대한 직접청구를
부정한다.156) 그 이유로 부합을 통한 소유권 취득과 법률행위에 의해 선의
취득한 경우와의 평행이 고려된다.157) 즉 수급인이 건축자재의 소유권 취득
해서 부합시킨 경우와 도급인이 수급인으로부터 자재를 매수하여 부합한
경우가 달리 취급되어서는 안 되기 때문이다. 이러한 논거 하에서라면 선의
취득의 요건을 갖추었는지가 관건이 되고, 따라서 도급인이 악의였거나 건
축자재가 도품이라면 선의취득의 가능성이 배제되므로 직접청구가 가능하
게 된다.158) 지금까지의 논의를 도표화하면 다음과 같다.

<표 1> 독일법상 부합 사안 비교

독일법	(i) A 소유 자재를 B가 절취 후 C에게 매매, C가 직접 부합가공 (Jungbullenfall)	(ii) A 소유 자재를 B가 절취 후 B-C 도급계약에 따라 B가 부합	(iii) A-B 사이에 소유권유보부매매후 B-C 사이에 도급계약에 따라 B가 부합(BGHZ 56, 228)
A→B	침해부당이득	침해부당이득	채무불이행
B-C 급부 존재여부	부정 (점유만 이전되고 소유권 취득은 불가)	긍정 (도급계약＋법률의 규정에 의한 소유권취득)	긍정 (도급계약＋법률의 규정에 의한 소유권취득
A→C 직접청구 (침해부당이득) 성부	긍정 (소유물반환청구 代用)	긍정 (C가 직접 부합한 경우와 같게 취급)	C가 선의라면 부정 (B가 매매로 소유권취득＋부합시킨 사례와의 평행)

---

156) BGHZ 56, 228. Larenz/Canaris (1994), § 70 III 2 a 및 그곳의 문헌 참조.

157) Larenz/Canaris (1994), § 70 III 2a.

158) 이 경우 통설은 권리자가 제816조와 제185조 제2항의 유추에 의하여 도둑의 '처
분행위'를 추인하고 매득금을 반환청구할 수도 있다고 한다. Larenz/Canaris
(1994), § 70 III 2b.

우리 민법의 경우 사안유형 (iii)에 해당하는 소유권 유보부로 매매된 자재를 수급인이 도급인 소유의 건물건축에 사용하여 부합시킨 사안에서[159] 대법원은 선의취득 법리("선의취득에서의 이익보유에 관한 법리")의 유추적용을 명시적으로 인정하였다.[160] 사실관계를 살펴보면, 전술한 전형적인 소유권유보부 자재 부합 사안(공장건축에서 철강제품 부합이 문제되었다)에서, 자재의 원 소유자의 소유권이 상실되자 원 소유자가 도급인을 상대로 보상청구, 즉 부당이득반환청구를 하였다. 이에 대하여 도급인은 자신은 도급계약에 따라 정당한 대가를 지급하고 이 사건 철강제품의 소유권을 취득하였으므로 이득의 법률상 원인이 있다고 주장하였다. 이에 대하여 대법원은 "매도인에게 소유권이 유보된 자재가 제3자와 매수인과 사이에 이루어진 도급계약의 이행에 의하여 부합된 경우 보상청구를 거부할 법률상 원인이 있다고 할 수 없지만, 제3자가 도급계약에 의하여 제공된 자재의 소유권이 유보된 사실에 관하여 과실 없이 알지 못한 경우라면 **선의취득의 경우와 마찬가지로** 제3자가 그 자재의 귀속으로 인한 이익을 보유할 수 있는 법률상 원인이 있다고 봄이 상당하므로 매도인으로서는 그에 관한 보상청구를 할 수 없다고 할 것이다."(강조는 인용자, 이하 동일)고 판시하였다. 그 이유에 대하여 "비록 그 자재가 직접 매수인으로부터 제3자에게 교부된 것은 아니지만 도급계약에 따른 이행에 의하여 제3자에게 제공된 것으로서 **거래에 의한 동산 양도와 유사한 실질**을 가지므로, 그 부합에 의한 보상청구에 대하

---

159) 환송 후 원심판결을 살펴보면 사실관계의 순서는 공사도급계약이 먼저 체결되었고 그 직후에 철강제품의 매매계약이 체결되었다. 그리고 실제 피고는 수급인에게 공사대금을 이미 지급하였으므로 철강제품의 가액을 지급할 의무가 없었을 것으로 생각했을 것이고, 공사자재에 소유권유보부 약정이 있는지도 모르는 경우가 대부분일 것이라는 지적으로 김재형, "2009년 민법 판례 동향", 민법론 IV (2011), 566면 이하. 이때 피고 도급인에 대한 부당이득반환청구는 이중부담을 지울 수 있으므로 타당하지 않다고 지적하면서 이러한 요소에 대한 심리가 누락된 점을 지적한다.

160) 대법원 2009. 9. 24. 선고 2009다15602 판결.

여도 위에서 본 **선의취득에서의 이익보유에 관한 법리가 유추적용**된다고 봄이 상당하다"고 하였다.[161]

위 대법원 판결에 관하여 결론에 있어서 도급인에 대하여 원 소유자의 부당이득반환청구를 부정해야 한다는 점에 대해서는 학설상 대체로 수긍되고 있다. 이러한 직접청구를 인정하게 되면 "건축자재 납품업자는 공사수급인과의 사이에 소유권 유보부특약을 통하여 건축자재대금채무를 손쉽게 건축주에게 부담시킬 수 있게 될 것이고, 건축주는 수급인에게 공사대금을 전액 지급하고도 건축자재 납품업자에게 건축자재대금을 이중으로 지급하여야 할 위험에 노출되게 되어 거래의 안전을 심히 훼손시키게 된다."는 점이 지적되고 있다.[162] 그러나 결론에 이르는 과정에서 동원된 선의취득 법리의 유추에 대하여는 견해가 나뉘고 있다.

우선 위 판결의 법리에 찬성하는 견해 중에 공사도급계약에는 노무제공이라는 고용의 요소와 물건소유권 이전이라는 매매적 요소가 있고, 이러한 측면에서 매매적 요소가 있는 부분에 대해서는 선의취득의 법리가 유추적용되는 것이 타당하다고 보는 견해가 있다.[163] 동일한 맥락이지만 정반대로 채권계약으로서의 도급계약에는 동산소유권 양도에 관한 물권적 합의가 없음을 이유로 선의취득 규정을 무리하게 유추적용하였다는 비판의 견해도 있다.[164]

---

161) 대법원 2009. 9. 24. 선고 2009다15602 판결. 평석으로 김우진(2011), 455면 이하; 이병준(2010), 98면 이하; 홍성주(2012. 2), 623면 이하. 한편 환송 후 원심(서울고등법원 2009. 12. 24. 선고 2009나88794 판결)에서는 도급인에게 사건 철강제품의 소유권유보에 관하여 과실 없이 알지 못하였다는 이유로 원고의 청구를 배척하였다.

162) 이병준(2010), 123면. 김재형(2011), 563면 이하; 홍성주(2012. 2), 666면.

163) 이병준(2010), 122면 이하; 정태윤(2010. 12), 515면 이하.

164) 박세민(2011. 12), 1158면 이하. 한편 그밖에 이진기(2016. 8)는 2009다15602의 논리를 "일종의 억지이고 자의적·기능적 해석의 결과물"(537면)이라고 비판하면서 "보다 근본적인 차원에서 … 선의취득규정과 부합규정 사이의 우열관계를 다

그러나 여기서 위 판결이 언급하고 있는 선의취득 법리의 유추는 도급계약의 내용 안에 매매적 요소가 있는지 또는 소유권 이전 의사('양수')가 있었는지에 대한 착안이 아니라, 도급인이 수급인으로부터 자재를 먼저 '매수'하고 그 후에 수급인이 이를 부합시킨 경우와 이 사안에서와 같이 수급인이 '매수' 없이 자재를 곧바로 도급인의 재산에 부합시킨 경우를 달리 취급하면 가치평가상의 모순이 발생한다는 것으로 이해되어야 한다.[165] 관건은 선의취득의 가능성이 있었는지이고, 실제 선의취득의 요건인 '양수'가 당사자 사이에 있었는지가 아닌 것이다.[166] 그렇게 보면 선의취득의 직접적용이 아니라 선의취득의 '유추'만이 문제될 뿐이다.[167]

한편 위 대법원 판결에서 채택하고 있는 선의취득 법리의 유추에 반대하며 도급인의 수급인과의 도급계약 자체를 이득의 "법률상 원인"에 해당한다고 보아 부당이득의 성립을 부정해야 한다는 견해가 주장된다.[168] 그 이유

루어야 했다"(536면)고 지적하며 제261조는 위 판결에서와 달리 법률효과준용으로 이해해야 한다는 견해를 피력한다(543면).

165) 김재형(2011), 568면 이하; 안병하(2015. 3), 172면; 김우진(2011), 480면도 원래부터 부합만이 성립할 수 있는 상황이라면 부당이득반환청구에 의한 보상이 필요하겠지만, 전체적으로 거래의 형태를 지닌 당사자 간의 관계에서 선의취득에 앞서 부합이 이루어졌다는 이유만으로 원 소유자에 대한 보상이 필요하다고 보는 것은 형평의 원칙상 타당하지 않다고 본다.

166) 박세민(2011. 12), 1159면 이하는 이 사건에서 부합이 이루어지기 전에 부합될 물건에 관해서 선의취득(양도)이 성립하고 있어야 한다고 하는데, Medicus/Petersen (2011), Rn. 368에서 지적하듯이 그러한 물권적 합의가 실제로 선행하였는지 여부는 중요하지 않다.

167) 수급인이 이 사건 철강제품을 자재로 사용한 것이 양도인과 양수인 간의 '거래행위'에 해당한다고 보는 홍성주(2012. 2), 666면에 의하면 선의취득이 직접 적용되어야 할 것이다. 특히 이 사안에서 선의취득 요건 중 인도 요건이 충족되지 않았으나 부합된 지 "얼마 되지 않아" 공장건물과 함께 도급인에게 인도되었다고 보는데 의문이다.

168) 김재형(2011), 569면. 한편 박영규(2010. 5), 209면 이하, 228면 이하도 이러한 입장을 전제로 하고 제747조 제2항의 요건을 갖춘 경우에만 원 소유자를 상대로 직

로 위 판결에 따르면 건축주에게 건설회사가 건설자재를 소유권유보부매매
하였는지 대한 주의의무를 부과하게 되는데 이는 건축현실에 맞지 않는다
는 점, 피고가 도급계약에 기한 대금을 지급한 경우라면 이득을 얻었다고
볼 수 없다는 점,[169] 도급인의 선의 또는 과실 여부로 부당이득 성립여부를
판단한다면 복잡한 문제를 초래한다는 점이 언급된다.

생각건대 이 사건에서와 같이 소유권유보부 매매의 객체가 완성품이 아
닌 건축자재(철강제품)와 같은 중간재인 경우, 건축자재의 소유자(건축자재
납품업자)는 매수인이 이를 건축공사의 자재로 사용하는 것에 '동의'가 있
다면 매수인은 유효한 처분권한에 기하여 처분한 것이 된다.[170] 그와 같이
처분에 대한 '동의'를 받고 매수인이 처분하는 경우라면 도급인의 이득은
양수가 없더라도 그 자체 법률상 원인이 있다고 볼 수 있다.[171] 그러나 그
러한 '동의'가 없는 경우라면(대개 매수인의 자금사정이 악화된 경우가 이
에 속할 것이다) 매수인, 즉 수급인은 무권리자로서 처분한 경우이고, 따라
서 선의취득에서와 유사한 이익상황이 발생한다. 이때 도급계약과 같은 채
권적 원인을 물권자였던 원 소유자를 상대로 법률상 원인으로 원용할 수는
없어 보인다. 왜냐하면 그러한 논리대로라면 수급인이 도품을 부합시킨 경

접 부당이득반환책임을 부담한다고 본다. 그러나 이 사안과 같이 '양수'가 아닌
'부합'으로 이득이 간 경우에는 제747조 제2항의 직접적용은 어려울 것이다.

169) 이러한 구성은 박세민(2011. 12), 1160면에서도 제안된다. 즉 선의취득과 부합은
양자 간 접점을 찾기가 곤란함을 지적하면서 무리하게 선의취득의 유추를 인정하
기보다는 대가지급에 초점을 두어 '이득의 관점'에서 부당이득반환청구권을 배제
하는 편이 보다 적절함을 지적한다.

170) 김재형(2011), 566면 이하에서 이 점을 언급하면서 이 사건에서는 이러한 요소들
에 대하여 심리하지 않은 점을 지적한다. 이러한 경우라면 이익전용소권이 금지되
어야 하는 것과 동일한 이유에서 직접청구는 부정되어야 할 것이다.

171) Baur/Stürner, *Sachenrecht* (2009), Rn. 28도 유효한 계약관계의 연쇄가 있는 상황
에서 부합이 이루어진 경우라면 수급인이 도급인과의 도급계약에 기하여 공사에
사용하였고 그것에 대하여 소유자로부터 권한을 부여받았으므로 이득은 법률상
원인이 있다고 본다.

우에도 도급인은 법률상 원인이 있다고 볼 수 있기 때문이다.[172] 무엇보다
위 견해에 따르면 선의이나 과실있는 도급인, 나아가 악의의 도급인까지 보
호받는 결론에 이르게 되는데,[173] 이 역시 의문이다.[174] 그 점에서 위 판결
이 취한 선의취득 법리 유추는 구체적 타당성에 부합하는 결론 도출이 가능
하다는 장점이 있다.

나. DCFR의 해결법[175]

DCFR 해설서에서는 (i) 도품 가공 사안을 다루면서 이 경우 도품이므로
선의취득은 인정되지 않고 다만 가공을 통해 소유권을 취득한 것[176]이 재산

---

172) 독일에서도 소유권유보부 자재를 수급인이 도급인의 재산에 부합시킨 사안에서
　　독일 연방대법원은 '비급부부당이득의 보충성'에 따라 도급인은 수급인으로부터
　　"급부"받았으므로 원 소유자의 부당이득반환청구가 배제된다고 판시하였으나
　　(BGHZ 56, 228), 학설상 많은 비판이 제기되었고(*Staudinger*/Lorenz (2007), §
　　812, Rn. 63, S. 166), 이로써 보충성 도그마는 깨지게 된다.
173) 김재형(2011), 569면은 악의의 도급인에 대한 언급은 불분명하나, 박영규(2010.
　　5), 230면은 악의의 도급인도 반환의무를 부담하지 않는다는 입장이다.
174) 김우진(2011), 484면 이하는 대법원 판결을 지지하면서 제3자의 선악 여부를 묻
　　지 않는다면 매도인이 매매대금의 담보목적으로 매수인과 체결한 소유권유보의
　　특약이 유명무실해진다는 문제점을 지적한다. 그리고 도급인이 소유권 유보사실
　　에 대하여 악의이거나 선의이지만 과실이 있는 경우 도급인은 수급인/매수인에
　　대하여 보수채무를 부담하면서도 매도인/원 소유자에 대하여는 보상의무를 부담
　　하는 등 복잡한 법률관계가 발생하지만, 이는 소유권유보부 특약에서 비롯하는 것
　　으로 이 점에서 다른 이익전용사안과는 차이가 있다는 점을 지적한다(485면).
175) 이하의 서술은 기존의 박사학위논문 해당부분의 서술(제2부 제3장 4. 나.)을 보강
　　한 이상훈(2017. 2), 386면 이하의 서술로 대체하였다.
176) DCFR은 가공자의 선의를 전제로 가공자에게 새로운 가공물에 대한 소유권이 인
　　정되고 원재료의 소유자에게는 가공 당시 원재료의 가치에 대한 보상청구권을 인
　　정하면서 이를 위해 가공물에 대한 물적 담보권을 인정한다(VIII.-5:201). 민법의
　　경우 원칙적으로 재료주의이면서 가액의 증가가 원재료의 가액보다 현저히 다액
　　인 때에는 가공주의가 적용된다(제259조). DCFR은 가공을 통한 물건의 신규성

증가에 해당하여 '이득'이 되는데, 이때 이득에 대한 권원인 매매가 원 소유자를 상대로는 법률상 기초가 되지 않으므로 이득이 부당하지만, 선의유상취득의 항변이 인정될 수 있다("may enable")고 설명하고 있다.[177] 이러한 해설서의 설명만을 보면 도품 가공 사안에서는 언제나 선의유상취득 항변이 인정될 수 있을 것 같은 인상을 주지만, 그 전에 물권편상의 선의취득 여부에 대한 판단이 선행되어야 할 것이다.

우선 도품에 대한 가공이 일어나기 전, 즉 매수 자체로 이미 물건에 대한 소유권을 취득하는지가 문제된다. 그 경우라면 이미 선의취득 단계에서 이득의 법률상 기초가 인정되므로 그 다음 단계에서 고려되는 부당이득법상 선의유상취득 항변은 검토할 필요가 없다. DCFR은 선의취득의 요건으로 양수인의 선의·무과실뿐만 아니라 유상취득이 요구된다(VIII.-3:101(1)(c)). 그리고 도품의 경우에는 그 취득경로, 즉 통상의 영업에 종사하는 양도인으로부터 양수하였을 것이 추가적으로 요구된다(VIII.-3:101(2)).[178] 이러한 요건들이 충족이 되면 양수인은 이미 매수 자체로 물건에 대한 소유권을 선의취득하게 되고 법규정에 의한 이득의 법률상 기초가 있으므로 이득은 정당하게 되는 것이다. 이때는 가공 전 단계에서 이미 선의취득을 통하여 해결되는 것이다. 물론 양수인이 선의·무과실이 아니라면 유상취득하였더라도 선의취득은 인정되지 않는다.

문제는 통상의 영업에 종사하는 양도인으로부터 매수하지 않은 경우, 즉 암시장이나 상인이 아닌 개인으로부터 물건을 매수하였는데 그것이 도품으로 밝혀진 경우이다. 이때에는 양수인이 선의·무과실이더라도 선의취득은 배제된다. 따라서 가공 전이라면 소유자는 소유물반환청구를 통해 물건을

(the new goods)이 기준이지만, 민법에서는 그로 인한 가액증가의 현저성을 기준으로 삼는다는 점에서 차이가 있다.

177) 해설서, VII.-2:101, 3892, 사례 25.

178) DCFR상의 선의취득의 요건과 민법과의 비교에 관하여는 이상훈(2017. 2), 372면 이하 참조.

되찾아올 수 있게 된다. 이미 가공이 이루어졌다면 가공에 의한 소유권취득이 이루어지고, 이러한 재산증가에 해당하는 이득에 대한 부당이득법적 정산이 문제된다. 이때 선의유상취득 항변을 원용할 수 있을지가 관건인데, 해설서에서는 명확한 설명은 없으나 이 경우에는 항변의 원용이 인정되어서는 안 될 것이다. 이를 인정하게 되면 물권편상 권리귀속에 대한 결정이 채권편인 부당이득법에서는 관철되지 못하게 되고, 가공이라는 우연한 사정에 따라 소유자의 권리가 영향을 받게 되기 때문이다. 그리고 실제로 이러한 경우라면 '선의' 요건(전술하였듯이 무과실을 요구) 탈락으로 선의유상취득 항변이 인정되지 않을 것이다. 그 경우 취득자는 이득의 정당성을 뒷받침해 주는 선의취득 요건으로서 물건이 도품이 아니라는 것에 대한 합리적인 기대가 있다고 보기 어렵기 때문이다. 이러한 결론은 전술한 선의취득에서의 이익형량에 따른 것으로 타당해 보인다. DCFR에서 도품 가공 사안은 선의취득 규정내에서 해결되고 있고 따라서 선의취득 법리의 연장은 문제가 되지 않는다.179) 이를 표로 나타내면 다음과 같다.

<표 2> DCFR에서의 도품 가공 사안 처리

도품	현존/가공 전 (소유물반환청구가 문제됨)	가공 후 (부당이득반환청구가 문제됨)
통상의 영업에 종사하는 양도인으로부터 취득한 경우	선의취득 인정 (취득자의 선의·무과실 전제)	선의취득이 이득의 법률상 기초이므로 반환청구 불가
그렇지 않은 경로로 취득한 경우	선의취득 불인정	선의유상취득 항변 인정 여부가 문제되나 '선의' 요건 탈락으로 부정될 것임

179) 이 점에서 해설서, VII.-2:101, 3892, 사례 25는 통상의 영업에 종사하는 양도인이 아닌 자로부터 매수하여 선의취득이 인정되지 않는 사안을 전제하는 것으로 그 경우 '선의' 요건 탈락으로 선의유상취득 항변은 인정되지 않을 것이다. 이러한 체계 부적합성은 DCFR이 여러 팀에 의해 개별 편들이 동시 다발적으로 성안되었던 사정에서 비롯된 것으로 보인다. 이에 대하여는 이상훈(2016), 165면 이하 참조.

다음으로 (ii) 건축수급인이 도품을 부합시킨 사안은 두 가지 이유에서 선의취득이 인정되지 못한다. 우선 객체가 도품이다. 그러나 전술한 (i) 도품 가공 사안에서 보았듯이, 도품이더라도 통상의 영업에 종사하는 양도인으로부터 취득하였다면 선의유상취득을 전제로 도품성을 극복하고 선의취득이 인정될 여지가 있다. 다음으로 도급인과 수급인 사이에는 도급계약만이 존재하는데, 여기에는 당사자의 의사에 기한 권리이전(transfer)이 있다고 보기 어렵다. 물론 이 경우 도급계약의 이행 과정에서 건축자재의 부합이 이루어졌는데, 엄밀하게 보면 소유권 취득은 도급계약의 이행이 아닌 법률의 규정인 '부합'에 기해서 이루어진 것이다. 그렇다면 이 경우 도급인은 선의취득을 통해서는 보호받기 어렵다. 그렇지만 앞서 살펴본 도품 가공 사안에서와 같이 선의 유상'취득'자라는 맥락에서의 보호 필요성은 존재한다. DCFR은 이 경우 E가 X와 공사도급계약을 체결하고 이에 기하여 보수를 지급하였으며, X가 벽돌을 사용하는 데 권리가 없었다는 점을 몰랐거나 알 수 없었던 경우에는 앞서 설명한 선의유상취득 항변으로 보호된다는 입장이다.[180) 앞의 도품 가공 사안이 도품 매수단계에서 이미 선의취득의 여부로 결정되는 사안이라면, 수급인이 도품을 도급인의 재산에 부합시킨 이 사안은 중간에 수급인이 개입하여 도급인에게 이득이 발생되었고 따라서 직접 선의취득을 통해서는 아니지만 그것의 연장에 해당하는 선의유상취득 항변이 적용되는 사안에 해당한다. 결국 여기에서도 도급인의 '선의(무과실)'이 요구된다. 즉 도급인이 이득의 부당성에 대하여 몰랐거나 아는 것이 합리적으로 기대되지 않는 경우라면(VII.-5:101(5)), 가령 수급인이 정상적인 건축업자였고 도품인 건축자재가 사용되리라고는 전혀 예상할 수 없었다면 그러한 도급인의 신뢰는 선의유상취득 항변을 통해 보호된다.

마지막으로 (iii) 소유권유보부자재 부합 사안의 경우에도 앞서 살펴 본 (ii) 수급인이 도품을 부합시킨 사안과 마찬가지로 도급인의 '양수'가 없어서

---

180) 해설서, VII.-6:102, 4163, 사례 3의 결론이다.

선의취득의 직접 적용은 배제된다.[181] 따라서 DCFR에서는 선의취득법리의 연장에 관한 6:102의 적용이 문제된다. 즉 A는 B를 상대로 재산사용의 이득 (3:101(1)(c))을 반환청구할 수 있음은 물론이고, C를 상대로도 소유권 취득이라는 재산증가의 이득(3:101(1)(c))을 부당이득반환청구할 수 있다. 양자는 선택가능하나 중첩행사는 불가능하다(7:102(2)). 이때 C는 6:102상의 선의유상취득 항변을 원용할 수 있다. 즉 자재에 대한 대가를 C가 선의로 B에게 지급한 경우라면 C는 6:102의 선의유상취득 항변을 원용할 수 있다.[182] 결과적으로는 A의 C에 대한 부당이득반환청구의 승패는 C가 선의 유상취득자인지 여부에 따라 결정된다.

앞서 살펴본 독일법과 비교하여 보았을 때 DCFR의 해결법에 대하여는 긍정적인 평가가 내려지고 있다. 즉 독일법과 같이 비급부부당이득의 보충성을 통한 해결은 매우 복잡한 문제를 발생시키는 생생한 예이고, 선의 유상취득자에게 항변을 부여하는 것은 적절한 해결책이라고 평가된다.[183] 독일법이 비급부부당이득의 보충성, 법률행위를 통한 취득과의 평행성, 선의취득 객체 해당 여부 등과 같이 다양한 요소들을 사안해결에서 고려하고 있는 반면 DCFR은 우선 선의취득 요건의 충족여부를 검토하고, 선의취득이 충족되지 않았을 경우 A의 C에 대한 직접청구권을 열어둔 상태에서 철저히 수익자인 C의 입장에서 선의 유상취득 여부만을 고려하여 부당이득반환청구의 인정여부를 결정하고 있다.

---

181) 양창수·권영준(2015), 566면 주 6.
182) 여기서의 보수는 당연히 노무에 대한 것뿐만 아니라 원자재에 대한 비용도 포함되고 대가지급은 후자에 대한 것을 의미한다. DCFR상의 소유권유보부에 대하여는 IX.-1:103 이하 참조.
183) Wendehorst (2006), 257f.

다. 비교 및 시사점

대법원이 채택한 소유권유보부 자재 부합 사안에서의 선의취득 법리 유추를 통한 해결법은 기본적으로 DCFR과 궤를 같이 하는 것으로 평가된다. 이때 도급인에게 부합 전에 건축자재에 대한 선의취득 가능성이 있었는지가 중요한데, 소유권유보부자재와 같은 경우와 같이 점유위탁물이라면 도급인의 선의·무과실이 관건이 될 것이고, 도품이 부합된 사안이라면 역시 도급인의 선의·무과실을 전제로 제251조에 따라 그 취득경로, 즉 어떤 수급인과의 공사도급계약을 통해 부합이 이루어졌는지가 추가적으로 고려되어야 할 것이다.

한편 민법과 DCFR은 선의취득 법제의 상이성으로 인해 구체적인 내용에 있어서는 차이를 보인다. DCFR은 선의취득과 부당이득법 모두에서 일관되게 선의·무과실 요건과 함께 유상성도 요구하고 있지만, 민법의 경우 다수설이 무상의 선의취득도 인정하고 있다는 점에서 선의취득에서 취득의 유상성은 고려되고 있지 않다. 다만, 위 사안에서 도급계약이 유상계약이라는 점에서 이러한 결정적인 차이점은 부각되지 않는다.

한편 민법상 도품에 대한 특례로 공개시장에서 또는 동종류의 물건을 판매하는 상인에게서 선의로 매수한 때에는 소유자는 양수인에게 대가를 변상하고 물건의 반환을 청구할 수 있도록 하고 있다(제251조). 이때 민법이 특칙을 두어 소유권 보호와 거래안전 보호의 균형을 꾀하고 있는 점은 주목을 요하는데,[184] 부합 사안의 경우 소유물반환청구가 불가능하다는 점에서 결국 거래안전보호를 위해 상인으로부터 취득한 양수인의 '이득' 보유를 정당한 것으로 인정하는 것으로 볼 수 있다. 이는 향후 부당이득법상 선의취득 법리의 차용에 있어서 간과되어서는 안 되는 평가요소라고 생각된다.

---

184) 양창수/권영준(2015), 164면은 "민법의 점유이탈물에 대한 처리는 전반적으로 선의취득에서 전형적으로 문제되는 사정들에 대한 균형잡힌 평가 위에 기초하고 있다"고 평가한다.

5. 요약 · 정리

부당이득이 문제되는 다양한 사안유형에서 대체로 민법과 DCFR은 동일한 논리 또는 논거를 통해 동일한 결론에 이르고 있음이 확인된다. 차이를 보이는 사안유형으로는 지시철회·취소 사안, 그리고 3각관계에서 채권양도 사안, 도난차량 수리 사안이 있다.

먼저 지시철회·취소 사안에서 DCFR은 적법하게 철회·취소된 경우 대가관계가 부존재하는 경우 지시부존재로 취급하여 외견상 피지시인이 수령자를 상대로 직접청구를 인정하는 입장이다. 그러나 유효한 대가관계가 존재하는 경우 선의 수령자의 보호 필요성이 제기되는데, 이 문제에 관하여 민법상 학설에서는 지시인의 귀책성 등을 고려하여 선의 수령자를 보호한다. DCFR 해설서상 명시적으로 이를 다룬 사안은 없지만 6:102의 선의유상취득 항변의 취지를 고려할 때 선의 채권자는 마찬가지로 보호될 것이고, 그렇다면 결론은 같아진다.

3각관계에서 지시 사안과 제3자를 위한 계약 사안에서는 결론이 동일하나 채권양도 사안에서는 차이를 보이는데, 계약법의 기본원리에서 볼 때 달리 취급할 이유가 없다는 점에서 향후 판례 변경이 예상된다.

마지막으로 도난차량 수리 사안에서는 민법과 DCFR이 결론에 있어서 차이를 보인다. 이는 계약법의 기본원리의 예외와 관련하여 DCFR이 임의이행성을 배제로 인한 직접청구권을 인정하는 것과 관련이 있다. 민법은 계약법의 기본원리에 충실하게 이익전용소권을 부정하고, 다만 (물권적) 유치권 부여를 통하여 선의 비용지출자인 수급인을 보호하고 있다(제320조). DCFR에서는 임의이행성 부정("사기")을 이유로 직접 청구를 인정하지만 반환책임의 제한을 통하여 선의 수익자를 보호하고 있다. 차이는 우선 민법에서는 수급인의 점유 유지가 관건이지만(제328조) DCFR은 그렇지 않다는 점에 있다. 수급인의 유치권행사 기간 중 소유자의 물건 이용이 제한되는 비효율성과 또한 수급인에게 아마도 원치 않는 물건 보관의무(선관주의의무, 제324

조)를 부과하는 점을 고려해 볼 때, 직접 점유와는 무관하게 부당이득반환
청구를 인정하는 DCFR의 해결법이 당사자 간의 이해관계와 효율성의 측면
에서 유리해 보인다. 아울러 반환범위와 관련하여서도 DCFR의 경우 차주의
입장에서 강요된 이득을 방지한다는 점에서 장점이 있다.

지금까지 논의된 사안유형에서 민법과 DCFR에 따른 각각의 결론과 그
근거를 표로 정리하면 다음과 같다.

<표 3> 사안유형별 비교 정리

사안유형			민법	DCFR
3각관계	지시 사안	유효한 지시	급부관계 내에서 해결 (단축급부)	계약상대방에게 반환청구 (계약법의 기본원리)
		지시부존재	○ 직접청구 인정	직접청구 인정 (채무범위 밖의 이행)
		지시 철회·취소	學: 대가관계 유효시 지시인의 귀책성과 선의 수령자 보호 고려	대가관계 유효한 경우 선의유상취득항변에 의해 수령자 보호(?)
	제3자를 위한 계약		判: 요약자 반환 (계약법의 기본원리) ※ 학설대립 있음	요약자 반환 (계약법의 기본원리)
	채권양도		判: 양수인 반환 (제548조 제1항 단서상 보호받는 제3자 불해당) ※ 학설대립 있음	양도인 반환 (계약법의 기본원리)
도난차량 수리 (수급인→소유자)			× (제203조 비용지출자성 부정/선의 수급인: 물권적 유치권 인정)	○ (임의이행 부정. 소유자가 선의 또는 강요된 이득이면 실제 이득액만 반환)
편취금전 변제 (피편취자→변제수령자)			判: 채권자가 선의·무중과실이면 ×	선의채권자는 이득소멸 항변 可
첨부 (부합) 사안	소유권 유보부자재를 수급인이 부합		判: 도급인이 선의·무과실이면 반환청구 × (선의취득법리 차용)	선의 유상취득자는 항변 可

※ 음영표시는 결론에 있어 다른 경우를 의미

II. DCFR에서의 부당이득 사안해결에 있어서 핵심논거 검토

지금까지 부당이득법상 전형적으로 문제되는 사안군에 있어서 민법과 DCFR의 해결법을 비교해 보았다. 민법과 DCFR 모두 부당이득 사안을 처리함에 있어 일반조항에서 명시되고 있는 (i) 이득, (ii) 손실, (iii) 인과관계/이득의 손실해당성, (iv) 이득의 법률상 원인없음/정당화 사유 부재라는 네 가지 요건 외에도 그 밖에 다른 가치평가와 원리, 정책적 판단이 이루어지고 있음이 확인된다.

우선 악의의 비채변제의 경우 손실자의 임의동의, 즉 '스스로 위험을 인수한 자는 법이 도와줄 필요가 없다'는 이른바 위험인수 논거가 언급된다. 다음으로 3각관계 사안이나 이익전용사안 사안에서 부당이득반환의무자를 결정함에 있어서 계약법의 기본원리가 결정적인 역할을 하고 있음이 확인된다. 한편 편취금전 변제 사안이나 소유권 유보부 자재 부합 사안에 있어서 판례는 이득의 법률상 원인없음에 대한 수익자의 선의·무(중)과실 여부로써 "법률상 원인의 존부"를 판단하고 있는데, 이는 선의 전득자 보호 문제와 관련이 있다.

앞서 살펴본 바와 같이 민법과 DCFR은 모두 위험인수 논거와 계약법의 기본원리, 그리고 선의 전득자 보호 문제에 있어서 공유하고 있는 부분이 많다. 그러나 구체적인 사안에 들어가면 미묘한 차이가 나타나는데, 가령 악의의 비용지출자에게 위험인수가 있다고 보는지, 사기·강박을 계약법의 기본원리를 깨고 직접청구를 인정할 만큼의 중대한 사유로 볼 것인지, 마지막으로 선의 전득자 보호에 있어서 유상성까지 요구할 것인지에서 그러하다.

그러나 명시적으로 차이를 보이는 악의 비용지출자 사안을 제외하면, 후 2
자의 사안에 있어서도 대부분 비슷한 결론이 도출되는데, 즉 물권행위 유인
성에 따른 소유물반환청구를 감안하더라도 선의 제3자는 별도의 규정에 의
해 보호받는다는 점과 현실에서 대부분 이루어지는 거래는 유상성을 전제
로 하고 있다는 점에서 그러하다.

　이하에서는 DCFR에서 부당이득 사안해결에 있어 핵심적인 논거로 동원
되는 것들을 선별하여 그 사정거리를 검토해 보고 민법과의 비교를 통해 시
사점을 도출해 보고자 한다.

1. 손실자의 임의 동의

가. 반환청구 배제의 근거

　DCFR은 이득의 정당화 사유로서 법률상 기초 외에 손실자의 임의 동의
를 일반화시켰다(2:101(1)(b)). 즉 손실자의 임의 동의가 있으면 이득은 정당
화되므로 반환청구가 배제된다. 여기에는 다양한 유형의 사안들이 포섭되는
데, 대표적으로 악의의 비채변제, 악의자의 비용지출, 요청하지 않은 노무제
공 사안이 있다. 다만 예외적으로 손실자의 임의 동의가 있더라도 일정한
요건을 충족시키는 경우에는 이득은 부당해진다(2:101(4)의 목적 부도달 또
는 기대 미실현 사안).[1]

　DCFR이 이와 같이 손실자의 임의동의를 이득의 정당화사유로서 일반화
하게 된 데에는 의도적으로 이득을 부여한 자가 기회를 노린 청구권(oppor-
tunistic claims)을 얻는 것을 막아야 한다는 판단이 전제된 것으로 보인다.[2]

---

1) 한편 가공의 경우 노무제공자의 보상청구가 인정되는데, 이때는 2:101(1)(b)상의
　 임의 동의가 적용되지 않는다고 한다(VIII.-5:201(3)).
2) 이러한 인식은 1998년 Clive 초안에서도 나타난다. 동 초안 제4조는 두 개의 정당

도로에 정차된 차량에 와서 무작정 창문을 닦고 그 대가를 요구하는 자를 법이 도와줄 필요가 없는데, 그 경우에 그는 이득에 대한 가치를 지급받지 못하는 것에 대한 위험(risk of non-payment)을 인수하였기 때문이다. 그리고 이러한 경우 구제수단을 인정하지 않는 것은 법에 의한 가치 교환의 강제를 막는다는 취지에서 볼 때도 타당하다. 손실자의 임의 동의를 근거로 반환청구를 배제하는 것은 이러한 근거에 기초하고 있는 것으로 보인다.

나. 일반화의 문제점

위험인수 논거를 통하여 반환청구권을 배제시키는 것이 타당한 경우가 있다. 우선 악의의 비채변제의 경우 그것이 손실자가 임의로 한 것이라면 굳이 반환청구를 인정할 필요가 없을 것이다. 다음으로 대가를 받아낼 목적으로 기습적으로 노무가 제공된 경우인데, 이 경우 독일에서는 선행행위모순금지(venire contra factum proprium) 원칙에 따라 악의자의 비용상환청구를 금지한다.3) 이와 같이 보수를 청구하기 위한 '목적'으로 기습적으로 노무를 제공하였고 보수를 받지 못하자 이른바 '목적 부도달'을 이유로 반환청구를 하는 경우, DCFR상으로도 2:101(4)의 요건 불충족으로 인해 인정되지 않을 것이다. 그리고 그러한 경우 비용상환청구를 배제하는 것은 결론에 있어서도 타당해 보인다.

그러나 악의자의 비용지출 사안은 위의 경우와는 달리 판단되어야 한다. DCFR에 의하면 이 경우에도 손실자의 임의동의가 있으므로 이득이 정당화

───────────────

화사유를 규정하는데, 하나는 이득의 법률상 원인 또는 법률상 기초(동조 제1항)이고, 다른 하나는 기회주의적 청구를 배제하는 것을 포함하는 공공정책(public policy)에 기반한 것(동조 제3항)이다.

3) 자기불법 원용금지원칙과 결합한 신의성실의 원칙(제242조)이 적용되어 이득이 실현된 경우에도 비용상환청구가 금지되어야 하는데, 그렇지 않으면 사실상 체약강제가 되기 때문이라는 견해가 주장된다. Larenz/Canaris (1994), § 72 IV 2b.

되어 부당이득반환청구가 일체 배제된다. 그리고 DCFR의 동산물권편에 의하더라도 민법 제203조에 해당하는 규정에서 점유자의 비용상환청구권은 부당이득편에 의해 결정되는 것으로 규정하고 있으므로(VIII.-7:104(1)), 악의 비용지출자의 비용상환청구는 인정되지 않는다. 결국 악의 비용지출자에게 과연 '손실에 대한 임의 동의'가 있는지가 관건인데, 악의자는 대가 또는 가액을 받으려는 의도로 비용을 지출한 것이지 수익자에게 비용상환을 전혀 받을 마음이 없이 자신의 희생을 감수하면서 '기꺼이'(freely) 비용을 지출한 것으로 보기는 어렵다. 그렇다면 이 경우 악의자가 인수한 위험의 한도는 제한될 필요가 있다. 무엇보다 악의의 비용지출자에게 일체의 비용상환을 배제하게 되면 반사적으로 수익자에게 망외의 득을 방치하는 결과로 된다. 물론 불법원인급여에서 이른바 동등불법의 경우 반환청구를 저지시킴으로써 반사적으로 이득이 수익자에게 남게 되는 결과가 발생하기도 한다.[4] 그러나 그 경우에는 급부이득에 있어 양속 위반이라는 매우 심중한 '불법'을 저지른 자를 법질서가 돕지 않는다는 예외적인 상황인 것이고 무엇보다 이 경우에는 사회경제적으로 볼 때 가치있는 이득창출이 전혀 없다. 그러나 비용지출의 경우에는 비록 악의이기는 하나 사회·경제적으로 이득을 창출한 것이고 이때 일체의 비용상환청구를 배제하는 것은 가혹할 뿐만 아니라 수익자에게 망외의 득을 남긴다는 점에서 타당하지 않다. 따라서 이득의 정당화사유로 손실자의 임의동의를 격상시킨 것은 지나친 일반화로 보인다.

이 경우 우선적으로 고려될 수 있는 방법으로 악의자의 비용지출부분이 수거가능하다면 투자비용회수의 측면에서 이에 대한 수거권 내지 수거의무를 인정하는 것이 가장 간명하다.[5] 그러나 분리가 불가능하거나 그것이 비

---

4) 주지하듯이 판례는 이때 소유권에 기한 반환청구도 부정하고(대법원 1979. 11. 13. 선고 79다483 전원합의체 판결), 상대방 수령자가 불법원인에 가공하였더라도 특별한 사정이 없는 한 상대방을 상대로 하여 불법행위를 이유로 하는 손해배상청구도 부정한다(대법원 2013. 8. 22. 선고 2013다35412 판결).

5) 독일민법 제997조, 제258조 제1문 참조.

용이나 노력면에서 불합리한 경우라면 결국 부당이득법의 문제로 되는데, 이때 비용지출자가 어느 정도까지의 위험을 인수했는지를 검토해 보아야 한다. 우선 그것이 객관적 이득을 발생시킨 한에서 반환청구는 인정하되, 구체적으로 수익자의 반환범위는 주관적 가치평가를 통해 수익자에게 이득으로 된 것, 즉 비용절감액에 한정되어야 한다. 따라서 그것이 수익자에게는 전혀 이득이 되지 않았다면 비용상환은 받을 수 없게 되고, 주관적 이득이 객관적 이득에 못미치더라도 주관적 이득만큼만 반환받게 된다. 악의자는 그 한도에서만 비용상환을 받지 못할 위험을 '인수'했다고 보아야 한다. 나아가 비용지출 결과 증대된 가치를 소유자가 임대나 매각의 방식을 통해 객관적 이득으로 실현시킨 경우라면 반환청구를 인정하는 것이 타당하다.6) 이 경우에 이득의 실현시킬지 여부는 수익자의 재산계획 또는 의지에 달린 것이며 역시 그 한도에서만 이득이 실현되지 않을 위험을 손실자가 인수한 것으로 보아야 한다.

다. 민법과의 비교

악의의 비채변제의 경우 민법은 별도의 조문을 두어 반환청구를 배제하고 있는데(제742조), 그 이유로 선행행위 모순금지의 원칙 또는 스스로 변제한 자에 대하여 법질서가 도움을 줄 필요가 없음 등이 이유로 제시되고 있다.7) 민법 규정상으로는 단순히 채무없음을 알았는지를 기준으로 삼지만 판

---

6) 이 경우에 대하여 DCFR은 별다른 규율을 하고 있지 않은데, Wendehorst (2008), 230 n. 31은 이 경우에는 수익자의 동의가 있다고 보아 5:102(2)(a)가 유추적용되어 반환청구가 인정되어야 할 것이라고 본다.

7) 민법주해/양창수(2005), 제742조, 387면("효율적인 법적 해결의 추구"와 "선행행위에 모순하는 변제자의 행태에 대한 제재"). 김주수(1997), 583면: "자신이 불합리한 행위를 하여 손실을 초래한 것이므로 … 보호할 필요가 없다." 한편 법경제학적 시각에서 악의 비채변제자의 반환청구가 배제되는 이유는 거래비용을 증가시키기 때문이라고 분석하는 문헌으로는 윤진수(2014. 9), 127면.

례는 악의의 비채변제에 관한 제742조에서 악의 요건을 임의성을 추가하여
목적론적 축소해석함으로써 "채무없음을 알면서도 임의로 지급한 경우"에
만 반환청구를 배제하고 있는데,[8] 이로써 결론적으로 DCFR과 같아진다.[9]
그렇다 하더라도 반환청구가 배제되는 이유에 있어서는 여전히 차이가 있
다. DCFR에서는 손실에 대한 임의 동의로 이득이 '정당'하게 되지만, 민법
상 이득의 부당성은 법률상 원인, 즉 객관적 '비채' 여부로만 판단되고 악의
인 경우에는 다른 정책적 이유가 제시된다.

한편 타인 재산에 대한 비용지출과 관련하여 민법은 제203조에서 필요비
는 전부(제1항), 유익비는 가액증가가 현존한 경우에 한하여 회복자의 선택
에 좇아 그 지출금액이나 증가액의 상환을 인정하고 있다(제2항). 또한 본인
의 의사에 반하는 사무처리와 관련하여서는 본인의 "현존이익의 한도에서"
필요비와 유익비 상환을 인정한다(제739조 제3항). 반환범위에 관하여 이득
의 현존을 전제하기는 하나 근대 대륙법의 입법례를 좇아 객관주의에 따른
것이고, 여기서 악의 지출자의 위험인수 논거는 고려되지 않는다.[10] 한편

---

8) 대법원 1988. 2. 9. 선고 87다432 판결(회사를 인수한 자가 피인수회사의 체납전기
   요금채무가 비채임을 알면서도 한전이 체납전기요금채무를 청산하지 않으면 전기
   공급을 중단하겠다고 하자 단전될 것을 우려하여 변제한 사안)에서 "채무없음을
   알고 있었다 하더라도 변제를 강제당한 경우나 변제거절로 인한 사실상의 손해를
   피하기 위하여 부득이 변제하게 된 경우 등 그 변제가 자기의 자유로운 의사에 반
   하여 이루어진 것으로 볼 수 있는 사정이 있는 때에는 지급자가 그 반환청구권을
   상실하지 않는다."고 판시한 이래 이후 같은 취지의 판결들이 이어진다. 대법원
   1997. 7. 25. 선고 97다5541 판결; 대법원 2006. 7. 28. 선고 2004다54633 판결 등.
   한편 대법원 1967. 9. 26. 선고 67다1683 판결은 채무자가 가집행선고 있는 패소판
   결을 받고 어쩔 수 없이 그 판결에서 명한 금원을 채권자에게 지급하였으나 나중
   에 그 판결이 대법원에서 파기되었다면 악의의 비채변제라고 볼 수 없다고 보았다
9) 이와 관련하여 2013년에 확정된 민법개정안에는 제742조 조문에 "임의로"를 추가
   하는 것이 포함되었다. 이로써 비채인 줄 알았으나 어쩔 수 없이 변제한 경우에
   "임의로"를 추가하면 반환청구가 배제되지 않도록 하여 종래 해석론상의 논란의
   여지를 없앤 점에서 적절한 조치라는 견해로 권영준(2014. 12), 164면.
10) 민법주해/양창수(2005), 제741조, 378면에서는 이때 부당이득법은 사무관리법의 보

대가지급을 노린 강요된 노무제공과 관련해서는 학설상 '강요된 이득'의 법
리에 따른 반환범위 제한이 논의되고 있다.[11]

  결론적으로 손실자의 임의 동의가 문제되는 사안유형에서 민법은 DCFR과
는 달리 사안 유형별로 적절하게 대처하고 있음이 확인된다. 차이는 악의 비
용지출자의 경우 필요비의 전부 그리고 유익비의 경우 일정 한도에서 비용상
환청구를 인정하고 있다는 점이고, 악의적 개입자의 경우에도 현존이익 한도
에서 상환청구를 인정하자는 것이다. 이러한 민법의 태도가 손실자의 임의동
의를 일반화하여 처리하고 있는 DCFR과 비교해 볼 때 타당해 보인다. 이와
같이 악의적 개입자라 할지라도 그것이 사회·경제적으로 객관적 이득창출에
기여한 경우라면 공정성과 경제성을 고려하여 일정 한도에서 반환청구를 인
정하는 것은 비교법적으로도 확인된다.[12] 심지어 악의적 개입(officious inter-
meddling)에 대하여 적대적인 영국법의 경우에도 최근에는 예외적인 경우 비
용상환을 인정하는 추세로 가고 있는 것도 주목할 필요가 있다.

2. 계약법의 기본원리

가. 원칙

  계약법의 기본원리는 부당이득법에서 중요한 기능을 수행한다. 한편으로
부당이득법의 적용범위 획정에 있어 계약법이 적용되는 영역에서 부당이득

충규범으로서 적용되는 것이고 따라서 제736조를 유추하여 비용지출 개시한 때 지
체없이 본인에게 통지해야 하고, 상환범위는 현실적으로 지출한 액을 한도로 부당
이득 소송이 계속되는 시점에서의 수익자의 현존이익에 한정해야 한다고 해석한다
(제739조 제3항).

11) 민법주해/양창수(2005), 제741조, 377면 이하.
12) Wendehorst (2005), 121f.

법은 침묵한다. 이로써 부당이득법에 의한 계약법의 잠식이 방지된다. 이는 이른바 계약관계가 매개된 이익전용사안에서 이익전용소권(actio de in rem verso)의 원칙적 부정으로 연결된다. 다른 한편으로 계약법의 기본원리는 계약청산의 국면에서 부당이득반환의무자를 결정함에 있어서 이를 계약상대방으로 고정시키는 역할을 한다. 즉 3자관계에서 계약을 매개로 하여 재산이 이동되는 경우 그것이 유효한 경우에는 자신이 선택한 계약상대방을 의지해야 하고 전득자를 직접 상대할 수 없으며, 처음부터 무효여서 효력이 불발생하였거나 취소로 인해 실효한 경우에도 원래의 계약관계의 상대방만을 상대해야 한다는 것이다. 이러한 계약법의 기본원리는 1970년대 독일에서 카나리스가 급부개념을 대체하는 실질적 기준설을 제시함으로써[13] 그 타당성이 검증된 바 있으며, 특히 3각관계 부당이득 사안을 해결할 때 효용을 발휘한다. DCFR은 이러한 계약법의 기본원리를 전제로 삼고 있다.

우리 판례도 계약법의 기본원리를 명시적으로 인정하면서 이를 구체적인 사안해결에서 활용하고 있다. 우선 이익전용소권의 인정여부가 다투어진 사안에서 대법원 2002. 8. 23. 선고 99다66564, 66571 판결은 이를 부정하면서, 그 논거로 "자기 책임하에 체결된 계약에 따른 위험부담을 제3자에게 전가시키는 것이 되어 **계약법의 기본원리**에 반하는 결과를 초래할 뿐만 아니라, 채권자인 계약당사자가 채무자인 계약 상대방의 일반채권자에 비하여 우대받는 결과가 되어 일반채권자의 이익을 해치게 되고, 수익자인 제3자가 계약 상대방에 대하여 가지는 항변권 등을 침해하게 되어 부당하"다는 점을 설시하였다. 그리고 이러한 계약법의 기본원리에 기초한 논거는 분양대금 지급지시 사안에 관한 대법원 2003. 12. 26. 선고 2001다46730 판결과 분양대금 반환에 관한 2005. 4. 15. 선고 2004다49976 판결에서 이어진다. 전자에서 대법원은 지급지시 사안을 단축급부로 구성하면서, 계약법의 기본원리를 원용하여 지시수령인에 대한 직접청구를 부정하고 계약당사자 사이에서

---

13) Canaris (1973), 802ff.(= *GS*. Bd. 3, 719ff); Larenz/Canaris (1994), § 70 VI 1b 참조.

청산이 이루어지도록 판시하였다.[14] 그리고 후자에서는 분양계약에서 분양자측에서 계약인수가 이루어졌는데 수분양자가 이에 명시적으로 부동의하면 계약에 따른 급부가 계약의 상대방이 아닌 제3자의 이익으로 된 경우에도 급부의 원인관계가 적법하게 실효되지 아니하는 한 급부를 한 계약당사자에 계약상의 반대급부를 청구할 수 있을 뿐이고 인수인을 상대로는 부당이득반환청구를 할 수 없다고 판시하였다. 그리고 대법원 2010. 3. 11. 선고 2009다98706 판결에서는 사립학교법 위반으로 무효인 대차계약에 기하여 대여금이 직접 피고 학교법인이 아닌 피고법인의 설립자가 별도로 설립한 소외 의료법인에게 지급된 사안에서, 그것이 계약상 채무의 적법한 이행인 이른바 제3자방 이행인 경우 "그와 같이 적법한 이행을 한 계약당사자는 다른 특별한 사정이 없는 한 그 제3자가 아니라 **계약의 상대방당사자**에 대하여 계약의 효력불발생으로 인한 부당이득을 이유로 자신의 급부 또는 그 가액의 반환을 청구하여야 한다"고 판시하였다.[15] 그리고 이러한 계약법의 기본원리는 제3자를 위한 계약 사안에서도 원용되었고 그 결과 제3자를 상대로 하는 직접청구를 부정하는 결론에 이르게 된다.[16] 이와 같이 계약법의 기본원리는 우리 판례상 확고히 정착했다고 볼 수 있다.[17]

---

14) 위 판결에 대하여는 김대원(2004. 7), 91면 참조.

15) 따라서 대법원은 이득이 지시수령인에게 갔으므로 지시인(피고)은 실질적인 이득이 없다는 취지의 피고의 상고를 기각하였다. 이 판결은 유형설의 명시적 채택으로 그 의미가 크다.

16) 대법원 2005. 7. 22. 선고 2005다7566, 7573 판결; 대법원 2010. 8. 19. 선고 2010다31860, 31877 판결(토지거래허가를 받지 않은 토지매매계약이 확정적으로 무효가 된 사안).

17) 참고로 박세민(2007), 272면 이하는 계약법의 기본원리를 부당이득법상 직접청구를 제한하는 원리로 보면서 이와는 별개로 작동되는 부당이득법원리를 논하는데(282면), 본고에서는 계약청산에 관한 한 계약법의 기본원리가 부당이득법상 관철되어야 한다고 이해하는 점에서 차이가 있다.

나. 근거

부당이득법상 계약법의 기본원리가 적용되는지의 문제는 민법상 일반 부당이득법원칙 승인 이후에 부당이득법의 적용범위 획정의 문제, 특히 계약법과의 관계에서 부당이득법에 대한 계약법의 우위와 관련이 있다. 한편으로 계약관계가 유효하게 살아있는 한 부당이득법의 적용이 되지 않는다면, 다른 한편으로 계약관계가 실효하더라도 부당이득반환은 원래의 계약관계 내에서 이루어져야 한다. 전자의 경우 계약관계를 건너뛰는 부당이득반환청구는 배제되고, 후자의 경우 이른바 계약당사자가 아닌 자를 상대로 하는 '직접' 청구가 배제된다.

DCFR은 이러한 계약법의 기본원리가 적용되어야 하는 이유로 무엇보다 계약 체결과정에서 자발적으로 상대방을 '선택'하였다는 점을 들고 있다. 그 한도에서 자발적인 '위험인수'가 있다고 보는 것이다.18) 이는 계약체결과정에서 나타난 당사자의 의사를 무효·취소되어 좌절된 계약청산과정에서도 존중하기 위한 것으로, 계약이 기본적으로 당사자 간에 급부와 반대급부에 관한 위험 배분을 정하는 기제라는 점에서 타당하다.

계약법의 기본원리의 적용 결과 3각관계 부당이득 사안에서 반환의무자를 결정할 때 실제 재산이동방향이 아니라 계약상대방이 누구인지가 결정적으로 된다. 즉 지시 사안에서 지시인, 제3자를 위한 계약에서는 요약자, 채권양도 사안에서는 양도인을 상대로 반환청구를 해야 한다. 그 이유로는 애초 채무자가 기대한 것은 자신의 계약상대방으로부터의 반대이행이었다는 점, 제3자를 상대로 직접청구를 인정하면 손실자에게 계약상대방의 무자력의 위험을 우회할 가능성이라는 거래되지 않은 망외(望外)의 득을 제공하

---

18) 해설서, VII.-2:102, 3966에서는 '이행당사자는 계약상대방을 선택하였고 기대가 좌절되는 위험을 받아들였다(the performing party has sought out the contractual partner and accepted the risk of disappointment)'고 서술하고 이를 "근본원칙"(fundamental principle)이라고 하고 있다.

고 그 결과 계약이 정상적으로 진행된 것보다 손실자가 더 많은 이득을 얻게 된다는 점, 다른 한편으로 손실자에게 수령자에 대한 무자력의 위험을 부담지워서는 안 된다는 점 등이 제시된다.

다. 예외

계약법의 기본원리가 적용되기 위해서는 단순히 계약관계의 존재만으로는 부족하고 채무이행이 채무범위 내에서 이루어질 것이 요구된다. 이는 민법과 DCFR 모두 적용되는데, 그 결과 채무자가 오상으로 채무를 이행하거나 채무범위를 초과하여 이행하거나 중복하여 이행한 경우에는 '직접' 청구가 인정된다. 여기에는 지시부존재 사안, 제3자를 위한 계약에서 수익자를 착오하여 채무를 이행한 사안, 채권이 아예 양도되지 않은 경우, 양도된 채무보다 초과이행한 경우, 존재하지 않는 채권이 양도되고 채무자가 그것을 양수인에게 이행한 경우가 포함된다. 다만 이 경우 유효한 대가관계가 존재하는 경우 선의 수령자 보호의 문제는 여전히 남는다.

다음으로 DCFR에서는 채무이행의 임의성이 부정되는 경우 예외적으로 직접청구를 인정한다(2:102(a), 2:103(1)). 민법은 부당이득법상 이러한 직접청구를 원칙적으로 인정하고 있지 않지만 민법상 이에 상응하는 것으로 원물반환이 문제되는 경우 물권행위 유인성에 기한 소유물반환청구권을 들 수 있다. 민법이 부당이득반환청구권을 채권적 효력을 갖는 것으로 한정하고 있지만, DCFR은 이를 채권적 효력으로만 한정하고 있지 않다는 점(7:101(2)), 그리고 DCFR이 부당이득반환청구권을 소유물반환청구를 모델로 구성하고 있다는 점에서 이러한 기능적 비교는 의미가 있다. 그 경우 소유물반환청구권과 관련하여 계약법의 기본원리의 사정범위가 조정되어야 한다.

DCFR도 무효·취소로 인한 청산의 경우 물권행위 유인성의 입장이고,[19)]

---

19) Ⅷ.-2:202(1) 및 (2). 그밖에도 Ⅷ.-2:101(2)는 유인성을 전제하는 조문이다. 다

따라서 원물반환이 문제되는 경우에는 물권적 청구권과 부당이득반환청구권의 경합이 인정되는데(7:101(3)) 상호간의 관계에 대하여는 규율하고 있지 않고 해설서에서도 별다른 설명이 없다. 민법에서는 급부이득의 경우, 특히 계약청산으로 인한 원물반환에 있어서 유인주의를 취하고 있으므로 소유권은 자동복귀하고, 따라서 점유회복만이 문제되는데, 이러한 점유회복은 소유물반환청구(제213조)로도 가능하다는 점에서 부당이득반환청구(이른바 "점유부당이득")와 소유물반환청구 간의 경합여부가 문제된다. 통설은 원론적으로는 양자의 경합을 인정하면서도 원물반환의 경우에는 물권적 청구권이 특칙으로 적용된다는 입장이다.20) 이에 대하여는 계약청산의 경우에는 부당이득반환청구권이 적용된다고 보는 견해가 주장된다.21) 그리고 원물반환에 관한 한 양자는 내용상 차이가 없지만 그럼에도 양자의 효력의 작용방식상의 차이를 지적하며 경합을 인정하는 견해가 있다.22) 이러한 견해대립은 부수적 이해관계 조정의 적용법조를 무엇으로 할 것인지에 대한 전초전의 성격을 띠고 있는데, 양자는 그 취지와 법적 성질을 달리하는 별개의 권리이며, 소유자와 손실자가 일치하는 경우라면 물권적 소유물반환청구권으로 충분하지만 타인물건 양도나 순차매도와 같은 사안의 경우에는 소유물반환청구권 외에 별도로 채권적 점유부당이득을 인정할 필요가 있으므로

만 철회, 계약해제, 증여해제의 경우에는 소급효가 배제된다(VIII.-2:202(4)). 이에 대하여는 김진우(2014. 12), 127면 이하 참조. 동, 141면 이하에서는 DCFR이 일찍이 유럽물권법 통일화에 걸림돌로 인식되어 온 무인론 대신 유인론을 채택한 것을 긍정적으로 평가한다.

20) 대표적으로 곽윤직(2003), 350면; 송덕수(2014), 421면. 이때 소유물반환청구권은 부당이득반환청구권의 성질을 갖는다고 본다. 판례도 불법원인급여와 물권적 청구권에 관한 대법원 1979. 11. 13. 선고 79다483 전원합의체 판결에서 양자의 경합을 전제한다.

21) 최상호(1996. 4), 89면 이하; 최수정(2003), 333면; 이은영(2005), 683면.

22) 민법주해/양창수(1992), 제213조, 231면 이하; 김형석(2008. 3), 250면 이하; 지원림(2014), [3-182], [5-246].

양자의 경합을 인정하는 것은 분명한 실익이 있다.23) 그러므로 원칙적으로 원물반환에 관한 한 양자의 경합을 인정하는 것이 타당해 보인다.

2자관계 사안에서 — 물론 부수적 이해관계 조정에 관한 법조문의 차이에 따른 반환범위의 차이를 별론으로 하면24) — 원물 자체의 반환만 놓고 보면 채권적 부당이득반환청구권이든, 물권적 반환청구권이든 큰 실익이 없다. 문제는 3각관계 부당이득 사안의 경우이다. 계약법의 기본원리에 의하면 부당이득반환은 계약관계 내에서 이루어져야 하는데, 받은 이득이 물건이어서 물권행위 유인성에 따른 소유물반환청구가 인정되면, 이를 통해 계약법의 기본원리를 깨고 소유자는 물건의 수령자인 점유자를 상대로 직접청구가 인정되기 때문이다. 3각관계 사안을 거래연쇄에 따른 단축 이행(A-B-C) 으로 구성하는 경우 민법상 이러한 직접 청구권은 배제된다고 볼 수 없다. 그 근거로는 민법 제463조와 제465조 제2항을 들 수 있다. 즉, 물권행위 유인성 하에서 기본관계가 실효되면 물권은 소급적으로 복귀하게 되므로 수령자(C)는 타인(A) 물건으로 변제받은 것(제463조)으로 되는데, 이때 변제받은 수령자가 민법상 보호받는 제3자에 해당하지 않는 한, 변제받은 것을 선의로 소비하거나 타인에게 양도하여 중간자(B)와의 관계에서 변제의 효력이 인정되는 것(제465조 제1항)과는 별개로 민법은 수령자가 (물건 점유시) 소유자로부터 소유물반환청구 또는 (선의 소비 또는 양도시) "배상의 청구"를 받는 것(동조 제2항)을 열어두고 있기 때문이다. 따라서 이 경우 채무를 이행한 손실자(A)는 계약법의 기본원리에 따라 자신의 계약상대방인 중간자(B)를 상대로 계약관계의 청산을 구할 수 있음(가액반환)과 아울러 물권행위 유인성에 따라 직접 수령자(C)를 상대로 소유물반환청구에 기하여 원물의 반환을 받을 수 있다. 손실자가 후자를 선택하여 원물을 회복하게 되면,

---

23) 민법주해/양창수(2005), 547면 이하, 552면 참조.

24) 한편 악의 점유자/수익자의 반환범위와 관련하여 제201조 제2항과 제748조 제2항의 관계를 다룬 대법원 2003. 11. 14. 선고 2001다61869 판결 및 김재형(2004), 169면 이하 참조.

그에 따라 각각의 계약관계 내에서 다시금 청산이 이루어지게 된다. 즉 수령자(C)는 중간자(B)를 상대로 "구상권"을 행사하고(제465조 제2항), 중간자(B)는 다시 손실자(A)를 상대로 자신이 (반대)이행한 것의 반환을 청구할 수 있게 될 것이다. 이를 통해 결국 중간자의 무자력의 위험은 수령자가 부담하게 되는데, 중간자도 수령자의 계약상대방이고, 민법이 이득이 물건인 경우에는 물권행위 유인성을 통해 소유자(A)의 원물회복 이익을 우선함으로써 도출되는 결론이다. 따라서 이때 수령자가 유인주의 하에서 보호받는 제3자에 해당하는지 여부가 중요하게 된다.25)

그러나 이득이 물건이 아닌 금전26) 또는 금전채권인 경우라면(대표적으로 무현금 지급거래) 이러한 물권적 반환청구권은 문제되지 않는다. 이 경우에는 계약법의 원리에 따른 부당이득법적 해결만이 고려될 뿐이고, 그에 따라 수령자를 상대로 하는 직접청구권은 인정되지 않는다.27) 그리고 금전 또는 금전채권의 경우에는 원물반환의 측면은 배제되고 그 실현에 있어서 반환의무자의 자력이 관건이 된다는 점에서, 자신이 계약상대방으로 선택한 자의 무자력의 위험인수를 핵심으로 하는 계약법의 기본원리에 따라 계약상대방으로 반환의무자를 고정시키는 것은 중요한 의미가 있다.

한편 이득이 노무제공인 경우에도 계약법의 기본원리는 큰 의미가 있다.

---

25) 물론 물권적 반환청구권과 채권적 부당이득반환청구권 간의 조화가 요구되는 경우가 있다. 우선 판례는 불법원인급여에 해당하여 부당이득반환청구가 배제되는 경우 물권적 청구권에 기한 반환청구도 배제된다는 입장이다(대법원 1979. 11. 13. 선고 79다483 전원합의체 판결).

26) 금전의 물건성에 대하여는 논란이 있으나(최준규(2009. 11), 92면 이하) 여기서는 일단 금전은 점유하는 자가 소유한다는 통설·판례에 따른다. 전술하였듯이 종래의 통설·판례에 대하여는 유력한 비판이 제기된다. 정병호(2016. 1), 5면 이하; 서을오(2016. 12), 1면 이하.

27) 그 예외로 볼 수 있는 것이 악의의 무상전득자에 대한 직접청구권을 규정한 제747조 제2항인데, 이익의 목적'물'을 '양수'한 제3자가 문제된다는 점에서 적어도 그 직접적용은 어렵다.

대표적인 사안으로 앞서 살펴본 도난차량 수리 사안을 들 수 있는데, DCFR
에 의하면 도급계약은 도급인(도둑)과 수급인 사이에 체결되었지만, 수급인
의 채무이행이 "사기"에 의한 것이었다면 예외적으로 차량 소유자를 상대로
차량수리에 대한 이득반환청구가 인정되는 것이다. 이때 수익자인 차량소유
자는 이득에 대하여 선의이거나 강요된 이득인 경우 비용절감에 대하여만
반환책임이 인정된다. 이러한 예외인정의 근거는 이 경우 계약법의 기본원
리를 지지하는 상대방 선택 과정에서의 임의성이 배제되기 때문으로 본다.
이에 비하여 민법은 계약법의 기본원리에 충실하게 선의 수급인의 경우 물
권적 유치권(제320조) 외에는 다른 구제수단을 인정하지 않는다.

　정리하면 계약법의 기본원리는 계약관계가 유효한 경우 부당이득법이 적
용되지 않는다는 '계약법의 우위'와 관련이 있다. 이는 계약관계가 무효·취
소·해제[28]되어 청산되는 국면에서 반환의무자를 정하는 기준으로도 적용되
어야 하는데,[29] 이는 계약체결시 계약당사자 '선택'에 나타난 당사자의 의
사, 즉 계약이 유효한 경우 자신이 선택한 계약상대방을 상대로 이행 또는
불이행의 책임을 묻고, 계약의 효력불발생 또는 실효시에는 자신이 선택한
계약상대방의 무자력의 위험을 인수하겠다는 것에서 그 근거를 찾을 수 있
을 것이다. 물론 물권행위 유인성 하에서는 급부를 통한 재산이전이 이득인
경우 소유권에 기한 물권적 반환청구권도 고려되어야 한다. 이는 민법이 물
권·채권의 준별하에서 원물반환에 대한 소유자의 이익을 두텁게 보호하려는
입장을 택하고 있기 때문인 것으로, 채권적 부당이득반환청구권과는 별도로

---

28) 전술하였듯이 DCFR의 경우 계약해제는 소급효가 없으므로 부당이득법이 적용되
　　지 않고, 별도의 원상회복규정이 적용된다. 민법의 경우 통설과 판례는 해제의 소
　　급효를 전제로 계약해제로 인한 원상회복의무의 법적 성질을 부당이득반환으로 보
　　면서 제548조 이하가 특칙으로 적용되는 것으로 본다. 곽윤직(2003), 104면 이하;
　　송덕수(2014), 138면. 판례도 같은 입장이다. 대법원 2008. 2. 14. 선고 2006다
　　37892 판결 등.
29) 민법 제548조 제1항이 "각 당사자는 그 상대방에 대하여 원상회복의 의무가 있다"고
　　규정한 것은 다름 아닌 계약청산과정에서의 계약법의 기본원리의 반영인 것이다.

주어지는 구제수단이다. 다만 물권적 반환청구권의 경우 민법은 거래안전 보호를 위해 후술하듯이 별도의 조항들을 두고 있고, 이득의 수령자가 여기에 해당되는 경우라면 보호를 받게 된다. 따라서 계약법의 기본원리는 물권적 반환청구권을 배제하지 않으며, 이득이 물건이어서 원물반환이 문제되는 경우라면 두 가지 원상회복 가능성이 모두 고려되어야 한다. 그러나 그밖에 이득이 금전 또는 금전가치이거나 노무제공인 경우라면, 민법에서는 채권적 부당이득반환청구만이 고려되고 이때는 계약법의 기본원리에 따라 자신의 계약상대방만을 상대해야 한다.

3. 선의유상취득 항변30)

가. 전득자의 반환책임이 문제되는 경우

부당이득법상 이득이 중간자를 거처 최종수익자에게 간 경우('전득'), 손실자가 중간자를 건너뛰고 최종수익자를 상대로 직접 부당이득반환청구를 할 수 있는지가 문제된다. 이는 중간자가 무자력하거나 소재불명인 경우 실익이 있고, 최종수익자에게 이득 내지 그 가액이 남아있다는 점에서 손실자로서는 중간자 대신 최종수익자를 직접 상대하는 것은 여러모로 유리한 점이 있다. 그러나 재화의 유통이 빈번한 현대사회에서 이러한 직접청구를 무제한적으로 허용하면 거래안전에 큰 영향이 있으므로 일정한 요건 하에 최종수익자 내지 전득자를 보호할 필요성이 제기된다.

손실자와 중간자 사이에 계약관계가 존재하는 경우 전득자 보호의 문제는 종래 이익전용소권(actio de in rem verso)의 문제로 다루어져왔다. 이익전용소권은 계약법의 기본원리상 부정되는 것이 타당하고 판례도 같은 입장

---

30) 이하의 내용은 이상훈(2017. 2), 369면 이하를 재구성한 것이다.

이다.31) 따라서 부당이득법상 직접청구의 문제를 논함에 있어서는 손실자와 중간자 사이에 계약관계가 없는 경우가 문제된다. 한편 이득의 객체가 물건인 경우에는 물권법이 우선적용된다. 따라서 물권행위 유인성에 따라 소유권은 손실자에게 자동복귀하게 되고 따라서 이득의 객체인 물건이 제3자에게 갔더라도 손실자는 물건이 현존하는 한 소유자의 지위에서 물권적 반환청구권을 행사할 수 있게 된다. 다만 이 경우 민법은 거래안전 보호를 위한 규정들을 두고 있는데, 일정한 사유로 인한 의사표시 무효·취소의 경우 선의의 제3자를 상대로 대항할 수 없게 한다거나(민법 제107조 제2항, 제108조 제2항, 제109조 제2항, 제110조 제3항) 동산의 경우에는 선의취득(제249조 이하)을 인정한다. 전자가 무효 내지 취소의 효과를 선의의 제3자에게 미치지 않게 하는 방법이라면, 후자는 전득자에게 권리취득 자체를 인정하는 방법이다. 한편 매수인이 매수한 물건을 임대하였는데 매매계약이 무효·취소된 사안과 같이 최종수익자가 물건 자체가 아닌 사용이익만을 얻은 경우에는 민법에서는 소유물반환청구의 부수적 이익조정의 문제로 처리되고, 선의 점유자인 임차인은 제201조 제1항의 과실수취권이 인정되어 사용이익을 취득하게 된다. 이와 같이 민법은 법률행위법과 물권법의 다양한 규정을 통해 권리귀속을 정함으로써 거래안전 보호를 도모하고 있다.

그러나 법률행위법이나 물권법상의 규정을 통해 권리귀속이 정해지더라도 이득조정의 문제가 여전히 남는 경우가 있다. 대표적으로 원물인 물건이 가공이나 부합 등을 통해 더 이상 현존하지 않게 되는 경우를 들 수 있는데, 이 경우 민법은 제261조에서 "부당이득에 관한 규정에 의하여 보상을 청구할 수 있다."고 규정하고 있다. 이러한 보상청구의 문제는 가공이나 부합과 같은 첨부를 통해 소유권취득의 이득을 얻은 자가 제3자인 경우 첨예화된

---

31) 대법원 2002. 8. 23. 선고 99다66564, 66571 판결. 학설도 원칙적 부정설이 다수설이다. 대표적으로 양창수(1987), 270면 이하; 제철웅(2002. 6), 71면 이하 등. 학설상 제한적 긍정설(정태윤(2002. 4), 214면 이하; 김판기(2006. 10), 152면 이하)과 나아가 전면적 긍정설(정상현·이승현(2012), 379면 이하)도 주장된다.

다. 물론 이 경우에도 계약연쇄를 통한 급부 사안이거나 중간자와 최종수익자 간에 선의취득 요건이 충족되면 최종수익자는 계약법의 기본원리 또는 물권법적 권리취득을 통해 보호받게 된다. 그러나 계약연쇄도 아니고 최종수익자가 선의취득요건도 갖추지 못한 채 첨부를 통해 소유권을 취득한다면 이제는 부당이득법상 이득조정의 문제로 된다. 원 소유자가 중간자를 상대로 채무불이행 또는 불법행위에 기한 책임을 묻는 것과 별도로 원 소유자에게 중간자를 건너뛰고 이득을 보유하고 있는 제3자를 상대로 직접 부당이득반환청구를 인정한다면 권리를 상실한 원 소유자의 권리는 보다 두텁게 보호받게 되지만, 중간자를 거쳐 첨부를 통해 권리를 취득한 제3자 보호, 나아가 거래안전에는 반하는 결과로 된다.

앞서 언급한 제3자 첨부사안은 부당이득법상 전득자 보호의 문제를 어떻게 처리할 것인지가 문제되는 하나의 예에 해당한다. 민법이 법률행위법과 물권법의 다양한 규정들을 통해 거래안전을 도모하고 있지만, 이를 통해 규율되지 않는 사안유형이 존재하며 이 경우 권리를 상실한 손실자와 최종 수익자 간의 이익조정이 여전히 문제된다.

나. 전득자의 보호범위

DCFR에서는 부당이득법상 전득자 보호 문제에 대하여 '선의유상취득 항변'을 통한 해결책을 6:102에서 제시하고 있다. 흥미로운 것은 규정방식에 있어 민법 제747조 제2항과는 정반대로 되어 있다는 점인데, 민법이 악의 무상취득자를 상대로 직접청구를 인정하는 적극적 규정방식이라면 DCFR은 선의 유상취득자에게 항변을 인정하여 부당이득반환책임을 배제하는 소극적 규정방식을 취하고 있다. 민법과 DCFR은 악의 무상취득자가 보호받지 못하고 선의 유상취득자는 보호받는다는 점에서는 공통점이 있지만 선의의 무상취득자와 악의의 유상취득자에 대한 취급에서는 차이가 있다. 그보다 더 중요한 것은 민법 제747조 제2항이 매우 제한된 적용영역을 가진 데 비하여, DCFR의 6:102는 간접이득 사안이나 3면관계에서 예외적으로 인정되는 직접 청구 사안의 해결에 있어 중요한 의미를 가지고 있다. DCFR 해설서상에 선의유상취득 항변이 다루어지고 있는 사안들을 살펴보면 다음과 같다.

(1) 선의취득 법리의 연장

물권법상 선의취득의 요건을 갖추면 양수인은 물권적으로 권리취득이 인정될 뿐만 아니라 원 소유자의 부당이득반환청구로부터도 보호를 받게 된다. 민법에서는 선의취득이 제741조상의 "법률상 원인"에 해당하기 때문이고, DCFR에서도 동일한 취지로 설명된다.[32] 이와 같이 선의취득은 물권법적 권리취득의 맥락에서뿐만 아니라 '이득보유'라고 하는 부당이득법적 맥락에서도 의미를 가진다. 따라서 원 소유자와 양수인 간의 이익형량으로서의 선의취득 제도는 부당이득법상 '이득의 정당성'의 판단에 있어서도 중요한 기준으로 차용될 수 있다. 이는 특히 이득이 사용이익과 같이 선의취득의 객체가 아닌 경우, 선의취득의 요건을 갖추지 못한 채 가공이나 부합을 통해 제3자가 소유권을 취득하고 이로 인해 소유자가 소유권을 상실하게 되어 부당이득법상 이득정산이 문제되는 경우가 그러하다. 이러한 경우 분쟁은 부당이득반환청구의 양상으로 나타나지만, 기본적으로 손실자와 수익자(전득자) 간에는 선의취득에서 문제되는 이익상황이 동일하다는 점에서 선의취득 법리의 연장 또는 유추가 요구된다.

구체적으로 사안유형들을 살펴보면, 우선 매매계약이 이행되고 매수인이 매매목적물을 임대하였는데 매매계약이 취소되어 소유권이 복귀된 경우, 소

---

32) 해설서, VII.-2:101, 3897, 사례 31. 즉 선의취득은 법규정에 의한 권리취득이고 규정의 정책상 선의취득자에게 이득보유까지 인정하고 있으므로 선의취득자는 권리상실자를 상대로 이득의 법률상 기초를 가지게 되어 그 이득은 정당해지기 때문이다(2:101(1)(a)와 (3)).

유자인 매도인이 임차인을 상대로 직접 사용이익의 청구를 할 수 있는지가 문제된다. 이 사안에서는 중간자의 처분의 객체가 물건이 아니고 사용이익이라는 점에서 선의취득은 직접 적용되지 않는다. 민법은 이 문제를 소유물반환청구에 관한 부수적 이익조정에 관한 민법 제201조로 해결하고 있다.[33] 여기서 '과실'에는 사용이익도 포함된다는 견해가 통설·판례이고,[34] 그에 따르면 선의의 점유자/임차인은 사용이익에 대한 권한을 가지고, 따라서 임차인의 선악여부가 사용이익 반환 여부의 기준이 된다. 다만 여기서의 선의 요건에 대하여 판례는 적극적인 오신(誤信)을 요구함으로써 단순한 부지(不知)를 의미하는 일반적인 선의 개념보다는 엄격하게 새기고 있다.

DCFR 해설서에서는 보트 한 척의 매매가 이루어지고 매수인이 이를 임대하였는데 매매계약이 강박으로 취소된 사안이 다루어진다. 매도인과 매수인 간에는 계약청산을 위하여 부당이득반환이 이루어질 것인데, 이때 용선인이 용선기간 동안 보트를 사용한 이익을 매도인이 직접 부당이득반환청구를 할 수 있는지가 문제된다. DCFR은 이러한 직접청구를 인정하면서, 다만 선의의 용선인이 이미 차임을 임대인에게 지급한 경우에는 선의유상취득 항변을 인정한다.[35]

위 사안의 해결과정을 비교해 보면, 접근법에서는 차이가 있지만 결과적으로 '선의' 임차인은 사용이익의 보유를 보장받게 된다는 점에서는 동일하다. 민법 제201조에서 '선의' 외에 무과실도 요구되는지에 대하여, 판례가 요구하는 "오신의 정당한 근거"는 사실상 무과실에 근접하는 것으로 해석되고 있고,[36] 그러한 점에서 객체가 물건이냐 사용이익이냐를 제외하면 선의

---

33) DCFR의 경우 민법상 점유자-회복자 관계에 해당하는 규정에서 그 정산은 부당이득편에 의하도록 명시함으로써 통일된 규율을 하고 있다(VIII.-7:103).

34) 곽윤직·김재형(2015), 207면; 민법주해/양창수(1992), 제201조, 391면; 이은영(2002), 361면 이하. 한편 제201조상의 "과실"은 천연과실만을 의미한다는 견해로는 송덕수(2017), 252면.

35) 해설서, VII.-6:102, 4162, 사례 1.

취득과 이익상황이 동일하다고 볼 수 있다. 학설중에도 민법 제201조 제1항이 '작은 선의취득' 또는 '축소된 선의취득'을 정한 것으로 평가하고 있는데,[37] 이렇게 보면 기본적으로 DCFR과 동일한 관점에서 사안이 해결되고 있음이 확인된다. 다만 DCFR이 선의취득의 요건으로 취득의 유상성을 요구한다는 점에서, 임대차가 아닌 사용대차의 경우라면 민법과 DCFR은 결론에서 차이가 있다.[38] 즉 민법에서는 무상의 경우에도 '선의'이기만 하면 점유자는 물건의 사용이익을 취득하지만,[39] DCFR에서는 무상취득자는 사용이익을 반환해야 한다.

다음으로 이른바 '간접이득' 사안이 다루어지는데, 앞서 살펴본 도품 부합 사안[40]이 그 예이다. DCFR에서는 수급인이 도품을 도급인의 재산에 부합시킨 경우 도급인이 선의라면 선의유상취득 항변으로 보호된다. 민법에서는 소유권유보부 자재 부합 사안이 다루어졌는데, 대법원은 첨부로 인한 보상청구(제261조)를 법률요건준용으로 보고 이득의 '법률상 원인'을 판단함에 있어 선의취득법리를 차용한 해결법을 채택하고 있음(2009다15602)은 기

---

36) 김증한·김학동(1997), 228면; 민법주해/양창수(1992), 제201조, 383면 이하. 김상용(2013), 278면은 무과실이 요구된다는 입장이다.
37) 양창수·권영준(2015), 452면 주 3. 주석민법/김형석(2011), § 201, 372면에서는 제201조 제1항의 취지를 과실에 한정된 선의취득으로 이해한다면 무과실을 요구하는 판례의 태도가 타당하다고 한다.
38) 무상의 경우에는 과실수취권을 부정하는 것이 형평에 부합한다고 보는 견해로 이영준(2009), 381면. 그러나 독일법과 같은 명문의 규정이 없는 우리 민법상 그러한 해석은 어렵다. 김증한·김학동(1997), 230면; 민법주해/양창수(1992), 제201조, 390면; 이은영(2002), 361면; 주석민법/김형석(2011), § 201, 372면.
39) 민법 제201조와 관련하여 선의의 유상점유자에 한정하지 않는 광범위한 점유자 우대에 대하여는 의문이 제기되고 있다. 양창수·권영준(2015), 451면 이하. 독일민법의 경우 유상으로 점유를 취득한 선의의 점유자에게만 과실수취권을 인정하고 있고, 무상으로 점유를 취득한 자의 경우 부당이득법에 따라 과실을 반환해야 한다(동법 제988조).
40) 해설서, VII.-6:102, 4163, 사례 3.

본적으로는 DCFR과 궤를 같이 한다고 볼 수 있다. 그렇다면 관건은 도급인에게 부합 전에 건축자재에 대한 선의취득 가능성이 있었는지인데, 소유권유보부자재와 같은 경우와 같이 점유위탁물이라면 도급인의 선의·무과실이 관건이 될 것이고, 앞서 도품이 수급인에 의해 부합된 사안이라면 역시 도급인의 선의·무과실을 전제로 제251조에 따라 그 취득경로, 즉 어떤 수급인과의 공사도급계약을 통해 부합이 이루어졌는지가 추가적으로 고려되어야 할 것이다. 다른 한편으로 도급계약이 유상계약이라는 점에서 결과적으로 민법에서도 선의유상취득자 보호가 고려되고 있음이 확인된다.

(2) 3면관계에서의 선의 수령자 보호

유형설에 따르면 3면관계 사안을 단축급부로 구성함으로써 직접청구를 배제하고, 부당이득반환은 각각의 원인관계에서 이루어지도록 한다. 그 근거로 각 당사자는 각각의 급부관계의 상대방에 대한 무자력의 위험을 부담하는 것이 타당하고 만약 인정하게 되면 수령자는 지시인에 대해서, 지시인은 출연자에 대하여 가지는 대항사유를 상실하게 되기 때문이라는 계약법의 기본원리가 제시되고 있기도 하고,[41] 이러한 결론이 민법 제747조 제2항의 취지에 비추어 타당하고 직접청구를 인정하게 되는 경우 출연자와 수령자가 자신의 계약상대방이 아닌 자와 다투어야 한다는 사정도 고려되어야 한다고 한다는 지적도 제시되고 있다.[42] 그리고 이는 보상관계가 부존재하는데 지시만 존재하는 사안에서도 적용되고,[43] 지시철회·취소 사안에서는 지시인의 귀책성, 선의 수령자의 보호를 고려하여 직접청구를 제한하고자 한다.[44]

비교법적으로도 3면관계 사안에서 선의 수령자를 보호하기 위하여 다양

---

41) 김형배(2003), 296면.
42) 김형석(2006. 9), 324면
43) 김형석(2006. 9), 298면.
44) 김형석(2006. 9), 317면 이하, 322면 이하.

한 논거가 동원되고 있다. 영국에서는 은행이 고객의 자력에 대한 착오로 이체하였는데 대가관계상 유효한 채권을 가지고 있었던 선의 수령자에 대한 은행의 직접청구를 배제하기 위해 유효한 약인(good consideration) 항변이 동원되고 있고,[45] 독일에서는 지시철회 사안의 경우 손실자의 귀책성, 선의 수령자의 보호 필요성, 그리고 보상관계에 하자있는 사안과의 유사성이 지적되고 있다.[46]

전술하였듯이 DCFR은 계약법의 기본원리에 따라 기본적으로 3면관계에서 원인관계의 하자는 각 원인관계의 당사자 간에 해결하도록 하고 있다. 그러면서 이행의 임의성이 배제되는 경우에는 직접청구를 인정하는데 (2:103(2)), 다만 '착오'는 이행의 임의성을 배제하는 사유가 아니므로 직접청구가 배제된다. 따라서 DCFR에서도 은행의 착오이체 사안에서는 직접청구가 부정된다.[47] 이로써 수령자는 은행의 직접청구로부터 보호받게 된다. 한편 지시철회·취소 사안의 경우 DCFR의 기본적인 태도는 지시부존재와 같이 보아 일단 직접청구를 인정하는 입장이다. 이는 대가관계가 부존재한 경우에 대한 설명이고, 유효한 대가관계가 존재하고 수령자가 선의라면 선의유상취득의 항변(6:102)이 인정될 것으로 보인다. 이는 DCFR상의 선의 유상취득 항변의 적용범위가 대단히 넓다는 점에서도 지지된다.

이와 같이 DCFR은 계약법의 기본원리에 기초하면서 임의이행성 배제의

---

45) 이에 대하여는 Goff & Jones (2011), paras. 2-15ff. 참조. Lloyds Bank Plc v Independent Insurance Co Ltd [2000] Q.B. 110도 참조.

46) *MünchKomm*/Schwab (2013), § 812, Rn. 109ff. 그 외에도 은행은 이행보조자로서 지급의무 이행에 삽입되었을 뿐이라는 논거도 제시된다.

47) 해설서, VII.-2:102, 3963, 사례 1. 그 이유로 은행은 계약상 이체할 의무가 있었고 착오는 임의이행 배제사유가 아니므로 2:102에 의하여 수령자의 이득이 정당화되는 것으로 보는데, 은행은 고객의 일정한 신용등급을 전제로 이체의무를 부담한다는 점에서 이는 계약에 따른 임의이행이라기보다는 지시에 따른 변제효 사안으로 보는 것이 타당할 것이다. 고객의 잔고 부족임에도 은행이 착오로 이체한 사안으로 해설서, VII.-2:102, 3967, 사례 9 참조.

경우 넓게 직접청구를 인정하고 있다. 그리고 그에 대한 균형으로 선의유상
취득 항변으로 수령자의 보호를 도모하고 있다. 이와 관련하여 해설서에서
는 다음의 '이중 무권대리 사안'을 다루고 있다. 사기꾼 X가 E의 대리인임
을 참칭하며 D에게 E의 계좌로 입금하도록 하고, E에게는 D의 대리인임을
참칭하여 입금이 확인되면 자신에게 물건을 보내도록 한다. 이 경우 D의 E
에 대한 이체는 X의 기망에 의한 것이므로 D는 E를 상대로 직접청구가 가
능하게 된다(2:102(a), 2:103 (2)). 다만 이때 E가 선의이면(DCFR의 선의 요
건상 '무과실'까지 요구됨) 6:102상의 항변을 원용할 수 있게 되고 이에 따
라 E는 보호받게 된다.[48] 위와 같이 보상관계와 대가관계 모두 무권대리로
부존재한 사안에서 무효인 지시에 따라 수령자에게 직접 출연이 이루어진
경우 민법상으로는 단순한 2자관계 사안으로 처리될 것이지만, DCFR은 이
경우에도 선의 유상취득의 항변으로 수령자를 보호하고 있다. 결국 이 경우
D는 X를 상대로 무권대리인의 손해배상책임만을 물을 수 있게 된다
(II.-6:107). 결국 DCFR에서는 선의의 '유상'취득성이 중요하다는 점이 확인
된다. 그리고 여기서의 '유상'은 대가관계의 유효를 전제하지 않음도 알 수
있다.

비교법적으로 영국에서는 이와 유사한 사안에서 선의 수령자의 보호를
위해 대륙법상 이득소멸의 항변에 상응하는 '상태변경'(change of position)
의 항변이 동원된다. Dextra Bank and Trust Co Ltd v Bank of Jamaica 판
결[49]에서 원고(Dextra Bank)는 피고(Bank of Jamaica)를 위하여 약 3백만 달
러의 수표를 발행하였다. 원고는 피고의 서명이 있는 약속어음을 담보로 피
고에게 외환대출하기 위하여 수표를 발행했다고 생각했고, 피고는 자메이카
달러를 미국 달러로 교환하는 외환매매를 위하여 수표를 받고 이를 위하여
자메이카 달러를 원고가 지정한 자들에게 지급했던 것으로 생각하였는데,

---

48) 해설서, VII.-6:102, 4163, 사례 2.
49) [2002] 1 All ER (Comm) 193.

실제로 원·피고 모두 중간의 제3자에게 기망당한 것이었고, 제3자가 피고로
부터 달러를 받아 챙겼다. 여기서 추밀원은 원고의 착오에 기한 반환청구를
기각하고, 설사 원고의 청구가 인정된다고 하더라도 상태변경의 항변이 인
정될 수 있음을 가정적으로 설시하였다.[50] 선의 유상취득자가 보호받는다는
점에서는 결과적으로 DCFR과 같은 입장으로 보인다.[51]

  한편 대법원 2008. 9. 11. 선고 2006다46278 판결은 3면관계에서의 수령자
보호의 범위와 관련하여 주목을 요한다. 문제된 사안에서는 재건축조합이 총
회 결의로 조합원들에게 추가부담금 납부의무를 부과하면서 이를 동 조합이
공사대금채무를 지고 있는 피고에게 납부하도록 지시하였는데, 총회의 결의
가 부존재 또는 무효였고, 피고는 이를 알고 있었다. 원심은 제741조의 요건
에 따라 손실과 이득을 인정하고 피고가 이러한 이득을 보유하는 것이 "공평
의 관념"에 따라 부당하다고 본 뒤, 직접적인 인과관계는 인정하기 어렵지만,
피고가 악의이므로 반환할 의무가 있다고 판시하였다. 그러나 대법원은 이익
전용소권을 부정한 판례(99다66564)와 분양대금 지급지시 판결(2001다
46730)에서 설시한 계약법의 기본원리를 설시한 후, 이 사건을 지시로 인한
단축급부사안으로 구성하고("이른바 삼각관계에서의 급부가 이루어진 경
우"), 이러한 법리에 따를 때 제3자가 급부를 수령함에 있어서 계약의 일방
당사자가 상대방에 대하여 급부를 한 원인관계인 법률관계에 무효 등의 흠
이 있었다는 사실을 알고 있더라도 "그 급부의 수령에 대한 유효한 법률상
원인을 보유하고 있다"고 보아 원심을 파기환송하였다. 이 사안에서는 피고

---

50) 이 사안에서는 피고가 원고로부터 수표를 수령하기 전에 이미 제3자가 지정한 자
    들에게 달러를 지급했다는 점에서 이득 전의 상태변경 항변(anticipatory changes
    of position)의 인정 여부가 문제되었는데 이득과 상태변경 간의 인과관계만 인정되
    는 한 이득을 예상한 이득소멸의 경우에도 상태변경 항변이 인정되었다. 이에 대하
    여는 *Goff & Jones* (2011), paras. 27-29.
51) *Goff & Jones* (2011), para. 29-21에서는 선의 유상취득(bona fide purchase) 항변의
    원용가능성을 시사하는데, 그 경우 DCFR의 태도와 같게 된다.

가 위 총회결의의 부존재 또는 무효에 대하여 악의라는 사정(피고는 재건축
조합과 공동사업주체였으며 위 재건축조합 사무실 옆에 직원을 상주시키면
서 조합업무를 대행하고, 추가부담금 납부에 관한 이 사건 총회결의를 주도
하고 그 이행을 사실상 강제하였다)은 결론에 영향을 미치지 못하였다.

DCFR에 따르면 이 사안에서 원고의 지시에 따른 이행은 임의이행성이
배제될 가능성이 크다. 그 경우 원고는 수령자인 피고에게 직접청구가 가능
할 것인데, 피고는 지시인과의 대가관계상 공사대금 채권자라는 점에서 유
상취득자이기는 하나 악의이므로 보호받지 못하게 될 것인데, 이로써 급부
개념에 따른 해결법과 결론에 있어서 차이가 나타난다.

다. 검토

DCFR은 계약법의 기본원리를 전제로 3자관계 사안에서 직접청구를 제한
하면서, 예외적으로 직접청구가 인정되는 경우에도 선의유상취득 항변을 통
해 수령자를 보호하고 있다. 이는 선의취득법리의 연장으로 설명되는데 따
라서 객체나 양수 요건과 관련하여 선의취득의 요건을 충족하지 못한 경우
에도 이득이 첨부 등을 통해 더 이상 소유물반환청구를 통한 원물반환이 불
가능해졌다면 부당이득반환청구로부터도 보호받게 된다. 나아가 계약법의
기본원리의 예외로서 이행의 임의성이 배제되어 직접청구가 인정되는 경우
에도 선의 유상취득자는 보호받게 된다.

비교 결과 민법과 DCFR은 전득자의 보호범위에 있어서 선의의 유상취득
자에 국한할 것인지 아니면 선의의 무상취득자도 보호되는지에 있어서는
차이를 보인다. 민법은 물권법적으로 선의자 보호에 초점을 두고 취득의 유
상성 여부는 고려하고 있지 않다. 그리하여 선의취득의 경우뿐만 아니라 의
사표시 무효·취소로 인한 제3자 보호조항에서 모두 선의자라면 무상취득자
도 보호를 받는다. 전득의 객체가 사용이익인 경우에도 선의자이기만 하면

제201조 제1항에 따라 사용이익을 취득할 수 있게 된다. 3면관계 사안에 있어서도 판례는 단축급부 구성에 따라 부당이득 청산은 각 급부관계에서만 이루어지게 하는데, 그렇다면 대가관계가 무상이더라도 제747조 제2항으로 인해 수령자가 선의라면 출연자의 직접청구는 배제된다.[52]

반면 DCFR에서는 선의 무상취득자는 보호받지 못한다. 이는 DCFR이 선의취득법에서 취득의 유상성을 요건으로 하고 있고, 선의취득의 연장으로서 부당이득법상 선의유상취득의 경우에만 항변이 인정되고 있는 것과 관련이 있다. 따라서 무단임대인으로부터 임대한 사안에서 소유자가 임차인을 상대로 직접 사용이익의 반환을 청구하는 경우 선의의 임차인은 보호받지만, 만약 유상의 임대차가 아니라 무상의 사용대차였다면 선의의 사용차주는 보호받지 못한다. 이 경우 민법이 제201조 제1항에서 '선의'요건만을 규정함으로써 양자에 차이를 두지 않는 것과는 대비된다.

비교법적으로 전득자의 유상취득 여부가 부당이득반환청구권의 성부에 있어서 중요한 요소로 고려되고 있음이 확인된다. 독일의 경우 무권리자로부터 유효한 취득의 경우에도 무상취득이면 직접청구권을 인정하고 있으며(제816조 제1항 제2문), 나아가 권리자로부터 취득한 경우에도 무상취득자의 경우 보충적이기는 하나 직접청구를 당하게 된다(제822조). 나아가 점유자-회복자 관계에서 부수적 이익조정에 있어서도 선의의 유상점유자의 경우만 수익반환의무를 배제해준다(제993조 제1항 제2문).[53] 이는 모두 선의자라 하더라도 무상취득자의 경우 손실자에 비하여 보호해 줄 필요가 없다는 판단에 기초한 것이다.

이와 비교할 때 민법도 제747조 제2항에서 간접적으로 선의유상취득자에 대한 보호를 규정하고 있다. 다만 DCFR과는 달리 악의이면서 무상인 전득

---

52) 김형석(2006. 9), 297면은 우리 민법이 직접청구를 허용하기 위한 요건으로 최종수익자의 '악의' 요건까지 요구함으로써 직접청구를 더욱 엄격하게 인정한다고 본다.
53) 선의취득 규정(제932조)과 평행하게 침해부당이득을 저지하는 법률상 원인이 된다는 견해로 Larenz/Canaris (1994), § 67 III 2f.

자를 상대로 직접청구를 인정하는 적극적 규정방식을 택하고 있는데, 그 요건이 대단히 엄격하고 나아가 물권행위 유인성을 고려한다면 직접 적용될 수 있는 예는 매우 적다.54) 그리고 이러한 규정방식에 대하여는 유력한 비판이 제기되고 있고,55) 이러한 비판은 매우 설득력 있다고 생각된다. 원물반환이 아닌 가액반환이 문제되는 상황에서 손실자의 입장에서는 이득이 누구에게 '남아 있는지'가 중요한데, 전득자가 유상취득한 경우라면 손실자의 입장에서는 원 수익자에게 남아있는 가액반환을 청구할 수 있지만, 무상취득한 경우라면 원 수익자에게는 더 이상 이득의 가치가 남아있지 않게 된다. 더욱이 수익자가 선의 무상처분한 경우 수익자는 이득소멸 항변이 가능하고(제748조 제1항), 전득자까지 선의라면 이득이 전득자에게 현존함에도 불구하고 손실자는 누구로부터도 반환청구를 하지 못하는 불합리한 결과가 발생한다. 이때 권리를 상실한 손실자와 이득이 남아 있는 무상취득자의 관계에서 후자를 보호할 필요성은 떨어지므로 이득의 취득에 있어 유상성 여부가 중시되어야 한다고 생각한다.56)

　마지막으로 지급지시 사안에서 악의 수령자까지 보호할지가 문제된다. 단축급부 구성 또는 계약법의 기본원리에 의하면 급부연쇄 또는 계약연쇄의

---

54) 박세민(2016), 1042면 이하는 민법 제747조 제2항의 입법경위를 확인할 수 있는 자료는 남아있지 않지만, 우리 입법자가 독일민법 제822조에서와 같이 이득의 무상성과 법률상 원인의 부재를 동치시키려는 의도가 있었지 않았을까 추측한다.

55) 윤진수(2014. 9), 146면은 민법 제747조 제2항과 같은 입법례는 찾기 어려울 뿐더러 민법상으로도 이질적인 규정으로 목적론적 확장이 필요하다는 주장한다. 또한 권영준(2014. 12), 182면 이하는 민법 제747조 제2항은 손실자와 무상전득자의 보호가치 비교에 있어서 무상전득자의 신뢰를 보호하겠다는 것인데 손실자에게 신뢰야기에 대한 책임을 귀속시키기도 마땅치 않을 뿐만 아니라 선의의 무상전득자에게는 보호가치 있는 충분한 신뢰투자를 인정하기도 어렵다는 점에서 동조에 대한 문제를 제기한다. 참고로 2013년 법무부 민법개정안에서 동조에 관하여 악의 요건 삭제 논의가 있었으나 받아들여지지 않았다.

56) Clive (2004), 601f.도 일반적인 이익전용소권은 인정되어서는 안 되지만 예외적으로 전득자가 무상이거나 악의인 경우에는 이를 인정하는 것이 적절할 것으로 본다.

경우 수령자의 선악 여부는 직접청구권의 인정 여부에 영향을 미치지 않는데, 이러한 입장은 기본적으로 타당하다. 그러나 위 대법원 판결(2006다46278)에서 문제된 사안에서와 같이 채무자가 부존재 또는 무효인 총회결의를 근거로 지급을 지시하였고 수령자가 그 과정을 주도하여 이행을 사실상 강제한 경우라면 그러한 수령자까지 단축급부로 보아 대가관계상 변제효 인정을 통해 보호해 줄 필요가 있는지는 의문이다. 임의이행성 부정을 이유로 예외적으로 직접청구권을 인정하면서 선의유상취득 항변을 통한 수령자 보호라는 DCFR의 해결법에 의하면 이 경우 악의 수령자는 보호받지 못하게 된다. 위 사안에서 민법상 직접청구가 배제되는 이유는 보상관계가 부존재함에도 지시인의 '유효한' 지시가 있었고, 그 지시에 따라 피지시인이 출연을 함으로써 대가관계상 채무변제효가 인정된다는 것인데, 이는 다음의 suum recepit 논거와도 관련이 있다.

라. Suum recepit 논거의 검토

앞서 설명한 선의유상취득자 보호는 대가관계상 채권자로서 '자신의 것을 수령하였다'는 'suum recepit'의 인정여부와 밀접한 관련이 있다.[57] 이는 보상관계가 부존재 또는 하자있는 경우에 대가관계가 유효하면 채권자

---

57) 민법상 suum recepit 논거를 정면으로 다룬 글은 아직 발견하지 못하였다. 다만 부분적으로 그 적용가능성을 언급한 문헌들이 있는데 가령 김형석(2006. 9), 289면 주 6에서는 민법상 이 논거가 그 자체로 결정적인 논거는 될 수 없지만, "적법하게 수령한 급부의 보유에 관한 채권자의 신뢰가 보호되어야 한다는 평가를 포함하고 있다는 점에서 다른 여러 이익형량 요소들과 함께 고려되어야 할 중요한 평가요소임은 부정할 수 없다"고 언급한다. 아울러 박세민(2007), 136면에서는 suum recepit 논거가 "채권관계의 상대성원칙에 정면으로 도전"하는 소지를 지적하면서도, 179면에서는 "부당이득법적 해결에 있어 가치의 흐름을 강조할 때에 그것의 보조적 도구개념으로 등장하는 것"으로 이를 수용함에 있어서는 우리 부당이득법의 개념과 체계에 적응시키는 작업이 선행되어야 함을 지적한다.

가 수령한 것은 대가관계에 기해 자신의 것을 수령하였으므로 반환하지 않아도 된다는 데에 있어 중요한 논거로 동원되는데, 대가관계상의 변제효에 초점을 두고 선의 수령자의 변제수령에 대한 신뢰 보호를 목표로 한다.58) 결론적으로 유효한 대가관계에 기해 채권자가 선의로 피지시인으로부터 수령하였다면, 지시를 이행한 채무자는 보상관계상의 하자나 항변을 수령자를 상대로 원용할 수 없게 된다. 이러한 결론은 급부개념 또는 계약법의 기본원리에 따르더라도 동일하게 도출된다. 그러나 사안에 따라서는 유의미한 결론의 차이가 나타나는 경우가 있는데, 이중하자 사안의 경우와 지시는 무효이지만 대가관계가 유효한 경우가 그러하다. 전자의 경우 'suum recepit'만을 근거로 한다면 채권자는 '자신의 것을 수령했다'고 말할 수 없으므로 직접청구를 당할 수 있게 되고, 후자의 경우 그 경우에도 '자신의 것을 수령했다'고 볼 수 있기 때문이다. 나아가 편취금전 변제 사안도 넓게 보면 채권자가 편취자와의 유효한 채권관계에 기한 변제수령과 그에 기한 변제효를 주장할 수 있는지가 문제된다는 점에서 함께 다룰 필요가 있다.

(1) DCFR

전술한 바와 같이 DCFR은 계약법의 기본원리에 따라 하자있는 원인관계 내에서 청산이 이루어지도록 하고 있고, 이는 이중하자 사안에서도 마찬가지이다. 따라서 원칙적으로 직접청구는 금지된다. 예외적으로 직접청구가 인정되는 경우 선의유상취득 항변을 통해 변제를 수령한 선의 채권자를 보호한다. 즉, 지시 부존재 또는 지시철회 사안에서 대가관계가 유효한 경우 선의유상취득 항변을 통해 이를 자신의 채무자와의 채권관계상 이루어지는 변제로 여기고 수령한 선의의 채권자는 부당이득반환청구자인 (외

---

58) 이러한 suum recepit 또는 suum petit은 로마법에서부터 기인한다. 이에 대하여는 이상훈(2017. 4), 33면 이하 참조.

견상) 피지시인을 상대로 '자신의 것을 수령하였다'고 원용할 수 있게 되는 것이다.

한편 편취금전 변제 사안의 경우 DCFR은 이득소멸 항변을 통해 해결한다. 즉 편취자가 편취금전으로 변제하는 경우 변제를 수령한 채권자는 자신의 '채권'을 상실하는 '이득소멸'을 당했다는 것(6:101(1))을 손실자인 피편취자를 상대로 원용할 수 있게 된다. 물론 이득소멸 항변을 원용하기 위하여 채권자는 선의(+ 무과실)이어야 한다. 결론적으로 DCFR에서는 이중하자 사안을 제외하면, 선의 채권자의 경우 suum recepit 항변이 인정된다고도 볼 수 있다.

(2) 민법상 suum recepit 논거 인정 여부

민법상 suum recepit 논거의 인정 여부를 검토함에 있어서 먼저 변제법상(제460조 이하) 유효한 변제가 이루어졌는지에 대한 판단이 요구된다. 가령 지시 부존재 사안에서 수령자와 외견상 지시인 간에 대가관계상 채권이 있고 나아가 수령자가 선의라 하더라도 수령자는 외견상 피지시인으로부터 부당이득반환청구를 당하는데, 이는 외견상 피지시인의 변제효가 인정되지 않기 때문이다. 이는 피지시인은 어디까지나 외견상 지시인에 대한 채무변제를 의욕한 것이지 지시인의 수령자에 대한 채무변제, 즉 제3자 채무변제를 의욕하지 않았기 때문이다.[59] 독일의 다수설도 같은 이유에서 제3자변제

---

59) 이 문제는 변제의 법적성질을 어떻게 볼 것인지에 관한 복잡한 학설대립이 갈려있지만(이에 대하여는 민법주해/김대휘(1995), 전론(제1관 변제), 20면 이하 참조), 제3자변제가 되기 위하여는 제3자가 타인의 채무를 변제한다는 의사를 가지고 있어야 하고 이러한 의사가 타인의 채무변제임을 나타내는 '변제지정'을 통하여 표시되어야 한다는 점에서(다만 대법원 2010. 2. 11. 선고 2009다71558 판결에서는 채권자가 변제를 수령하면서 제3자가 타인의 채무를 변제하는 것이라는 사실을 인식하였다면 타인의 채무변제라는 지정이 있었다고 인정한다), 그러한 변제지정이 없는 한 제3자변제는 효력이 없다고 보아야 한다. 한편 변제의 법적 성질과 관련하여 '변제'와 '변제행위'는 구별해야 한다는 점에서 준법률행위설은 타당하지 못하고,

효를 부정하고 직접청구를 인정하는데,[60] 그 이유로 이때 직접청구가 부정
된다면 외견상 지시인에게는 강요된 이득일 뿐만 아니라 나아가 시효완성
임박, 유치권, 상계적상에서의 반대권리 상실 등의 불이익을 입게 된다는 점
이 논거로 제시된다.[61]

그러나 채권자로서 '자신의 것'을 수령한 것인지는 변제법만으로는 결정
되지 않는다. 가령 변제로서 타인물건을 인도한 경우 민법은 변제로 받은
물건을 채권자가 선의로 소비하면 채무자와의 관계에서 변제효를 인정하고
는 있지만(제465조 제1항), 변제물의 소유자로부터 부당이득반환청구를 당
하는 것까지 막아주지는 않는다(동조 제2항). 다른 한편으로 유효한 변제는
아니지만 민법이 선의 채권자를 보호하기 위하여 변제자로부터 비채 부당
이득반환청구를 제한함으로써 결과적으로 변제의 유효성이 인정되는 경우
가 있다. 대표적으로 타인의 채무의 변제에 관한 제745조가 그러한데, 민법
은 실제 존재하는 타인의 채무라 하더라도 단순 비채변제(주관적 비채변제)
로 보아 오상변제자의 수령자에 대한 직접청구를 인정하는 것을 전제로 하
면서, 다만 변제수령자의 신뢰를 보호하여 채권자에게 불이익한 상태변경이
있는 경우에는 반환청구를 제한한다. 즉 채권자가 선의이며 변제수령 후 이
를 신뢰하여 일정한 불이익한 상태변경이 이루어진 경우라면 변제수령의
정당성이 인정되고, 따라서 변제자는 채무자를 상대로 구상해야 한다(동조
제2항). 따라서 민법상 변제의 '수령'만으로 채권자의 이득보유는 정당화되
지 않음을 알 수 있다.

나아가 단순히 채권관계의 존부만으로 suum recepit 여부가 결정되는 것
도 아니다. 지시 사안에서 대가관계에 하자가 있거나 대가관계와 보상관계

아울러 제3자변제와 타인채무 변제(제745조 제1항)를 구별하기 위해서는 변제자의
'변제지정'이 요구된다는 점에서 급부가 사실적으로 실현되면 그것만으로 변제효
가 발생하여 채권이 소멸된다고 보는 사실적 급부실현설은 재고될 필요가 있다.

60) *MünchKomm*/Schwab (2013), § 812 Rn. 81ff.

61) Canaris (1973), 824f. (= *GS.* Band 3, 739f.).

가 모두 하자있는 이중하자의 경우 수령인은 '자신의 것'을 받지 않았기 때문에 출연자에게 직접청구가 인정되어야 하겠으나, 전술한 바와 같이 계약법의 기본원리에 따라 자신의 계약상대방을 상대로만 부당이득반환청구가 가능한 것이다. 결국 계약법의 기본원리가 suum recepit 보다 우선 적용된다.

한편 편취금전 변제 사안에서 우리 대법원은 변제를 수령한 채권자의 선의·무중과실을 기준으로 삼아 해결한다. 즉, 채권자가 변제를 수령함에 있어서 악의 또는 중대한 과실이 있는 경우 채권자는 금전취득에 있어 법률상 원인을 결여한 것이지만 단순한 과실이 있는 경우에는 "그 변제는 유효하고 … 법률상 원인을 결여한 것이라고 할 수 없다"고 본다.[62] 대법원은 편취금전 변제 사안을 '법률상 원인 존부'문제로 다루고 있는 반면 DCFR은 이득소멸 항변으로 다룬다는 점에서는 차이가 있지만, 결론에 있어서는 대체로 유사하다고 볼 수 있다. 역시 여기에서도 채권관계가 존재하고 변제를 수령한 것만으로는 부족하고 변제수령에 대한 신뢰를 보호할 필요성이 요구되는데, 그 기준으로 대법원은 '선의·무중과실'을 제시하고 있다고 볼 수 있다.

이와 같이 채권자로서 '자신의 것'을 받았는지는 변제자와 변제수령자 간에 채권관계의 존부 내지 변제수령자가 채권자라는 사실만으로는 결정되지 않는다. 변제수령자가 변제받은 것에 대하여 변제물의 소유자 또는 변제자로부터 부당이득반환청구를 당하지 않아야 결과적으로 '자신의 것'을 받았다고 인정받을 수 있게 되는데, 이를 위해서 단순히 채권자로서 수령하였다는 것만으로는 충분하지 않고, 변제수령에 대한 신뢰보호의 필요성이 요구된다. 이에 대한 단초는 타인의 채무 변제에 관한 제745조 제1항에서 제공하는데, 단순한 변제수령만으로는 충분하지 않고 추가적인 사정, 즉 증서훼멸, 담보포기, 시효도과와 같은 불이익한 상태변경이 있어야 한다. 따라서 suum recepit은 부당이득반환청구를 적극적으로 저지하는 독자적인 논거라기보다는 채권자의 변제수령에 대한 신뢰보호를 고려하여 부당이득반환청

---

62) 대법원 2003. 6. 13. 선고 2003다8862 판결.

구를 당하지 않는 상태 내지 결과에 대한 서술에 불과하다고 할 수 있다.

(3) 비교 및 소결

DCFR과 민법 모두 이중하자 사안은 계약법의 기본원리에 따라 직접청구를 배제하고 있다. 그 외의 사안에서 DCFR은 선의유상취득 항변을 통해 결과적으로 선의 채권자의 suum recepit 항변을 인정하고 있다. 민법에서는 선의 채권자의 변제수령만으로는 부당이득반환청구를 배제하는 독자의 논거로 활용될 수 없다. 즉 채권관계의 존재와 이에 기한 변제수령만으로 채권자의 이득보유가 부당이득법상 정당화되지 않는다. 이는 부당이득법상 이득보유를 정당화해주는 "법률상 원인"에 대한 별도의 판단이 요구됨을 의미한다.

이러한 맥락에서 편취금전 변제 사안에서 채권자가 자신은 채권자로서 유효한 채권의 변제를 받았다는 이유로 피편취자(손실자)로부터 부당이득반환청구를 배제하거나 소유권유보부 자재 부합 사안에서 수급인과의 도급계약이 이득의 법률상 원인이므로 도급인을 상대로 하는 원 소유자의 반환청구가 배제된다는 견해는 재고될 필요가 있다. 채권자가 과연 '자신의 것'을 받았는지 여부는 단순히 채무자와의 채권관계의 존부만으로 판단될 수 있는 것이 아니기 때문이다. 손실자와의 관계에서 이득의 정당화사유가 요구되는데, 판례도 이러한 문제를 의식하여 채권관계 외에 추가적으로 채권자에게 선의·무(중)과실을 요구하고 있는 것이다.

한편 채권자의 보호범위와 관련하여서는 민법이 DCFR보다 더 넓다는 점이 확인된다. 편취금전 변제 사안의 경우 전술한 바와 같이 대법원은 이득의 정당화를 위해 채권자의 선의·무중과실을 요구하는데, 이는 이득소멸 항변을 동원하는 DCFR과 비교해 보았을 때 경과실 있는 채권자까지도 보호한다는 점에서 차이가 있다. 아울러 타인의 채무의 변제에 있어서도 민법은 시효도과와 같이 법적 권리행사가 어려워진 경우뿐만 아니라 담보포

기, 나아가 증서훼멸과 같은 추상적 권리상실 위험이 있는 경우에도 부당
이득반환청구를 원천차단시킴으로써 채권자의 신뢰를 보다 강하게 보호하
고 있는데(제745조), 이는 DCFR이 수령자에게 그로 인한 구체적인 손실의
한도에서만 '이득소멸의 항변'을 인정하는 것과 비교할 때 그 차이가 드러
난다.63)

---

63) 해설서, VII.-6:101, 4142, 사례 4에서는 채권자의 담보포기의 경우 이득소멸 항변
이 인정된다고 하는데, 담보포기 그 자체만으로는 '이득소멸'이 있다고 보기는 어
렵고 이를 통해 채권의 만족에 어려움이 있어야 할 것이다.

결 론

지금까지 제1부에서는 2009년 발표된 DCFR 최종본 중 부당이득편에 대한 검토 및 평가를 한 후 민법에의 시사점을 살펴보고, 제2부에서는 사안별 고찰을 통한 민법과의 비교와 DCFR이 사안해결과정에서 동원하고 있는 핵심논거들을 검토하였다.

DCFR은 유럽연합 회원국들의 비교법 연구 성과를 기반으로 하면서도 이와는 차별된 결정들을 토대로 역사적인 전통에서 벗어난 새로운 체계와 접근법에 기초하여 성안된 부당이득에 관한 최신의 모델규정으로서 의미가 있다. 부당이득법에 국한하여 보자면, 일단 부당이득법 분야에 있어서 모델규정의 성안 자체는 전례 없는 역작으로 평가되고 있기는 하다. 그러나 DCFR에 자체에 대한 일반적인 비판은 별론으로 하더라도,[1] 부당이득편의 경우에도 '시기상조'라는 평가는 그나마 온건한 비판에 속하고,[2] 기존 회원국의 법전통과는 동떨어진 부당이득법 규정을 성안한 것이라는 비판에서부터, 규정의 복잡성과 추상성 및 새로운 법적 개념의 도입에 대한 비판, 나아가 개별사안에 적용하였을 때 부당한 결론이 도출된다는 지적에 이르기까지 부정적인 평가가 지배적이다.[3] 아울러 유럽연합 회원국들에서 택하고 있는 규율체계와는 상이한 접근법을 취하고 있다는 점도 DCFR의 앞으로의

---

1) DCFR을 둘러싼 논란과 효용성에 관하여는 김진우(2009. 10), 14면 이하 참조.

2) Wendehorst (2006): "somewhat premature"; Schulze (2008), 22: "not yet suitable as a direct guideline for EC legislation"; Smits (2008), 162: "too early to draft detailed rules"; Smits/Mak (2011), 255: "유럽 사법에서 부당이득법 분야의 조화를 시도하는 것은 아마도 아직은 너무 이를지도 모른다".

3) Jansen/Zimmermann (2010), 103, n. 29에서는 부당이득법과 관련하여서 수많은 신조어와 기이한 발명물로 가득 차있고 어떠한 확립된 국내법적 전통도 따르지 않는다고 평가한다.

운명에는 부정적이다. 여기에 더하여 최근 나타나고 있는 유럽통합에의 동력 상실과 같은 정치적 상황들을 고려해 볼 때 DCFR이 실제로 유럽민법초안으로 기능할 수 있을지는 회의적으로 평가된다. 특히 부당이득편의 경우에는 그러한 가능성은 더욱 적어 보인다.

그러나 유럽법통합에 기여하기 위한 '정치적' CFR과는 별개로 '학문적' CFR의 초안으로서 DCFR은 우리에게도 시사해주는 바가 크다. 민법은 1960년 시행 이래 부당이득법 분야의 개정은 한 차례도 없었는데, 이는 한편으로는 우리 입법자가 지혜롭게도 당시로서는 가장 발전한 근대 일반 부당이득법제도를 수용한 결과이기도 하고, 다른 한편으로 그간 사회와 경제발전 가운데 문제된 다양한 유형의 사안에 즉응하여 학설과 판례가 슬기롭게 대처해 온 결과이기도 하다. 그 결과 이상에서 살펴본 바와 같이 전형적으로 문제되는 부당이득 사안유형에 있어서 민법이 최신의 모델규정인 DCFR에 견주어 전혀 손색없는 결론을 도출하고 있다는 점은 높이 평가할 만하다. 다만 판례가 개별사안해결을 위해 동원한 논거들의 경우 앞으로 그 타당성에 대한 면밀한 검토가 필요하고 이를 기초로 각 논거들의 사정범위를 명확하게 할 필요가 있는데, 그 과정에서 특히 DCFR은 충분히 참조될 가치가 있다.

이하에서는 DCFR이 주는 시사점을 정리하며 결론에 갈음하고자 한다.

(1) DCFR 제7편은 부당이득법에 관한 최신의 모델규정으로 그 체계나 규정방식에 있어서 새로운 시도를 하고 있다. 특히 DCFR은 부당이득법상 종래 중심적으로 다루어지지 않았던 노무 부당이득에 관해서도 상세한 규정을 두고 있는 점이 시사적이다. 특히 노무이득의 반환범위와 관련하여 노무계약의 청산이 문제되는 경우, 수익자의 동의가 있었던 경우, 기타의 경우를 나누어 규율하는 것이 특징이다. 민법도 이득을 재산이득과 노무이득으로 규정하고 있지만(제741조, 제746조에서는 재산급여와 노무제공) 반환범위와 관련하여서는 가액반환책임(제747조 제1항)만을 규정하고 있는데, DCFR의

노무부당이득 관련 규율은 참조할 가치가 있다.

(2) 이득의 정당화 사유로서 손실자의 임의 동의의 일반화는 비교법적으로 볼 때 DCFR의 가장 큰 특징 중 하나이지만, 악의의 비채변제자의 반환청구를 제한시키는 기능을 넘어서 악의 비용지출자의 경우 일체의 부당이득반환청구를 배제한다는 점에서 민법과 차이를 보인다. 물론 이는 악의자는 보호해 줄 필요가 없다는 입법정책상의 단호한 결정에 기반한 것으로 볼 수 있으나 민법은 타인 재산에 대한 비용지출이 수익자의 비용절감 또는 사회경제적으로 객관적인 이득창출에 해당하는 한 선악불문 일정한 한도(필요비, 유익비 중 가치증가분)에서 반환청구를 인정하고 있고(제203조) 이것은 비교법적으로도 지지된다. 따라서 이득의 정당화 사유로서 임의 동의의 일반화는 민법에서는 채택할 수 없다.

(3) DCFR은 계약법의 기본원리에 기반하여 부당이득법의 적용범위를 제한하고, 무엇보다 손실자의 임의 동의, 즉 계약상대방 선택에 나타난 위험인수와 결부하여 계약법의 기본원리를 근거지우고 있는 점이 특징이다. 특히 3자관계 사안에 관하여 2:102를 조문화하였고, 이 규정에 따라 3각관계 사안의 일관된 해결을 시도하고 있음은 주목할 만하다. 다만 현재 규정은 매우 기술적으로만 규정되어 있어 동 조문이 계약법의 기본원리를 천명한 것이라는 점이 좀 더 명확하게 표현될 필요가 있다. 민법도 판례가 부당이득 사안해결에 있어 계약법의 기본원리를 수용한 것은 기본적으로 타당하지만, 채권양도 사안에서는 계약법의 기본원리가 관철되고 있지 못하다. 채권양도가 당사자 교체에 해당하는 계약인수에 해당하지 않는 한 양수인반환설이 계약법의 기본원리의 관점과 다른 3각관계 사안처리와의 일관성에 비추어 볼 때 타당하다.

(4) DCFR은 선의유상취득 항변을 규정하였다. 우리 민법도 제747조 제2항에서 악의 무상전득자의 책임을 규정하고 있는데, 물권행위 유인성으로 인해 사실상 적용여지도 적을 뿐더러, 조문에 의하면 선의의 무상취득자도

보호받는 결과로 된다. 그밖에 민법은 선의취득과 선의 제3자 보호조항을
통해 거래안전을 도모하고 있는데, 역시 선의이기만 하면(선의취득의 경우
에는 선의·무과실) 권리귀속을 인정받음으로써 부당이득반환책임도 면하게
되고 취득의 유상성은 고려되고 있지 않다. 그러나 손실자와의 관계에서 무
상 전득자는 보호의 필요성이 떨어진다는 점에서 부당이득반환의무를 판단
함에 있어 취득의 유상성 여부가 고려될 필요가 있다. 아울러 악의 수령자
보호 문제에 있어서도 판례와 DCFR에서 달리 처리하고 있음이 확인되는데,
향후 추가적인 논의가 필요한 부분이다.

(5) 마지막으로 DCFR은 합리적인 입증책임 분배를 세심하게 고려하고
있다. 단일모델의 기반하에 원칙적으로 이득의 부당성은 추정되고 따라서
수익자가 이득의 정당성을 입증해야 한다. 그리고 이득소멸, 선의유상취득,
위법성 항변도 반환청구를 저지하는 측인 수익자가 입증해야 한다. 특히 이
득소멸 항변의 경우 의식적으로 다소 복잡한 조문구조를 두어 입증책임을
분배하고 있는 점이 특징이다.

참고문헌

이하의 문헌은 단행본의 경우 "저자(출판년도), 면수"로, 논문의 경우에는 "저자(출판년도. 월), 면수"로 인용하였다.

<예시>

국내 단행본: 곽윤직(2003), 344면.　　　국내 논문: 권영준(2006. 12), 303면.
국외 단행본: Birks (2005), 101.　　　　외국 논문: von Bar (2006). 204ff.

I. 국내문헌

1. 단행본

편집대표 곽윤직, 민법주해[XVII] 채권(10), 박영사(2005).

곽윤직, 채권각론(제6판), 박영사(2003).

김상용, 채권각론, 화산미디어(2009).

김재형, 민법판례분석, 박영사(2015).

김재형·제철웅 편, 채무불이행과 부당이득의 최근동향, 박영사(2013).

김주수, 채권각론[제2판](1997).

김증한 저/김학동 증보, 채권각론, 제7판, 박영사(2006).

김형배, 사무관리·부당이득[채권각론 II], 박영사(2003).

김형배, 채권각론[계약법](신정판), 박영사(2001).

박덕영 외 16인, EU법 강의, 박영사(2012).

박세민, 삼각관계상의 부당이득, 서울대학교 박사학위논문(2007. 2).

박영복 외, EU 사법(II), 한국외국어대학교 출판부(2010).

박영복 외, EU 사법통일의 동향과 분석, 한국법제연구원(2007).

편집대표 박준서, 주석민법[채권각칙(5)], 한국사법행정학회(2002).

백태승·박수곤, 민법상 부당이득 반환범위의 개정시안 연구(2012년도 법무부 연구용역 과제보고서).

법무부, 가정준 역, 유럽민사법의 공통기준안 비계약편: DCFR 제5권~제10권, 법무부(2015).

법무부, 안태용 역, 유럽민사법의 공통기준안 총칙·계약편: DCFR 제1권~제4권, 법무부(2012).

송덕수, 채권법각론, 박영사(2014).

양창수, 일반부당이득법의 연구, 서울대학교 법학박사학위논문(1987).

양창수 역, 2015년판 독일민법전: 총칙·채권·물권, 박영사(2015).

양창수·권영준, 권리의 변동과 권리구제, 박영사(제2판, 2015).

양창수·김재형, 계약법, 박영사(제2판, 2015).

양창수·김형석, 권리의 보전과 담보, 박영사(제2판, 2015).

이은영, 채권각론(제5판, 2005).

이호정, 영국계약법, 경문사(2003).

정상현, 불법원인급여제도론, 영남대학교 출판부(2002).

제철웅, 동산 선의취득법에 관한 연구, 서울대학교 법학박사학위논문(1995).

지원림, 민법강의, 홍문사(제12판, 2014).

지원림·제철웅, 민법연습, 홍문사(제4판, 2012).

최병조, 로마법강의, 박영사(2004).

최수정, 급부장애와 위험부담, 소화(2003).

최준규, 영국부당이득법상 Change of Position에 대한 연구 - 독일법과의 비교 및 우리법에의 시사점을 중심으로, 서울대학교 법학석사논문(2007. 8).

올 란도·휴 빌 편, 김재형 역, 유럽계약법원칙 제1·2부, 박영사(2013).

츠바이게르트/쾨츠, 양창수 역, 비교사법제도론, 대광문화사(1991).

2. 논문

권영준, "배타적 사용수익권 포기 법리에 관한 비판적 검토", 서울대학교 법학, 제47권 제4호(2006. 12), 303~340면.

권영준, "부당이득에 관한 민법개정안 연구", 서울대학교 법학, 제55권 제4호(2014. 12), 149~191면.

권영준, "유럽사법통합의 현황과 시사점 - 유럽의 공통참조기준초안(Draft Common Frame of Reference)에 관한 논쟁을 관찰하며", 비교사법, 제52권(2011. 3), 35~78면.

김대규·황충현, "부당이득 반환범위에 관한 소고 - 대법원 2008. 1. 18. 선고 2005다34711 판결과 관련하여 -", 법학연구, 제56집(2014. 12), 77~94면.

김대원, "재개발조합으로부터 상가건물을 매수한 자로부터 상가를 분양받고 그의 지시에 따라 상가분양대금을 재개발조합에 납부한 자가 재개발조합을 상대로 직접 분양대금의 반환을 부당이득반환청구로 할 수 있는지 여부(소극)", 대법원판례해설, 제47호(2003년 하반기)(법원도서관, 2004. 7), 86~106면.

김대원, "점유자가 유익비를 지출할 당시 계약관계 등 적법한 점유권원을 가진 경우 계약관계 등의 상대방이 아닌 점유회복 당시의 상대방에 대하여 민법 제203조 제2항에 따른 지출비용의 상환을 구할 수 있는지 여부(소극)(2003. 7. 25. 선고 2001다64752 판결: 공 2003하, 1828)", 대법원판례해설, 제47호(2003년 하반기)(2004. 7), 9~26면.

김동윤, "편취금전에 의한 변제와 부당이득 - 대법원 2008. 3. 13. 선고 2006다53733, 53740 판결, 대법원 2008. 3. 13. 선고 2005다36090 판결, 대법원 2004. 1. 15. 선고 2003다49726 판결, 대법원 2003. 6. 13. 선고 2003다8862 판결 -", 판례연구, 제21집(부산판례연구회, 2010. 2), 853~907면.

김동호, "흠 있는 법률행위 또는 계약해제로부터 보호되는 제3자의 적격성", 민사법이론과 실무, 제14권 제1호(2010. 12), 3~40면.

김동훈, "계약해제에 관한 최근판례의 동향", 법학논총, 제19집(국민대학교 법학연구소, 2007. 2), 175~202면.

김동훈, "부당이득에서 이득의 개념과 현존이익의 판단기준", 중앙법학, 제11집 제4호(2009. 12), 83~103면.

김동훈, "유럽통합과 사법통일", 비교사법, 제6권 제1호(1999. 6), 383~410면.

김동훈, "제3자를 위한 계약에서 기본계약의 해제와 원상회복 - 대상판결: 대법원 2003.12.26. 선고, 2001다46730 판결", 고시연구, 제31권 제4호(2004. 4), 194~200면.

김동훈, "채권양도와 계약해제", 고시연구(2003. 6), 282~290면.

김문관, "배타적 사용수익권이 포기된 토지를 제3자가 점유하는 경우, 토지 소유자의 방해배제 및 부당이득반환청구대법원 2001. 4. 13. 선고 2001다8493 판결", 판례연구, 제14집(부산판례연구회, 2003. 2), 91~123면.

김병선, "제3자를 위한 계약의 실효와 부당이득관계 - 대법원 2005. 7. 22. 선고 2005다7566, 7573 판결과 대법원 2010. 8. 19. 선고 2010다31860,31877 판결을 중심으로 -", 홍익법학 제13권 제2호(2012), 399~431면.

김상용, "부당이득으로서의 과실의 반환범위에 관한 민법 제201조와 제748조와의 관계", 민사판례연구, 제27권(2005), 409~435면.

김상중, "계약의 무효·취소, 해제와 제3자의 보호 - 비교법적 고찰을 통한 우리 판결례의 해명과 해석적 제언 -", 민사법학, 제59호(2012. 6), 139~187면.

김상중, "민법 제203조의 비용상환청구권과 제741조, 제748조의 부당이득반환청구권의 적용관계 – 계약의 무효·취소, 해제에 따라 반환할 목적물에 지출한 비용의 상환을 중심으로 –”, 민사법학, 제47호(2009. 12), 3~51면.

김상중, “송금인의 수취인 착오로 이루어진 계좌이체에 따른 반환관계”, 고려법학, 제55호(2009), 231~265면.

김상중, “쌍무계약의 무효·취소에 따른 과실·사용이익의 반환 – 민법 제201조와 제748조의 관계에 대한 판례 법리의 재조명 –”, 민사법학, 제37호(2007. 6), 147~185면.

김성수, “유럽통일민법전초안에 관한 연구 – 그 체계 및 최근의 동향을 중심으로”, 비교법학연구, 제1권(2002. 12), 83~109면.

김성욱, “타인의 토지 위에 무단으로 시설물(송전선)을 설치·소유한 경우에 있어서의 부당이득반환의 범위 – 과소토지부분에 대한 부당이득의 성립여부를 중심으로”, 민사판례연구, 제25권(2003. 2), 185~208면.

김영두, “유럽사법통합의 동인과 전망”, 민사법학, 제38권(2007. 9), 301~349면.

김용담, “쌍무계약의 무효·취소와 부당이득(상)·(중)·(하)”, 사법행정(1983. 2) 4~10면; (1983. 3), 20~27면; (1983. 4), 23~29면.

김우성, “편취금전에 의한 변제”, 서울대학교 법학, 제57권 제1호(2016. 3), 61~113면.

김우진, “소유권유보부매매 목적물의 부합과 부당이득”, 민사판례연구, 제33권(상)(2011), 455~491면.

김일연, “의무 없이 타인을 위하여 사무를 관리한 자가 그 사무관리에 의하여 사실상 이익을 얻은 제3자에 대하여 직접 부당이득반환을 청구할 수 있는지(2013. 6. 27. 선고 2011다17106 판결: 공2013하, 1289), 대법원판례해설, 제95호(2013년 상)(2013. 12), 142~160면.

김종수, “매매계약이 무효인 경우, 매도인의 대금 운용이익의 반환여부 – 대법원 2008. 1. 18. 선고 2005다34711 판결 –”, 판례연구, 제21집(부산판례연구회, 2010. 2), 1~45면.

김진우, “권리자에 의한 동산소유권 이전체계 – 합의주의와 인도주의 및 유인론과 무인론의 절충안으로서의 DCFR과 그것의 한국법 및 동아시아 물권법의 통일화에의 시사점 –”, 저스티스, 제145호(2014. 12), 113~148면.

김진우, “DCFR에 따른 몇 가지 특수상황에서의 동산소유권의 취득”, 법학논총, 제20집 제3호(2013. 12), 285~315면.

김진우, “최근 유럽민사법의 발전동향 – 공통참조기준초안과 소비자권리지침초안을 계기로 하여 –”, 법학연구, 제50권 제2호(부산대학교 법학연구소,

2009. 10), 345~375면.

김재형, "2000년대 민사판례의 경향과 흐름: 채권법", 민사판례연구, 제33권 (하)(2011), 201~410면.

김재형, "점유자의 소유자에 대한 부당이득반환청구권 - 민법 제201조와 제748조의 관계를 중심으로 -", 민법론 I (2004), 169~198면.

김창모, "착오로 수취인을 잘못 지정하여 계좌이체가 이루어진 경우 예금채권이 성립하는지 여부", 민사판례연구, 제31권(2009), 449~483면.

김창희, "지명채권양도 후 기본관계가 해제된 경우 부당이득 반환", 원광법학, 제 27권 제3호(2011), 249~273면.

김판기, "전용물소권 - 일본의 판례와 학설을 중심으로 -", 법조, 제55권 제10호 (2006. 10), 132~155면.

김학준, "명의수탁자가 명의신탁자에게 반환하여야 할 부당이득의 대상 - 부동산 실권리자명의등기에 관한 법률 시행 전에 계약명의신탁을 한 명의신탁자가 같은 법 제11조에서 정한 유예기간 내에 그 명의로 당해 부동산을 등기이전하는 데 법률상 장애가 있었던 경우에 관하여(2008. 5. 15. 선고 2007다74690 판결: 공 2008상, 852)", 대법원판례해설, 제75호(2008 상반기)(2008. 12), 304~314면.

김형석, "대상청구권 - 민법개정안을 계기로 한 해석론과 입법론 -", 서울대학교 법학, 제55권 제4호(2014. 12), 103~147면.

김형석, "오상채무자의 변제와 수령자의 급부자에 대한 착오", 김재형·제철웅 편, 채무불이행과 부당이득의 최근동향, 박영사(2013), 311~357면.

김형석, "점유자와 회복자의 법률관계와 부당이득의 경합", 서울대학교 법학, 제49권 제1호(2008. 3), 249~280면.

김형석, "제3자의 변제·구상·부당이득", 서울대학교 법학, 제46권 제1호(2005. 3), 340~370면.

김형석, "지급지시·급부관계·부당이득", 서울대학교 법학, 제47권 제3호(2006. 9), 284~328면.

남효순, "프랑스채권법의 개정과정과 계약의 통칙 및 당사자 사이의 효력에 관하여", 민사법학, 제75호(2016. 6), 97~166면.

문형배, "편취 또는 횡령한 금전에 의한 변제와 변제수령자의 부당이득 성립 여부 대법원 2003. 6. 13. 선고 2003다8862", 판례연구, 제17집(부산판례연구회, 2006. 2), 375~416면.

민유숙, "부당이득반환청구권과 점유자에 대한 회복자의 과실반환청구권의 관계

(2003. 11. 14. 선고 2001다61869 판결: 공2003하, 2327)", 대법원판례해설, 제46호(2003 상반기)(2004. 7), 587~615면.

박병대, "불법원인급여의 판단기준에 관한 구조분석", 저스티스, 통권 제76호 (2003. 12), 76~104면.

박세민, "明治民法상의 부당이득반환 배제사유", 현대 민법학의 진로(정종휴 선생 정년퇴임기념 논문집, 2016), 1021~1047면.

박세민, "부당이득법의 인과관계와 법률상 원인 -「편취금전에 의한 채무변제」에 관한 대법원판결을 예시로 -", 민사법학, 제41호(2008. 6), 87~127면.

박세민, "양도에 의한 선의취득과 선의취득자의 부당이득", 비교사법 제18권 제4 호(2011. 12), 1121~1166면.

박세민, "영국 부당이득법의 부당요소(Unjust Factor)", 이화여자대학교 법학논집, 제18권 제3호(2014. 3), 53~86면.

박세민, "일본 메이지민법 부당이득법상의 기본개념의 형성", 민사법학 제68호 (2014. 9), 461~492면.

박영규, "제3자에 의한 부합과 부당이득 반환의무자 - 대법원 2009.9.24. 선고 2009다15602 판결을 계기로 -", 서울법학, 제18권 제1호(서울시립대학 교 법학연구소, 2010. 5), 209~241면.

박영복, "유럽공동참조기준(DCFR)에 있어서의 계약해제(termination) - 특히 그 효과를 중심으로 -", 외법논집, 제41권 제1호(2017. 2), 215~258면.

박영복, "유럽에서의 민사법 통일화", 비교사법, 제13권 제2호(2006. 6), 155~190면.

박영복, "「현존EC사법유럽연구단」의 Acquis 원칙", 외법논집, 제29권(2008. 2), 49~92면.

박희호, "DCFR 부당이득편에 관한 고찰", 외법논집, 제33권 제2호(2009), 89~128면.

배병일, "점유자의 과실취득과 부당이득반환청구", 판례실무연구 VII (2004), 219~239.

배성호, "채권이 양도된 후 보상관계가 해제된 경우 부당이득반환청구의 상대방", 법학연구, 통권 제37집(전북대학교 법학연구소, 2012. 12), 267~292면.

배호근, "제3자를 위한 계약관계에서 낙약자와 요약자 사이의 법률관계(이른바 기 본관계)를 이루는 계약이 해제된 경우, 낙약자가 이미 제3자에게 급부한 것에 대해 계약해제에 기한 원상회복 또는 부당이득을 원인으로 제3자를 상대로 그 반환을 구할 수 있는지 여부(소극)", 대법원판례해설, 제57호 (2005하반기, 2006), 302~317면.

서민석, "선량한 풍속 기타 사회질서에 반하여 현저하게 고율로 정해진 이자 약정의 효력 및 이미 지급된 초과이자의 반환청구권 - 대법원 2007. 2. 15. 선고 2004다50426 판결을 중심으로", 민사재판의 제문제, 제16권(2007), 142~183면.

서을오, "금전에 있어서는 점유와 소유가 일치한다는 학설의 기원", 법학논집, 제21권 제2호(이화여자대학교 법학연구소, 2016. 12), 1~30면.

서을오, "금전의 선의취득: 민법 제250조 단서의 학설사", 법학논집, 제19권 제2호(이화여자대학교 법학연구소, 2014. 12), 59~89면.

서종희, "부당사무관리 및 부진정(準)사무관리와 부당이득과의 관계 - 부당이득 성립요건 및 반환범위에 관한 재고찰과 함께 -", 민사법학, 제63-1호(2013. 6), 39~79면.

서종희, "쌍무계약해제시 반환법리와 급부부당이득과의 관계 - 사용이익 반환을 중심으로 -", 민사법학, 제68호(2014. 9), 593~643면.

서종희, "침해부당이득에서 수익자의 초과수익반환 - 독일법을 중심으로 한 비교법적 고찰 -", 저스티스, 통권 제151호(2015. 12), 173~208면.

서희석, "은행의 착오로 인한 자금이체의 효력 - 대법원 2012.10.25. 선고 2010다47117판결 -", 민사법학, 제64호(2013. 9), 275~319면.

서희석, "지급인의 착오로 인한 자금이체의 효력 - 착오이체의 법률관계에 관한 판례법리의 전개 -", 비교사법, 제20권 제3호(2013. 8), 711~758면.

성중모, "첨부 관련 손해보상청구권의 非역사성 - 법전편찬 전 독일에서의 학설 상황과 입법과정을 중심으로 -", 중앙대학교 법학논문집, 제34집 제2호(2010. 8), 39~74면.

손호영, "서로 다른 동산양도담보권의 각 담보목적물이 부합된 경우 부당이득반환 의무자 - 대법원 2016. 4. 28., 2012 19659 -", 저스티스, 통권 제157호(2016. 12), 400~430면.

송경근, "편취한 금전에 의한 변제와 부당이득의 성립여부(2008. 3. 13. 선고 2006다53733, 53740 판결: 공 2008상, 510)", 대법원판례해설, 제75호(2008년 상반기), 94~138면.

송덕수, "불법원인급여", 민법학논총 2(곽윤직선생 고희기념, 1995), 425~454면.

송호영, "유럽연합(EU)에서의 민사법 통일화작업에 관한 연구", 민사법학, 제34권(2006. 12), 193~237면.

신동현, "금융실명제 하에서 예금채권의 지급과 부당이득 - 대법원 2012. 2. 23. 선고 2011다86720 판결 -", 민사법학, 제68호(2014. 9), 273~307면.

안춘수, "유럽의 私法統一의 동향 - 접근방법과 현황을 중심으로 -", 비교사법 제13권 제3호(통권 제34호)(2006. 9), 51~83면.

양창수, "금전의 부당이득으로 인한 반환의무 - 소위「편취금전에 의한 변제」문제 서설 -", 민법연구, 제7권(2003), 267~302면.

양창수, "독일민법상 이득개념의 형성과 그 구체적 적용", 법조, 제34권 제3호(1985), 39~59면.

양창수, "독일부당이득법의 역사적 전개", 민법학논총(곽윤직교수 화갑기념, 1985), 582~601면.

양창수, "무권리자의 처분에서 권리자의 물권적 청구권과 부당이득반환청구권의 긴장관계", 민법연구(2003), 제7권, 105~145면.

양창수, "매매대금채권 일부의 양수인이 대금을 수령한 후에 매매계약이 해제된 경우 그 금전반환의무는 매수인의 목적물인도의무와 동시이행관계에 있는가? - 대법원 2003년 1월 24일 판결 2000다22850사건(판례공보 2003 상, 562면)", 민법연구, 제7권(2003), 357~375면.

양창수, "부당이득에 관한 일반규정의 사적형성", 서울대학교 법학, 제30권 제1·2호(1989. 5), 138~180면.

양창수, "서독 부당이득법의 입법론적 전개", 서울대학교 법학, 제26권 4호(1985. 12), 166~186면.

오석락, "부당이득반환청구와 현존이익의 입증책임", 민사재판의 제문제(민사실무연구회 편), 제2권(1980), 242~259면.

오종근, "약혼예물의 반환에 관한 일고찰 - 대상판결: 대법원 76. 12. 28. 선고, 76므41, 42판결(판례월보 81호 67면)", 판례월보, 232호(1990. 1), 15~29면.

윤진수, "부당이득법의 경제적 분석", 서울대학교 법학, 제55권 제3호(2014. 9), 107~162면.

이계정, "삼각관계에서의 부당이득 법률관계와 질권자의 부당이득반환의무 유무", 법조 최신판례분석, Vol. 721 (2017. 2), 622~663면.

이계정, "송금된 금원에 대한 예금 명의인의 부당이득반환의무 유무의 판단기준 - 부당이득에 있어서 이득의 개념을 중심으로", 민사판례연구, 제35권(2013. 2), 561~608면.

이계정, "형평법상 추급권과 신탁의 법리", 저스티스, 제157호(2016. 12), 114~150면.

이동권, "임대차 종료후, 임차보증금을 반환받기 위하여 임차인이 목적물을 계속 점유하는 경우, 부당이득반환 채무의 발생여부", 판례연구, 제3집(대구지방법원 판례연구회, 1992. 12), 106~113면.

이동진, "계약이전의 연구 - 상대방의 동의 요건의 기능과 위치를 중심으로 -",

서울대학교 법학, 제53권 제1호(2012. 3), 669~719면.

이동진, "「물권적 유치권」의 정당성과 그 한계", 민사법학 제49권 제1호(2010. 6), 49~88면.

이동진, "채권양도, 부당이득, 동시이행", 비교사법 제22권 제1호(2015. 2), 281~318면.

이병준, "소유권이 유보된 재료의 부합과 부당이득 삼각관계(2009. 9. 24. 선고 2009다15602 판결: 공 2009하, 1743)", 대법원판례해설, 제81호(2009 하반기)(2010), 89~132면.

이병준·정신동, "부당이득에서 급부, 침해 그리고 단순한 이익의 귀속 ‐ 대법원 2010. 3. 11. 선고 2009다98706 판결에 대한 평석", 재산법연구, 제27권 제1호(2010. 6), 27~60면.

이상훈, "계약법의 기본원리에 따른 3각관계 부당이득 사안의 해결: DCFR과의 비교를 중심으로", 재산법연구, 제34권 제1호(2017. 5), 79~115면.

이상훈, "부당이득법상 suum recepit 논거 검토: 고전기 로마법상 지시 사안을 중심으로", 법사학연구, 제55호(2017. 4), 33~93면.

이상훈, "선의취득 법리를 통한 부당이득법상 전득자 보호: DCFR과의 비교를 중심으로", 민사법학, 제78호(2017. 2), 369~405면.

이상훈, 유럽민사법 공통참조기준안(DCFR) 부당이득편 연구, 서울대학교 대학원 박사학위논문(2016. 8).

이영준, "DCFR과 한국민법의 대개정", 법무부, 유럽민사법의 공통기준안(총칙·계약편)(2012), 17~41면.

이용박, "부당이득의 보충성 ‐ 문제점과 개정방안", 비교사법, 제10권 제3호(2003. 9), 247~283면.

이원석, "채권질권과 삼각관계에서의 부당이득의 법리(2015. 5. 29. 선고 2012다92258 판결: 공2015하, 861), 대법원판례해설, 제103호(2015년 상)(2015. 12), 15~49면.

이재욱, "편취금전에 의한 변제와 부당이득 ‐ 대법원 2003. 6. 13. 선고 2003다8862 판결, 대법원 2008. 9. 11. 선고 2006다46278 판결을 중심으로 ‐", 민사법연구, 제18집(대한민사법학회, 2010. 12), 191~203면.

이종복, "부당이득 ‐ 삼자관계를 중심으로 ‐", 민사법학, 제4·5호(1985. 2), 251~266면.

이준형, "부당이득의 현대적 기능과 입법 ‐ 이스라엘 민법초안에 대한 다니엘 프리드먼의 보고를 소재로 ‐", 김재형·제철웅 편, 채무불이행과 부당이득의 최근동향, 박영사(2013), 392~427면.

이진기, "부합과 양도담보권의 효력 - 대법원 2016. 4. 28. 선고 2012다1969 판결 -", 법조 최신판례분석, Vol. 718 (2016. 8), 522~546면.

이창현, "법률의 착오와 부당이득", 김재형·제철웅 편, 채무불이행과 부당이득의 최근동향, 박영사(2013), 358~391면.

장준혁, "프랑스채권법 개정시안에서의 준계약", 민사법학, 제45-2호(2009. 6), 293~320면.

전원열, "면책적 채무인수, 병존적 채무인수, 이행인수의 구별기준", 저스티스, 통권 제156호(2016. 10), 303~326면.

정기웅, "부당이득법에 있어서의 급부개념에 대한 고찰", 민사법학 제9·10호(1993), 361~389면.

정병호, "'금전은 점유하는 자가 소유한다'는 이론 비판 - 이론의 원조에 대한 비판을 중심으로 -", 법조, 통권 제712호(2016. 1), 5~51면.

정병호, "로마법 텍스트 석의: 고전전시대의 임치소권(actio depositi), 켈수스의 선과 형평에 근거한 부당이득반환소권(소위 condictio Iuventiana)", 강원법학 제12권(2000), 287~309면.

정병호, "로마법상 부당이득에 관한 소고", 재산법연구 제29권 제2호(2012. 8), 1~33면.

정상현, "민법 제746조의 입법사 재검토", 비교사법, 제6권 제1호(1999. 6), 265~290면.

정상현, "이른바 불법성비교이론에 대한 일고찰", 비교사법, 제9권 제3호(2002. 8), 127~155면.

정상현·이승현, "전용물소권의 인정여부에 대한 법리 재검토", 성균관법학, 제24권 제3호(2012), 357~391면.

정상현·최원준, "불법원인급여의 제도적 취지와 제한적 해석이론", 비교사법, 제14권 제4호(2007. 12), 387~415면.

정소민, "채권담보제도의 현대화 - DCFR과 우리나라의 채권담보제도의 비교를 중심으로 -", 민사법학, 제61호(2012. 12), 85~132면.

정옥태, "부당이득의 반환범위에 관한 일고찰", 민법학논총(곽윤직 화갑기념, 1985), 602~618면.

정욱도, "부당이득반환에 있어서 운용이익의 반환범위", 민사판례연구, 제31권(2009), 485~518면.

정진명, "쌍무계약의 청산에 있어서 급부의 반환 법리 - 원상회복과 부당이득 법리를 중심으로 -", 재산법연구, 제23권 제2호(2006. 8), 221~255면.

정태윤, "다수당사자 사이의 부당이득에 관한 최근의 판례의 검토", 민사법학, 제52호(2010. 12), 487~525면.

정태윤, "독일에서의 부당이득의 삼각관계에 대한 논의가 우리 민법에도 그대로 타당한가? - 채권이 양도되어 이행된 후 보상관계가 해제된 경우를 중심으로 -", 비교사법, 제14권 제4호(통권 제39호, 2007. 12), 205~250면.

정태윤, "독일에서의 지시취득", 법학논집, 제18권 제3호(이화여자대학교 법학연구소, 2014. 3), 27~52면.

정태윤, "등기명의부당이득과 부당이득의 삼각관계", 민사법학, 제51권(2010. 12), 85~125면.

정태윤, "민법 제548조 제1항 단서의 제3자의 범위 - 채권이 양도되어 이행된 후에 기본계약이 해제된 경우와 관련하여 -", 민사판례연구, 제31권(2009), 325~362면.

정태윤, "부당이득과 선의취득 - 급부당사자에 관한 이해에 차이가 있는 경우를 중심으로 -", 현대 민법학의 진로(정종휴 선생 정년퇴임기념 논문집, 2016), 685~727면.

정태윤, "전용물소권에 관한 일고찰", 비교사법, 제9권 제1호(2002. 4), 181~223면.

정태윤, "전용물소권에 관한 프랑스 판례와 학설", 판례실무연구 VI (2003. 8), 293~312면.

정태윤, "점유의 부당이득", 민사법학, 제38호(2007. 9), 611~646면.

정태윤, "제3자를 위한 계약관계에서 기본계약이 해제되었을 때의 부당이득반환관계", 민사판례연구, 제29권(2007), 655~698면.

정태윤, "프랑스에서의 동산의 선의취득", 이화여자대학교 법학논집, 제17권 제4호(2013. 6), 29~69면.

정태윤, "프랑스의 부당이득법", 재산법연구, 제29권 제2호(2012. 8), 63~100면.

정태윤, "횡령한 금전의 부당이득", 민사판례연구, 제27권(2005), 436~470면.

제철웅, "도급계약상 수급인과 민법 제203조의 비용상환청구권", 법조, 통권 제561호(2003. 6), 76~106면.

제철웅, "독일법에서의 부당이득의 개념 - 우리 대법원 판결례와의 비교를 통한 이해", 재산법연구, 제29권 제2호(2012. 8), 35~61면.

제철웅, "보상관계 또는 대가관계에서의 흠결이 이미 경료된 중간생략등기에 미치는 영향: 대판 1997.12.26, 96다44860(판례공보 1998년 390); 대판 1996.11. 15, 94다35343(판례공보 1997, 1)의 평석", 저스티스, 제33권 제1호(2000. 3), 137~164면.

제철웅, "사용, 수익권의 침해와 그 권리구제수단", 서민 교수 정년기념 논문집 (2006), 113~133면.

제철웅, "3자관계에서의 부당이득: 특히 전용물소권의 사안을 중심으로", 저스티스, 통권 제67호(2002. 6), 54~79면.

제철웅, "소유물반환청구권에 부수하는 채권관계를 독자적으로 규율할 필요가 있는가? 점유물로부터 수취한 과실 등과 관련된 부당이득법의 개정제안", 김재형·제철웅 편, 채무불이행과 부당이득의 최근동향, 박영사(2013), 269~310면.

제철웅, "소유물반환청구권자 및 그밖의 반환청구권자에 대한 권원없는 점유자의 책임 − 대상판결: 대법원 1996. 9. 6. 선고, 94다54641판결 −", 판례월보, 제334호(1998. 7), 15~35면.

제철웅, ""지연이자 및 부당이득으로서의 이자"에 대한 지연배상청구권", 비교사법, 제13권 제1호(2006. 3), 225~263면.

제철웅, "편취금전에 의한 변제와 부당이득", 고시계, 제52권 제3호(2007. 2), 72~82면.

천대엽, "지급은행의 부도어음통보 해태와 어음소지인의 부당이득반환의무 여부 (2006. 5. 26. 선고 2003다65643 판결: 공 2006하, 1141)", 대법원 판례해설, 제60호(2006년 상반기)(2006. 12), 107~126면.

최명구, "구상부당이득의 성질에 대한 비교법적 검토 − 독일과 한국의 학설을 중심으로", 비교사법, 제17권 제1호(2010. 3), 221~248면.

최병조, "로마법상의 불법원인급여", 로마법연구(I)(1995), 308~370면.

최병조, "삼각관계상의 부당이득 반환청구 − 로마법상의 지급지시 사례연구: D.46.3.66에 대한 석의 −", 서울대 법학, 제40권 제2호(1999. 8), 86~121면.

최복규, "대출계약이 사기에 의한 의사표시임을 이유로 취소된 경우 반환하여야 할 부당이득의 대상(2003. 12. 12. 선고 2001다37002 판결: 공보불게재)", 대법원판례해설, 제47호(2004), 314~325면.

최봉경, "불법원인급여 − 민법 제746조 본문의 해석과 적용기준을 중심으로 −", 비교사법, 제13권 제3호(통권 제34호, 2006. 9), 165~217면.

최상호, "쌍무계약이 무효·취소된 경우의 반환청구상의 제문제", 민사법학, 제13·14호(1996. 4), 86~115면.

최수정, "쌍무계약을 청산하는 법리 − 급부반환을 중심으로 −", 21세기 한국민사법학의 과제와 전망(심당 송상현 선생 화갑기념, 2002), 136~174면.

최수정, "지명채권양도에 있어서 다수인 사이의 부당이득", 민사법학, 제30호

(2005), 301~335면.

최준규, "금전의 이동(移動)과 물권적청구권 - 가치소유권 및 의제신탁으로부터
　　　의 시사 -", 법조, 통권 제638호(2009. 11), 92~159면.

추신영, "불법원인급여에 대한 비판적 검토", 경희법학, 제50권 제4호(2015),
　　　281~311면.

현병철, "독일과 한국에 있어서의 부당이득법의 비교법적 고찰: 부당이득법에 있
　　　어서의 삼자관계를 중심으로", 비교사법, 제1권 제1호(1994. 12),
　　　127~149면.

홍성주, "기존 명의신탁관계에서 신탁자의 실명등기를 위한 수단으로서의 수탁자
　　　에 대한 직접의 부당이득반환청구권 유무 - 대법원 2008. 11. 27. 선고
　　　2008다55290, 55306 판결 -", 판례연구, 제21집(부산판례연구회, 2010.
　　　2), 425~487면.

홍성주, "삼각관계에서의 부합과 부당이득", 판례연구, 제23집(부산판례연구회,
　　　2012. 2), 623~672면.

홍성주, "전용물소권과 민법 제203조 소정의 비용상환청구권 - 대법원 2002. 8.
　　　23. 선고 99다66564 판결 -", 판례연구, 제14집(부산판례연구회, 2003.
　　　2), 49~90면.

홍진희·김판기, "제3채무자인 보험회사가 보험자면책 사유가 있음에도 질권자에게
　　　보험금을 지급한 경우 부당이득반환의 당사자 - 대법원 2015. 5. 29. 선
　　　고 2012다92258 판결 -", 법과 정책연구, 제15집 제3호(2015. 9),
　　　1069~1095면.

황형모, "부당이득 반환청구권의 증명책임", 민사증거법(하), 재판자료 제26집(1985),
　　　247~268면.

von Bar, Christian, "Der DCFR, das Optionale Instrument und die Herausbildung
　　　eines Europäischen Privatrechts", 민사법학, 제53호(2011. 3), 298~304면.

Belling, Detlev W., "European Trends in the Law on Unjustified Enrichment -
　　　From the German Perspective", *Korea University Law Review*, Vol. 13
　　　(2013), pp. 43~59.

加藤雅信(가토 마사노부), 김상수·맹관섭 역, "부당이득의 유형론에서 법체계투영
　　　이론으로 - 부당이득연구에서 법인류학연구로의 사적회상 -", 비교사
　　　법, 제14권 제2호(통권 제37호)(2007. 6), 53~98면.

II. 국외문헌

1. 단행본

von Bar, Christian/Eric Clive (eds.), *Principles, Definitions and Model Rules of European Private Law, Draft Common Frame of Reference* (DCFR), Full Edition, Vol. 1; Vol. 4 Oxford University Press (2010).

von Bar, Christian/Stephen Swann, *Unjustified Enrichment (PEL Unj. Enr.), Principles of European Law, Study Group on an European Civil Code* (2010).

Beatson, Jack, *The Use and Abuse of Unjust Enrichment: Essays on the Law of Restitution* (1991).

Birks, Peter, *An Introduction to the Law of Restitution* (1985, revised ed. 1989).

Birks, Peter, *Unjust enrichment* (2005).

Burrows, Andrew, *The Law of Restitution*, Second edition (2002).

Burrows, Andrew/Ewan McKendrick, *Cases and Materials on the Law of Restitution* (1997).

Burrows, Andrew/Lord Rodger, *Mapping the Law: Essays in Memory of Peter Birks* (2006).

von Caemmerer, Ernst/Peter Schlechtriem (eds.), *International Encyclopedia of Comparative Law*, Vol. X. (2007).

Coing, Helmut, *Europäisches Privatrecht*, Bd. I: Älteres Gemeines Recht (1985); Bd. II: 19. Jahrhundert (1989).

Cornish, W.R. *et al.* (eds.), *Restitution Past, Present and Future, Essays in Honour of Gareth Jones* (First publ. 1998; Repr. 2000).

Dannemann, Gerhard, *The German law of Unjustified Enrichment and Restitution: A Comparative Introduction* (2009).

Dawson, John P., *Unjust enrichment: a comparative analysis. a series of lectures delivered under the auspices of the Julius Rosenthal Foundation at Northwestern University School of Law, in April 1950* (Originally published 1951).

Flume, Werner, *Studien zur Lehre von der ungerechtfertigten Bereicherung*, hrsg. von Wolfgang Ernst (2003).

Goff, Robert/Gareth Jones, *The Law of Restitution*, Seventh Edition (2007).

Goff & Jones The Law of Unjust Enrichment, edited by Charles Mitchell, Paul Mitchell and Stephen Watterson, Eighth Edition (2011).

Hammen, Horst, *Die Bedeutung Friedrich Carl v. Savignys für die allgemeinen dogmatischen Grundlagen des Deutschen Bürgerlichen Gesetzbuches* (1983).

Hartkamp, Arthur *et al.* (eds.), *Towards a European Civil Code* (second revised and expanded edition 1998); third fully revised and expanded edition (2004).

Honsell, Heinrich/Theo Mayer-Maly/Walter Selb, *Römisches Recht*, 4. Aufl. (1987).

Jakobs, Horst Heinrich/Werner Schbert (hrsg.), *Die Beratung des Bürgerlichen Gesetzbuchs: Recht der Schuldverhältnisse III §§ 652 bis 853* (1983).

Johnston, David and Reinhard Zimmermann, (eds.), *Unjustified Enrichment: Key Issues in Comparative Perspective* (2002).

Kaser, Max, *Das Römische Privatrecht*, Bd. 1 (Zweite, neubearbeitete Auflage, 1971); Bd. 2 (Zweite, neubearbeitete Auflage, 1975).

Kaser, Max/Rolf Knütel/Sebastian Lohsse, *Römisches Privatrecht*, 21., überarbeitete und erweiterte Auflage (2017).

König, Detlef, *Ungerechtfertigte Bereicherung: Tatbestände und Ordnungsprobleme in rechtsvergleichender Sicht* (1985).

Kupisch, Berthold, *Ungerechtfertigte Bereicherung: Geschichtliche Entwicklung* (1987).

Larenz, Karl/Claus-Wilhelm Canaris, *Lehrbuch des Schuldrechts*, Band II/2 Besonderer Teil, 13. Auflage (1994).

Looschelders, Dirk, *Schuldrehct Besonderer Teil*, 2., neu bearbeitete Auflage (2008).

von Lübtow, Ulrich, *Beiträge zur Lehre von der Condictio nach römischem und geltendem Recht* (1952).

Medicus, Dieter/Jens Petersen, *Bürgerliches Recht: Eine nach Anspruchsgrundlagen geordnete Darstellung zur Examensvorbereitung, 23., neu bearbeitete Auflage* (2011).

Meier, Sonja, *Irrtum und Zweckverfehlung. Die Rolle der unjust-Gründe bei rechtsgrundlosen Leistungen im englischen Recht* (1999).

Mugdan (hrsg.), *Die Gesamten Materialien zum Bürgerlichen Gesetzbuch für das deutsche Reich*, Bd. 2, Recht der Schuldverhältnisse (1899, neudruck 1979).

MünchKomm/Schwab, Band 5 Schuldrecht · Besonderer Teil III, 6. Aufl. (2013).

Neyers, Jason W./Mitchell McInnes/Stephen G.A. Pitel, *Understanding Unjust Enrichment* (2004).

Protokolle der Kommission für die zweite Lesung des Entwurfs des Bürgerlichen Gesetzbuchs (1898).

Reuter, Dieter/Michael Martinek, *Ungerechtfertigte Bereicherung*, Handbuch des Schuldrechts, Bd. 4 (1983).

Russel, Paul W. L. (ed.), *Unjustified Enrichment: A comparative study of the law of restitution*, Vu Univ Pr, Amsterdam (1996).

Sagaert, Vincent, Matthias E. Storme, Evelyne Terryn (eds.), *The Draft Common Frame of Reference: national and comparative perspectives* (2012).

von Savigny, Friedrich Carl, *System des heutigen Römischen Rechts*, Fünfter Band (1841).

Schäfer, Frank L., *Das Bereicherungsrecht in Europa: Einheits- und Trennungslehren im gemeinen, deutschen und englischen Recht* (2010).

Schlechtriem, Peter, *Restitution und Bereicherungsausgleich in Europa: eine rechtsvergleichende Darstellung*. Bd. 1 (2000); Bd. 2 (2001).

Schmidt-Kessel, Martin (Hrsg.), *Der Gemeinsame Referenzrahmen: Entstehung, Inhalte, Anwendung* (2009).

Schrage, E.J.H. (ed.), *Unjust Enrichment and the Law of Contract* (2001).

Schrage, E.J.H. (ed.), *Unjust Enrichment, The Comparative Legal History of the Law of Restitution*, 2nd Edition (1999).

Smith, Lionel, *The Law of Tracing* (1997; Reprinted 2003).

Staudinger/Lorenz, Kommentar zum Bürgerlichen Gesetzbuch, Buch 2 Recht der Schuldverhältnisse §§ 812~822 (Ungerechtfertigte Bereicherung), Neubearbeitung (2007).

Virgo, Graham, *The Principles of the Law of Restitution*, 2nd ed. (2006).

Wieling, Hans Josef, *Bereicherungsrecht*, 4. Aufl. (2007).

Wilburg, Walter, *Die Lehre von der ungerechtfertigthen Bereicherung nach österreichischem und deutschem Recht. Kritik und Aufbau* (1933/34).

Zimmermann, Reinhard, *The Law of Obligations: Roman Foundations of the Civilian Tradition* (1992).

Zimmermann Reinhard (Hg.), *Grundstrukturen eines Europäischen Bereicherungsrechts: Tagung der privatrechtlichen Sektion der Deutschen Gesellschaft für Rechtsvergleichung in Dresden, September 2003* (2005).

2. 논문

von Bar, Christian, "A Common Frame of Reference for European Private Law – Academic Efforts and Political Realities", *Tulane European & Civil Law Forum*, Vol. 23 (2008), 37.

von Bar, Christian, "Die Funktionen des Gemeinsamen Referenzrahmens aus der Sicht der Verfasser des wissenschafltichen Entwurfs", in Martin Schmidt-Kessel (Hrsg.), *Der Gemeinsame Referenzrahmen: Entstehung, Inhalte, Anwendung* (2009), 23.

von Bar, Christian, "Die Study Group on a European Civil Code", in Peter Gottwald/Erik Jayme/Dieter Schwab (Hrsg.) *Festschrift für Dieter Heinrich zum 70. Geburtstag* (2000), 1.

von Bar, Christian, "Die Überwindung der Lehre von den Quasiverträgen in den Privatrechten der Europäischen Union", *Festschrift für Has Stoll zum 75. Geburtstag* (2001), 93.

von Bar, Christian, "The Principles of European Law (PEL) on benevolent intervention in another's affairs and on unjustified enrichment", *Europäisches Rechtsakademie-Forum (ERA-Forum)*, Vol. 2, Issue 2 (2006), 204.

Birks, Peter, "'At the expense of the claimant': direct and indirect enrichment in English law", in David Johnston/Reinhard Zimmermann (eds.), *Unjustified Enrichment: Key Issues in Comparative Perspective* (2002), 493.

Birks, Peter, "'Change of Position and Surviving Enrichment", in William Swadling (ed.), *The Limits of Restitutionary Claims: A Comparative Analysis* (1997), 36.

Birks, Peter, "Comparative Unjust Enrichment", in Peter Birks and Arianna

Pretto (eds.), *Themes in Comparative Law, In Honour of Bernard Rudden* (2002), 137.

Birks, Peter, "In Defence of Free Acceptance", in Andrew Burrow (ed.), *Essays on the Law of Restitution* (1991), 105.

Birks, Peter, "Misnomer", W. R. Cornish *et al.* (eds.), *Restitution: Past, Present and Future (Essays in Honour of Gareth Jones)* (1998, Reprinted 2000), 1.

Birks, Peter, "The English recognition of unjust enrichment", *Lloyd's Maritime and Commercial Law Quarterly* (1991), 473.

Burrows, Andrew, "The English Law of Restitution: A Ten-Year Review", in Jason w. Neyers, Mitchell McInnes and Stephen G.A. Pitel (eds.), *Understanding Unjust Enrichment* (2002), 11.

von Caemmerer, Ernst, "Bereicherung und Unerlaubte Handlung", *Festschrift für Ernst Rabel*, Bd 1. (1954), 333 (= *Gesammelte Schriften* Bd. I, 209).

Canaris, Claus-Wilhelm, "Der Bereicherungsausgleich im Dreipersonenverhältnis", in *Festschrift für Karl Larenz zum 70. Geburtstag* (1973), 799(= *Gesammelte Schriften*, Bd. 3: Privatrecht, 718)

Chiusi, Tiziana J., "Bereicherung und *actio de in rem verso*: Bemerkungen zu einem alten und neuen Problem", *Festschrift für Rolf Knütel zum 70. Geburtstag* (2009), 197.

Clive, Eric, "Restitution and Unjustified Enrichment", in: Arthur Hartkamp et al. (eds.), *Towards a European Civil Code*, Second Revised and Expanded Edition (1998), 383.

Clive, Eric, "Towards a European Civil Code (Third Edition) Unjustified Enrichment", in: Arthur Hartkamp *et al.* (eds.), *Towards a European Civil Code*, Third Edition (2004), 585.

Collins, Hugh, "Christian von Bar, Eric Clive, Hans Schulte-Nölke (eds), Principles, Definitions and Model Rules of European Private Law: Draft Common Frame of Reference (DCFR) Interim Outline Edition, prepared by the Study Group on a European Civil Code and the Research group on EC Private Law (Acquis group), Munich: Sellier European Law Publishers, 2008, 369 pp, pb € 10", *The Modern Law Review*, Vol. 71(5) (2008), 840.

Dannemann, Gerhard, "Unjust Enrichment as Absence of Basis: Can English Law Cope?", in Andrew Burrows/Lord Rodger (eds.), *Mapping the Law: Essays in Memory of Peter Birks* (2006), 363.

Dawson, John P., "Erasable Enrichment in German Law", *Boston University Law Review*, Vol. 61, No. 2 (1981. 3), 271.

Dawson, John P., "Indirect Enrichment", in Ernst von Caemmerer, Soia Mentschikoff, Konrad Zweigert (Hrsg.), *Ius Privatum Gentium, Festschrift für Max Rheinstein zum 70. Geburtstag*, Bd. II. (1969), 789.

Dickson, Brice, "Unjust Enrichment Claims: A Comparative Overview", *Cambridge Law Journal*, Vol. 54(1) (1995), 100.

Dörner, Heinrich, ""Change of Position" and "Wegfall der Bereicherung"", in William Swadling (ed.), *The Limits of Restitutionary Claims: A Comparative Analysis* (1997), 64.

Edelman, James, "The Meaning of 'Unjust' in the English Law of Unjust Enrichment", *European Review of Private Law*, Vol. 14 (2006), 309.

Eidenmüller, Horst *et al.*, "The Common Frame of Reference for European Private Law? – Policy Choices and Codification Problems", *Oxford Journal of Legal Studies*, Vol. 28(4) (2008), 659.

Englard, Izhak, "Restitution of Benefits Conferred without Obligation", von Caemmerer, Ernst/Peter Schlechtriem (eds.), *International Encyclopedia of Comparative Law*, Vol. X. (2007), Chap. 5.

Ernst, Wolfgang, "Die *datio ob rem* als Austauschgeschäft – Ein Beitrag zu einseitig geregelten Geschäftsvorgängen im Verkehrsrecht", *Usus Antiquus Juris Romani* (2005), 29.

Evans-Jones, Robin, "The Claim to recover what was transferred for a lawful purpose outwith contract (condictio causa data causa non secuta)", *Acta Juridica* (1997), 139.

Evans-Jones, Robin/Katrin Kruse, "Failure of consideration", in David Johnston/Reinhard Zimmermann (eds.), *Unjustified Enrichment: Key Issues in Comparative Perspective* (2002), 128.

Feenstra, Robert C., "Grotius' Doctrine of Unjust Enrichment as a Source of Obligation: its Origin and its Influence in Roman-Dutch Law", in: E. J. H. Schrage (ed.) *Unjust Enrichment: The Comparative Legal History of the Law of Restitution* (2nd. Edition, 1999), 197.

Flume, Werner, "Der Wegfall der Bereicherung in der Entwicklung vom römischen zum geltenden Recht", *Festschrift für Hans Niedermeyer zum 70. Geburtstag* (1953) 103 (= Studien, 27).

Friedmann, Daniel, "Restitution from an assignee", *Law Quarterly Review*, Vol. 110 (Oct.) (1994), 521.

Gallo, Paolo, "Unjust Enrichment: A Comparative Analysis", *The American Journal of Comparative Law*, Vol. 40, No. 2 (1992), 431.

Gordley, James, "Restitution without enrichment?: Change of Position and Wegfall der Bereicherung", in David Johnston/Reinhard Zimmermann (eds.), *Unjustified Enrichment: Key Issues in Comparative Perspective* (2002), 227.

Gordley, James, "The Principle Against Unjustified Enrichment", in: Haimo Schack (Hrsg.), *Gedächtnisschrift für Alexander Lüderitz* (2000), 213.

Gordley, James, "The Purpose of Awarding Restitutionary Damages", *Theoretical Inquiries in Law* 39(1) (2001), 40.

Giglio, Francesco, "A Systematic Approach to 'Unjust' and 'Unjustified' Enrichment", *Oxford Journal of Legal Studies*, Vol. 23, No. 3 (2003), 455.

Hallebeek, Jan, "Developments in Mediaeval Roman Law", in Eltjo J. H. Schrage (ed.), *Unjust Enrichment: The Comparative Legal History of the Law of Restitution*, (2nd. Edition 1999), 59.

Hallebeek, Jan, "The Condiction as Enrichment Action in Twelfth and Thirteenth Century Legal Scholarship", 63 *Tijdschrift voor Rechtsgeschiedenis* (1995), 263.

Hedley, Steve, "Implied Contract and Restitution", *Cambridge Law Journal*, Vol. 63(2) (2004), 435.

Hedley, Steve, "Unjust Enrichment", *Cambridge Law Journal*, Vol. 54(3) (1995), 578.

Jansen, Nils, "Die Korrektur grundloser Vermögensverschibung als Restitution?", *SZ* 120 (2003), 106.

Jansen, Nils/Reinhard Zimmermann, ""A European Civil Code in All but Name": Discussing the Nature and Purposes of the Draft Common

Frame of Reference", *Cambridge Law Journal*, Vol. 69(1) (March 2010), 98.

Jones, Gareth, "Some Thoughts on Change of Position", in Andrew Burrows/Lord Rodger of Earlsferry (eds.), *Mapping the Law: Essays in Memory of Peter Birks* (2006), 65.

Jung, Byoung Ho, "Eine Studie über den Gegensatz zwischen vermögensrechtlichem und sachenrechtlichem Denken im römischen Bereicherungsrecht", *Korean Journal of Greco-Roman Studies*, Vol. 34 (2008), 91.

Köndgen, Johannes, "Wandlungen im Bereicherungsrecht", *Dogmatik und Methode: Josef Esser zum 65. Geburtstag* (1975), 55.

König, Detlef, "Ungerechtfertigte Bereicherung", Bundesminister der Justiz (hrsg.), *Gutachten und Vorschläge zur Überarbeitung des Schuldrechts*, Bd. II. (1981), 1515.

Koziol, Helmut, "Außervertragliche Schuldverhältnisse im CFR", in Martin Schmidt-Kessel (Hrsg.), *Der Gemeinsame Referenzrahmen: Entstehung, Inhalte, Anwendung* (2009), 93.

Krebs, Thomas, "In defence of unjust factors", in David Johnston/Reinhard Zimmermann (eds.), *Unjustified Enrichment: Key Issues in Comparative Perspective* (2002), 76.

Krebs, Thomas, "Review Article: A German Contribution to English Enrichment Law", *Restitution Law Review*, Vol. 7 (1999), 271~282.

Krebs, Thomas, "Unrequested Benefits in German Law", in Jason W. Neyers/Mitchell McInnes/Stephen G.A. Pitel (eds.), *Understanding Unjust Enrichment* (2004), 247.

Kull, Andrew, "Mistaken improvements and the restitution calculus", in David Johnston and Reinhard Zimmermann, (eds.), *Unjustified Enrichment: Key Issues in Comparative Perspective* (2002), 369.

Kupisch, Berthold, "Rechtspositivismus im Bereicherungsrehct", *Juristen Zeitung* 52. Jahrgang (1997. 5), 213.

Kupisch, Berthold, "Ungerechtfertigte Bereicherung und Europäisches Zivilgesetzbuch", *Norm und Wirkung: Festschrift für Wolfgang Wiegand* (2005), 469.

Kupisch, Berthold, "Ungerechtfertigte Bereicherung: Usus modernus pandectarum in Deutschland unter Berücksichtigung des preußischen Allgemeinen Landrechts (ALR) und des österreichischen Allgemeinen bürgerlichen Gesetzbuchs (ABGB)", in: E. J. H. Schrage (ed.) *Unjust Enrichment: The Comparative Legal History of the Law of Restitution* (2nd. Edition, 1999), 237.

Lieb, Manfred, "Das Bereicherungsrhecht de lege ferenda", *NJW* (1982), 2034.

Liebs, Detlef, "The History of the Roman Condictio up to Justinian", Neil MacCormick & Peter Birks (eds.), *The Legal mind Essays for Tony Honoré* (1986), 163.

Lorenz, Werner, "Bereicherungsausgleich beim Einbau fremden Materials", in: Ulrich Huber/Erik Jayme (hrsg.), *Festschrift für Rolf Serick zum 70. Geburtstag* (1992), 255.

Lorenz, Werner, "Der Schutz vor aufgedrängter Bereicherung: Eine Vergleichende Betrachtung des deutschen und des englischen Rechts", *Festschrift für Dieter Medicus zum 70. Geburtstag* (1999), 367.

Lorenz, Werner, "Inhalt und Umfang der Herausgabepflicht bei der Leistungs-kondiktion in rechtsvergleichender Sicht", *Ungerechtfertigte Bereicherung: Grundlagen, Tendenzen, Perspektiven: Symposium der Juristischen Fakultät der Universität Heidelberg zum Gedenken an Professor Dr. iur. Detlef König. 15. und 16. April 1983* (1984), 127.

Lorenz, Werner, "Wandlungen des englischen Law of Restitution", *Festschrift für Hans Stoll zum 75. Geburtstag* (2001), 251.

MacQueen, Hector L., "Contract, unjustified enrichment and concurrent liability: A Scots perspective", *Acta Juridica* (1997), 176.

MacQueen, Hector L., "The Common Frame of Reference in Europe", *Tulane European & Civil Law Forum*, Vol. 25 (2010), 177.

Martinek, Michael, "Das Recht der ungerechtfertigten Bereicherung und der Geschäftsführung ohne Auftrag", in *J. von Staudingers Kommerntar zum BGB mit Einführungsgesetz und Nebengesetzen, Eckpfeiler des Zivilrechts, Neubearbeitung 2012/2013*, 967.

Martinek, Michael, "Der Weg des Common Law zur allgemeinen Bereiche-rungsklage. Ein später Sieg des Pomponius?", *Rabels Zeitschrift* 47 (1983), 284.

Matthews, Paul, "Freedom, Unrequested Improvements and Lord Denning", Cambridge Law Journal, Vol. 40(2) (November, 1981), 340.

McKendrick, Ewan, "Cases: Restitution, Misdirected Funds and Change of Position", Modern Law Review, Vol. 55 (1992), 377.

Meier, Sonja, "Mistaken Payments in Three-Party Situations: A German View of English Law", Cambridge Law Journal, Vol. 58(3) (1999. 11), 567.

Nicholas, Barry, "Modern developments in the French law of unjustified enrichment", in Paul W.L. Russell (ed.), Unjustified Enrichment: A comparative study of the law of restitution (2006), 77.

Nicholas, Barry, "Unjustified Enrichment in the Civil Law and Louisiana Law", Tulane Law Review, Vol. 36, No. 4 (1962. 6), 605.

Palmer, George E., "History of Restitution in Anglo-American Law", in von Caemmerer, Ernst/Peter Schlechtriem (eds.), International Encyclopedia of Comparative Law, Vol. X. (2007), Chap. 3.

du Plessis, Jacques, "Towards a Rational Structure of Liability for Unjustified Enrichment: Thoughts from Two Jurisdictions", 122 South African Law Journal (2005), 142.

Rückert, Joachim, "Dogmengeschichtliches und Dogmengeschichte im Umkreis Savignys, bes. in seiner Kondiktionslehre", SZ 104 (1987) (= Savigny-Studien, 131).

Scheltma, M. W., "A European View on Enrichment by Performance", 11 Maastricht Journal of European and Comparative Law 71 (2004), 71.

Schermaier, Martin J., "Current Questions in the German Law of Enrichment", in Schrage (ed.), Unjust Enrichment and the Law of Contract (2001), 155.

Schulte-Nölke, Hans, "Arbeiten an einem europäischen Vertragsrecht - Fakten und populäre Irrtümer", NJW (2009), 2161.

Schlechtriem Peter, "Unjust Enrichment by Interference with Property Rights", von Caemmerer, Ernst/Peter Schlechtriem (eds.), International Encyclopedia of Comparative Law, Vol. X. (2007), Chap. 8.

Schlechtriem, Peter, Christoph Coen and Rainer Hornung, "Restitution and Unjust Enrichment in Europe", European Review of Private Law, Vol. 9, Issue 2&3 (2001), 377.

Schrage, Eltjo, "Restitution in the New Dutch Civil Code", *Restitution Law Review* (1994) Vol. 2, 208.

Schubert, Werner, "Windscheid und das Bereicherungsrecht des 1. Entwurfs des BGB", *SZ* 92 (1975), 186.

Schulze, Reiner "The Academic Draft of the CFR and eh EC Contract Law", Reiner Schulze (Ed.), *Common Frame of Reference and Existing and EC Contract Law* (2008), 3.

Sefton-Green, Ruth, "The DCFR, the *Avant-projet Catala* and French Legal Scholars: A Story of Cat and Mouse?", *Edinburgh Law Review*, Vol.12(3) (2008), 351.

Sheehan, Duncan, "Unjust Factors or Restitution of Transfers Sine Causa", *Oxford University Comparative Law Forum* (2008), 1.

Smit, Lionel, "Property, subsidiarity and unjust enrichment", in David Johnston/Reinhard Zimmermann (eds.), *Unjustified Enrichment: Key Issues in Comparative Perspective* (2002), 588.

Smits, Jan M., "A European Law on Unjustified Enrichment? A Critical View of the Law of Restitution in the Draft Common Frame of Reference", in Antoni Vaquer (ed.), *European Private Law Beyond the Common Frame of Reference: Essays in Honour of Reinhard Zimmermann* (2008), 153~163 (= 19 *Stellenbosch L. Rev.* (2008), 179).

Smits, Jan M., "The Draft-Common Frame of Reference for a European Private Law: Fit for Purpose?", 15 *Maastricht Journal of European and Comparative Law* (2008), 145.

Smits, Jan M., "The Draft-Common Frame of Reference, Methodological Nationalism and the Way Forward", *ERCL* 3/2008, 270.

Smits, Jan/Vanessa Mak, "Unjustified Enrichment", in Luisa Antoniolli/Francesca Fiorentini (eds.), *A Factual Assessment of the Draft Common Frame of Reference*, prepared by the Common Core Evaluating Group (2011), 249.

Sturm, Fritz, "*Suum recipere*", *Festschrift für Rolf Knütel zum 70. Geburtstag* (2009), 1207.

Swadling, William, "Restitution and *Bona Fide* Purchase", in William Swadling (ed.), *The Limits of Restitutionary Claims: A Comparative Analysis*

(1997), 79.

Swadling, William, "Restitution and Unjust Enrichment", *Towards a European Civil Code* (1994), 267.

Swann, Stephen, "The Structure of Liability for Unjustified Enrichment: First Proposals of the Study Group on a European Civil Code", in Reinhard Zimmermann (Hg.), *Grundstrukturen eines Europäischen Bereicherungsrechts: Tagung der privatrechtlichen Sektion der Deutschen Gesellschaft für Rechtsvergleichung in Dresden, September 2003* (2005), 265.

Swann, Stephen, "A Guide to the Principles of European Law on Unjustified Enrichment", *Europäisches Rechtsakademie-Forum (ERA-Forum)*, Vol. 2, Issue 2 (2006), 234.

Verse, Dirk A., "Improvements and Enrichment: A Comparative Analysis", *Restitution Law Review*, Vol. 6 (1998), 85.

Visser, Daniel, "Das Recht der ungerechtfertigten Bereicherung", in Robert Feenstra/Reinhard Zimmermann (hrsg.), *Das römisch-holländische Recht: Fortschritte des Zivilrechts im 17. und 18. Jahrhundert* (1992), 369.

Visser, Daniel, "Responsibility to Return Lost Enrichment", *Acta Juridica* (1992), 175.

Visser, Daniel, "Rethinking Unjustified Enrichment: A Perspective of the Competition between Contractual and Enrichment Remedies", *Acta Juridica* (1992), 203.

Visser, Daniel, "Searches for silver bullets: enrichment in three-party situations", in David Johnston/Reinhard Zimmermann (eds.), *Unjustified Enrichment: Key Issues in Comparative Perspective* (2002), 526.

Visser, Daniel, "Unjustified Enrichment", in Mathias Reimann and Reinhard Zimmermann (eds.), *The Oxford Handbook of Comparative Law* (2006).

Visser, Daniel, "Wohin führt der Weg von Damaskus? Peter Birks: Unjust Enrichment (2003)", *ZEuP* (2005), 118.

Wendehorst, Christiane C., "Die Leistungskondiktion und ihre Binnenstruktur in rechtsvergleichender Perspektive", in Reinhard Zimmermann (Hg.), *Grundstrukturen eines Europäischen Bereicherungsrechts: Tagung der* privatrechtlichen Sektion der Deutschen Gesellschaft für Rechts-vergleichung in Dresden, September 2003 (2005), 47.

Wendehorst, Christiane C., "No Headaches over Unjust Enrichment: Response to Daniel Friedmann", in Kurt Siehr/Reinhard Zimmermann (eds.), The Draft Civil Code for Israel in Comparative Perspective (2008), 113.

Wendehorst, Christiane C., "The Draft Principles of European Unjustified Enrichment Law Prepared by the Study Group on a European Civil Code: A Comment", Europäisches Rechtsakademie-Forum (ERA-Forum), Vol. 2, Issue 2 (2006), 244.

Wendehorst, Christiane C., "Ungerechtfertigte Bereicherung", in Schulze, von Bar und Schulte-Nölke (Hrsg.), Der akademische Entwurf für einen Gemeinsamen Referenzrahmen (2008), 215.

Wilhelm, Jan, "Das Merkmal „auf Kosten" als notwendiges Kriterium der Leistungskondiktion", JuS 1973, Heft 1, 1.

Wollschläger, Christian, "Das stoische Bereicherugnsverbot in der röm. Rechtswissenschaft", in O. Behrends/M. Dießelhorst/W. E. Voß, Röm. Recht in der europäischen Tradition (Symp. Wieacker, 1985), 41.

Zimmermann, Reinhard, "Common Frame of Reference", Handwörterbuch des Europäischen Privatrechts, Bd. 1 (2009), 276.

Zimmermann, Reinhard, "Peter Birks und die Privatrechtswissenschaft in England", JZ 21/2004, 1064.

Zimmermann, Reinhard, "Unjust Enrichment: The Modern Civilian Approach", Oxford Journal of Legal Studies 15 (1995), 403.

Zimmermann, Reinhard/Jacques du Plessis, "Basic Features of the German Law of Unjustified Enrichment", Restitution Law Review, Vol. 2 (1994), 14.

Zülch, Carsten, "Bona fide Purchase, Property and Restitution: Lipkin Gorman v. Karpnale in German Law", in William Swadling (ed), The Limits of Restitutionary Claims: A Comparative Analysis (1997), 106.

부록

[부록 1] DCFR 제7편 부당이득(2009) 조문 대역

Draft Common Frame of Reference	유럽민사법 공통참조기준안
Book VII Unjustified enrichment	제7편 부당이득
Chapter 1: General	제1장: 총칙
VII.-1:101: Basic rule (1) A person who obtains an unjustified enrichment which is attributable to another's disadvantage is obliged to that other to reverse the enrichment. (2) This rule applies only in accordance with the following provisions of this Book.	VII.-1:101: 기본규정 (1) 타인의 손실에 해당하는 부당한 이득을 얻은 자는 그 타인에게 그 이득을 반환할 의무를 진다. (2) 이 규정은 본편의 이하의 조문들과 조화되어서만 적용된다.
Chapter 2: When enrichment unjustified	제2장: 이득이 부당해지는 때
VII.-2:101: Circumstances in which an enrichment is unjustified (1) An enrichment is unjustified unless: (a) the enriched person is entitled as against the disadvantaged person to the enrichment by virtue of a contract or other juridical act, a court order or a rule of law; or (b) the disadvantaged person consented freely and without error to the disadvantage. (2) If the contract or other juridical act, court order or rule of law referred to in paragraph (1)(a) is void or avoided or otherwise rendered ineffective retrospectively, the enriched person is not entitled to the enrichment on that basis.	VII.-2:101: 이득이 부당한 경우들 (1) 다음 각호 단서에 해당하지 않는 한 이득은 부당하다: (a) 수익자가 손실자를 상대로 계약 기타 법률행위, 법원의 명령 또는 법규정으로 인하여 그 이득에 대한 권리가 있는 경우; 또는 (b) 손실자가 임의로 그리고 착오없이 불이익에 동의한 경우 (2) (1)항 (a)와 관련한 계약 기타 법률행위, 법원의 명령 또는 법규정이 무효이거나 취소되거나 기타 방법으로 소급적으로 효력이 없어진 경우, 수익자는 그에 기반한 이득에 대하여 권리가 없다.

(3) However, the enriched person is to be regarded as entitled to an enrichment by virtue of a rule of law only if the policy of that rule is that the enriched person is to retain the value of the enrichment.

(4) An enrichment is also unjustified if:
  (a) the disadvantaged person conferred it:
      (i) for a purpose which is not achieved; or
      (ii) with an expectation which is not realised;
  (b) the enriched person knew of, or could reasonably be expected to know of, the purpose or expectation; and
  (c) the enriched person accepted or could reasonably be assumed to have accepted that the enrichment must be reversed in such circumstances.

VII.-2:102: Performance of obligation to third person
Where the enriched person obtains the enrichment as a result of the disadvantaged person performing an obligation or a supposed obligation owed by the disadvantaged person to a third person, the enrichment is justified if:
  (a) the disadvantaged person performed freely; or
  (b) the enrichment was merely the incidental result of performance of the obligation.

VII.-2:103: Consenting or performing freely
(1) If the disadvantaged person's consent is affected by incapacity, fraud, coercion, threats or unfair exploitation, the disadvantaged person does not consent freely.

(2) If the obligation which is performed is ineffective because of incapacity, fraud, coercion threats or unfair exploitation, the disadvantaged person does not perform freely.

---

(3) 그러나 그 규정의 정책이 수익자가 이득의 가치를 보유하게 하는 경우에만 손실자는 법규정에 기하여 이득에 권리가 있는 것으로 여겨져야 한다.

(4) 다음과 같은 경우에 또한 이득은 부당하다:
  (a) 손실자가 그것을
      (i) 달성되지 않은 목적을 위하여; 또는
      (ii) 실현되지 않은 기대를 가지고 수여한 경우
  (b) 수익자가 그 목적이나 기대를 알았거나 아는 것이 합리적으로 기대될 수 있었을 경우; 그리고
  (c) 이득이 이러한 사정에서 반환되어야 한다는 것에 대하여 수익자가 받아들였거나 받아들였던 것으로 합리적으로 상정될 수 있는 경우.

VII.-2:102: 제3자에 대한 채무의 이행
수익자가 이득을 얻은 것이 손실자가 제3자에게 부담하는 채무 또는 부담하는 것으로 여겨진 채무를 이행한 결과인 경우, 그 이득은 다음의 경우에 정당화된다:

  (a) 손실자가 임의로 이행한 경우; 또는
  (b) 이득이 단지 채무이행의 부수적 결과인 경우.

VII.-2:103: 임의 동의 또는 임의 이행
(1) 손실자의 동의가 무능력, 사기, 강요, 협박 또는 불공정한 착취에 영향을 받은 경우, 손실자는 임의로 동의하지 않은 것이다.

(2) 이행된 채무가 무능력, 사기, 강요, 협박 또는 불공정한 착취로 인하여 무효인 경우, 손실자는 임의로 이행하지 않은 것이다.

Chapter 3:
Enrichment and disadvantage

VII.-3:101: Enrichment

(1) A person is enriched by:
   (a) an increase in assets or a decrease in liabilities;
   (b) receiving a service or having work done; or
   (c) use of another's assets.
(2) In determining whether and to what extent a person obtains an enrichment, no regard is to be had to any disadvantage which that person sustains in exchange for or after the enrichment.

VII.-3:102: Disadvantage

(1) A person is disadvantaged by:
   (a) a decrease in assets or an increase in liabilities;
   (b) rendering a service or doing work; or
   (c) another's use of that person's assets.
(2) In determining whether and to what extent a person sustains a disadvantage, no regard is to be had to any enrichment which that person obtains in exchange for or after the disadvantage.

Chapter 4:
Attribution

VII.-4:101: Instances of attribution

An enrichment is attributable to another's disadvantage in particular where:
   (a) an asset of that other is transferred to the enriched person by that other;
   (b) a service is rendered to or work is done for the enriched person by that other;
   (c) the enriched person uses that other's asset, especially where the enriched person infringes the disadvantaged person's rights or

제3장:
이득과 손실

VII.-3:101: 이득

(1) 다음의 경우에 수익자가 된다:
   (a) 재산의 증가 또는 채무의 감소;
   (b) 용역을 받거나 일이 완성된 경우; 또는
   (c) 타인 재산의 이용.
(2) 어떤 자가 이득을 얻은 것인지 여부 및 그 범위를 결정함에 있어서, 그 자가 이득을 대가로 또는 이득 후에 입은 손실은 고려하지 않는다.

VII.-3:102: 손실

(1) 다음의 경우에 손실자가 된다:
   (a) 재산의 감소 또는 채무의 증가;
   (b) 용역을 제공하거나 일을 한 경우; 또는
   (c) 손실자의 재산을 타인이 이용한 경우.
(2) 어떤 자가 손실을 입은 것인지 여부 및 그 범위를 결정함에 있어서, 그 자가 손실을 대가로 또는 손실 후에 얻은 이득은 고려하지 않는다.

제4장:
손실에의 해당

VII.-4:101: 손실에 해당하는 예

이득은 특히 다음의 경우에 타인의 손실에 해당한다:
   (a) 타인의 재산이 그 타인에 의하여 수익자에게 이전된 경우;
   (b) 그 타인에 의하여 수익자에게 용역이 제공되거나 수익자를 위하여 일이 완성된 경우;
   (c) 수익자가 그 타인의 재산을 이용한 경우, 특히 수익자가 손실자의 권리나

legally protected interests;

(d) an asset of the enriched person is improved by that other; or

(e) the enriched person is discharged from a liability by that other.

VII.-4:102: Intermediaries

Where one party to a juridical act is an authorised intermediary indirectly representing a principal, any enrichment or disadvantage of the principal which results from the juridical act, or from a performance of obligations under it, is to be regarded as an enrichment or disadvantage of the intermediary.

VII.-4:103: Debtor's performance to a non-creditor; onward transfer in good faith

(1) An enrichment is also attributable to another's disadvantage where a debtor confers the enrichment on the enriched person and as a result the disadvantaged person loses a right against the debtor to the same or a like enrichment.

(2) Paragraph (1) applies in particular where a person who is obliged to the disadvantaged person to reverse an unjustified enrichment transfers it to a third person in circumstances in which the debtor has a defence under VII.-6:101 (Disenrichment).

VII.-4:104: Ratification of debtor's performance to a non-creditor

(1) Where a debtor purports to discharge a debt by paying a third person, the creditor may ratify that act.

(2) Ratification extinguishes the creditor's right against the debtor to the extent of the payment with the effect that the third person's enrichment is attributable to the creditor's loss of the claim against the debtor.

법익을 침해한 경우;

(d) 수익자의 재산이 그 타인에 의하여 증가된 경우; 또는

(e) 수익자가 그 타인에 의하여 채무로부터 해소된 경우.

VII.-4:102: 매개인

법률행위의 일방 당사자가 수권받은 매개인으로 본인을 간접대리하는 경우, 그 법률행위로부터 또는 그에 기한 채무의 이행으로부터 발생하는 본인의 이득 또는 불이익은 매개인의 이득 또는 불이익으로 간주된다.

VII.-4:103: 채무자의 비채권자에 대한 이행; 선의의 전전양도

(1) 채무자가 수익자에게 이득을 부여하고 그 결과 손실자가 채무자를 상대로 동일한 또는 유사한 이득에 대한 권리를 상실한 경우에도 이득은 타인의 손실에 해당한다.

(2) (1)항은, 손실자에게 부당이득을 반환할 의무 있는 채무자가 VII.- 6:101(이득소멸)상의 대항사유를 가지는 사정하에 제3자에게 그것을 이전한 경우에 특히 적용된다.

VII.-4:104: 채무자의 비채권자에 대한 이행의 추인

(1) 채무자가 제3자에게 이행함으로써 채무변제를 의도한 경우, 채권자는 그 행위를 추인할 수 있다.

(2) 추인은 이행한 한도에서 채무자에 대한 채권자의 권리를 소멸시키는데, 제3자의 이득이 채권자의 채무자에 대한 청구권 상실에 해당하는 효과를 가진다.

(3) As between the creditor and the third person, ratification does not amount to consent to the loss of the creditor's right against the debtor.

(4) This Article applies correspondingly to performances of non-monetary obligations.

(5) Other rules may exclude the application of this Article if an insolvency or equivalent proceeding has been opened against the debtor before the creditor ratifies.

VII.-4:105: Attribution resulting from an act of an intervener

(1) An enrichment is also attributable to another's disadvantage where a third person uses an asset of the disadvantaged person without authority so that the disadvantaged person is deprived of the asset and it accrues to the enriched person.

(2) Paragraph (1) applies in particular where, as a result of an intervener's interference with or disposition of goods, the disadvantaged person ceases to be owner of the goods and the enriched person becomes owner, whether by juridical act or rule of law.

VII.-4:106: Ratification of intervener's acts

(1) A person entitled to an asset may ratify the act of an intervener who purports to dispose of or otherwise uses that asset in a juridical act with a third person.

(2) The ratified act has the same effect as a juridical act by an authorised intermediary. As between the person ratifying and the intervener, ratification does not amount to consent to the intervener's use of the asset.

---

(3) 채권자와 제3자의 관계에서 추인은 채무자를 상대로 한 채권자의 권리상실에 대한 동의로 되지 않는다.

(4) 본조는 비금전채무의 이행에도 준용된다.

(5) 파산 또는 그에 상응하는 절차가 채권자가 추인하기 전에 채무자를 상대로 개시된 경우, 다른 규정이 본조의 적용을 배제할 수 있다.

VII.-4:105: 개입자의 행위로 인하여 손실에 해당하는 경우

(1) 제3자가 권한 없이 손실자의 재산을 이용하여 손실자가 재산을 박탈당하고 그 재산이 수익자에게 이득으로 된 경우에도 이득은 타인의 손실에 해당한다.

(2) (1)항은 개입자의 물건에 대한 간섭이나 물건의 처분으로 손실자가 물건의 소유자임을 그치고 수익자가 법률행위 또는 법규정에 의하여 소유자가 된 경우에 특히 적용된다.

VII.-4:106: 개입자의 행위의 추인

(1) 재산에 대한 권리자는, 그 재산을 제3자와의 법률행위로 처분 기타 이용을 의도하는 개입자의 행위를 추인할 수 있다.

(2) 추인된 행위는 수권받은 매개인에 의한 법률행위와 동일한 효력을 가진다. 추인한 자와 개입자 간의 관계에서 추인은 개입자의 재산 이용에 대한 동의로 되지 않는다.

VII.-4:107: Where type or value not identical

An enrichment may be attributable to another's disadvantage even though the enrichment and disadvantage are not of the same type or value.

Chapter 5:
Reversal of enrichment

VII.-5:101: Transferable enrichment

(1) Where the enrichment consists of a transferable asset, the enriched person reverses the enrichment by transferring the asset to the disadvantaged person.

(2) Instead of transferring the asset, the enriched person may choose to reverse the enrichment by paying its monetary value to the disadvantaged person if a transfer would cause the enriched person unreasonable effort or expense.

(3) If the enriched person is no longer able to transfer the asset, the enriched person reverses the enrichment by paying its monetary value to the disadvantaged person.

(4) However, to the extent that the enriched person has obtained a substitute in exchange, the substitute is the enrichment to be reversed if:
  (a) the enriched person is in good faith at the time of disposal or loss and the enriched person so chooses; or
  (b) the enriched person is not in good faith at the time of disposal or loss, the disadvantaged person so chooses and the choice is not inequitable.

(5) The enriched person is in good faith if that person neither knew nor could reasonably be expected to know that the enrichment was or

VII.-4:107: 유형이나 가치가 동일하지 않은 경우

이득과 손실이 동일한 유형이나 가치가 아닌 경우에도 이득은 타인에 해당한다.

제5장:
이득의 반환

VII.-5:101: 이전가능한 이득

(1) 이득이 이전가능한 재산인 경우, 수익자는 손실자에게 재산을 이전함으로써 그 이득을 반환한다.

(2) 재산의 이전이 수익자에게 불합리한 노력이나 비용을 초래하는 경우 재산의 이전 대신에 수익자는 손실자에게 그 금전가치를 지급함으로써 이득을 반환하는 것을 선택할 수 있다.

(3) 수익자가 더 이상 재산을 이전할 수 없는 경우, 수익자는 손실자에게 그 금전가치를 지급함으로써 이득을 반환한다.

(4) 그러나 수익자가 대가로 代償을 얻은 한도에서 다음의 경우 그 代償이 반환되어야 할 이득이다:
  (a) 수익자가 처분 또는 상실 당시에 선의이고 수익자가 그렇게 선택한 경우; 또는
  (b) 수익자가 처분 또는 상실 당시에 선의가 아닌 때에는, 손실자가 그렇게 선택하고 그 선택이 형평에 반하지 않는 경우.

(5) 수익자가 선의인 경우란, 그가 그 이득이 부당하였거나 부당해질 것이라는 것을 알지 못하였고 또 아는 것이 합리적으로

was likely to become unjustified.

VII.-5:102: Non-transferable enrichment

(1) Where the enrichment does not consist of a transferable asset, the enriched person reverses the enrichment by paying its monetary value to the disadvantaged person.

(2) The enriched person is not liable to pay more than any saving if the enriched person:

    (a) did not consent to the enrichment; or

    (b) was in good faith.

(3) However, where the enrichment was obtained under an agreement which fixed a price or value for the enrichment, the enriched person is at least liable to pay that sum if the agreement was void or voidable for reasons which were not material to the fixing of the price.

(4) Paragraph (3) does not apply so as to increase liability beyond the monetary value of the enrichment.

VII.-5:103: Monetary value of an enrichment; saving

(1) The monetary value of an enrichment is the sum of money which a provider and a recipient with a real intention of reaching an agreement would lawfully have agreed as its price. Expenditure of a service provider which the agreement would require the recipient to reimburse is to be regarded as part of the price.

(2) A saving is the decrease in assets or increase in liabilities which the enriched person would have sustained if the enrichment had not been obtained.

VII.-5:104: Fruits and use of an enrichment

(1) Reversal of the enrichment extends to the fruits and use of the enrichment or, if less, any saving

---

기대될 수 없는 경우이다.

VII.-5:102: 이전불가능한 이득

(1) 이득이 이전가능한 재산이 아닌 경우, 수익자는 이득의 금전가치를 손실자에게 지급함으로써 이득을 반환한다.

(2) 다음과 같은 경우, 수익자는 비용절감 이상을 지급할 책임이 없다.

    (a) 수익자가 이득에 대하여 동의하지 않았던 경우; 또는

    (b) 수익자가 선의였던 경우.

(3) 그러나 이득이, 이득에 대한 가격 또는 가치를 확정하는 합의하에 얻어진 경우, 그 합의가 가격 확정에 중요하지 않았던 사유로 무효였거나 취소될 수 있었던 때에는 수익자는 적어도 그 액수를 지급할 책임이 있다.

(4) (3)항은 이득의 금전가치를 상회하여 책임을 증가시키기 위하여는 적용되지 않는다.

VII.-5:103: 이득의 금전가치; 비용절감

(1) 이득의 금전가치는 합의에 도달할 실제 의도를 가진 제공자와 수령자가 그 가격으로 적법하게 합의하였을 금액이다. 합의가 수령자에게 변상될 것을 요구하는 노무 제공자의 비용은 가격의 일부로 여겨져야 한다.

(2) 비용절감이란 수익자가 이득을 얻지 못하였다면 입게 되었을 재산감소 또는 채무증가이다.

VII.-5:104: 이득의 果實과 사용

(1) 이득반환은 이득의 果實과 사용이익까지 미치거나, 이보다 적은 경우에는 果實이

resulting from the fruits or use.

(2) However, if the enriched person obtains the fruits or use in bad faith, reversal of the enrichment extends to the fruits and use even if the saving is less than the value of the fruits or use.

Chapter 6:
Defences

VII.-6:101: Disenrichment

(1) The enriched person is not liable to reverse the enrichment to the extent that the enriched person has sustained a disadvantage by disposing of the enrichment or otherwise (disenrichment), unless the enriched person would have been disenriched even if the enrichment had not been obtained.

(2) However, a disenrichment is to be disregarded to the extent that:

  (a) the enriched person has obtained a substitute;

  (b) the enriched person was not in good faith at the time of disenrichment, unless:

    (i) the disadvantaged person would also have been disenriched even if the enrichment had been reversed; or

    (ii) the enriched person was in good faith at the time of enrichment, the disenrichment was sustained before performance of the obligation to reverse the enrichment was due and the disenrichment resulted from the realisation of a risk for which the enriched person is not to be regarded as responsible;

or

  (c) paragraph (3) of VII.-5:102 (Non-transferable enrichment) applies.

나 사용으로부터의 비용절감이 포함된다.

(2) 그러나 수익자가 果實이나 사용이익을 악의로 얻은 경우, 이득반환은, 비용절감이 果實이나 사용이익의 가치보다 적은 경우라 할지라도, 果實과 사용이익이 포함된다.

제6장:
항변

VII.-6:101: 이득소멸

(1) 수익자가 이득의 처분 기타의 방법으로 손실을 입은 한도에서(이득소멸) 수익자는 이득을 반환할 책임이 없는데, 다만 이득과 무관하게 재산감소한 경우에는 그러하지 아니하다.

(2) 그러나 다음의 한도에서 이득소멸은 고려되지 않는다:

  (a) 수익자가 代價을 얻은 경우;

  (b) 수익자가 이득소멸 당시 선의가 아니었던 경우, 다만 다음의 경우에는 그러하지 아니하다.

    (i) 이득이 반환되었더라도 손실자가 이득소멸하였을 경우; 또는

    (ii) 수익자가 이득 당시에는 선의였고, 이득반환의무 이행기 도래 전에 이득소멸을 입었고 또한 이득소멸이 수익자에게 책임 없다고 여겨지는 위험의 실현으로 발생한 경우;

또는

  (c) 제5:102조 (이전불가능한 이득) (3)항이 적용되는 경우.

(3) Where the enriched person has a defence under this Article as against the disadvantaged person as a result of a disposal to a third person, any right of the disadvantaged person against that third person is unaffected.

VII.-6:102: Juridical acts in good faith with third parties

The enriched person is also not liable to reverse the enrichment if:

  (a) in exchange for that enrichment the enriched person confers another enrichment on a third person; and

  (b) the enriched person is still in good faith at that time.

VII.-6:103: Illegality

Where a contract or other juridical act under which an enrichment is obtained is void or avoided because of an infringement of a fundamental principle (II.-7:301 (Contracts infringing fundamental principles)) or mandatory rule of law, the enriched person is not liable to reverse the enrichment to the extent that the reversal would contravene the policy underlying the principle or rule.

Chapter 7:
Relation to other legal rules

VII.-7:101: Other private law rights to recover

(1) The legal consequences of an enrichment which is obtained by virtue of a contract or other juridical act are governed by other rules if those rules grant or exclude a right to reversal of an enrichment, whether on withdrawal, termination, price reduction or otherwise.

---

(3) 수익자가 제3자에 대한 처분의 결과로 손실자를 상대로 본조상 항변을 가지는 경우, 그 제3자를 상대로 한 손실자의 어떠한 권리에도 영향이 없다.

VII.-6:102: 제3자와의 선의의 법률행위

수익자는 또한 다음의 경우에 이득을 반환할 책임이 없다:

  (a) 그 이득을 대가로 수익자가 다른 이득을 제3자에게 부여하고; 그리고

  (b) 수익자가 그 당시 여전히 선의인 경우.

VII.-6:103: 위법성

계약 기타 법률행위에 기하여 이득이 얻어졌는데 그 계약이나 기타 법률행위가 근본원칙 (II.-7:301(근본원칙을 위반하는 계약))이나 강행규정 위반으로 무효이거나 취소된 경우, 수익자는 이득반환이 근본원칙이나 강행규정 기저에 있는 정책에 위배하는 한도에서 이득반환책임이 없다.

제7장:
다른 법규정과의 관계

VII.-7:101: 私法上 다른 반환 권리

(1) 계약 기타 법률행위에 기하여 얻어진 이득의 법적 결과는, 다른 규정이 철회, 해소, 대금감액 또는 기타의 방법으로 이득반환권리를 부여하거나 배제하는 경우, 그 규정에 의하여 규율된다.

(2) This Book does not address the proprietary effect of a right to reversal of an enrichment.

(3) This Book does not affect any other right to recover arising under contractual or other rules of private law.

VII.-7:102: Concurrent obligations

(1) Where the disadvantaged person has both:
  (a) a claim under this Book for reversal of an unjustified enrichment; and
  (b) (i) a claim for reparation for the disadvantage (whether against the enriched person or a third party); or
      (ii) a right to recover under other rules of private law as a result of the unjustified enrichment, the satisfaction of one of the claims reduces the other claim by the same amount.

(2) The same applies where a person uses an asset of the disadvantaged person so that it accrues to another and under this Book:
  (a) the user is liable to the disadvantaged person in respect of the use of the asset; and
  (b) the recipient is liable to the disadvantaged person in respect of the increase in assets.

VII.-7:103: Public law claims

This Book does not determine whether it applies to enrichments which a person or body obtains or confers in the exercise of public law functions.

---

(2) 본편은 이득반환 권리의 물권적 효력을 정하지 않는다.

(3) 본편은 계약 기타 私法규정상 발생하는 다른 반환 권리에 영향을 미치지 않는다.

VII.-7:102: 경합하는 채무

(1) 손실자가
  (a) 본편상 부당이득반환청구권과

  (b) (i) (수익자를 상대로 한 것이든 제3자를 상대로 한 것이든) 배상청구권; 또는

      (ii) 부당이득의 결과 다른 사법규정상 반환청구권을 모두 가지는 경우, 청구권 중 하나의 만족은 다른 청구권을 동일한 양만큼 감축한다.

(2) 어떤 자가 손실자의 재산을 이용하여 그 것이 타인에게 이득으로 되고 본편상:

  (a) 그 이용자가 손실자에 대하여 재산이용에 관하여 책임이 있고; 그리고
  (b) 그 수령자가 손실자에 대하여 재산증가에 관하여 책임이 있는 경우 동일한 것이 적용된다.

VII.-7:103: 공법상 청구권

본편은 자연인 또는 단체가 공법상 기능을 수행함에 있어서 얻거나 부여한 이득에 대한 적용여부를 정하지 않는다.

[부록 2] DCFR-민법 부당이득법 조문 대조 및 용어색인표

DCFR	민법	용어색인
제7편 부당이득	제3편 제4장 부당이득	
1:101: 기본규정	제741조	단일모델 공평설
2:101: 이득이 부당해지는 경우	제742조 제743조 [관련조문] 제141조 제249조 이하 제261조 제745조	법률상 원인 법률상 기초 손실에 대한 임의 동의 악의의 비채변제 착오변제 악의 비용지출 목적급부 목적부도달 기대미실현
2:102: 제3자에 대한 채무이행		계약법의 기본원리 이익전용소권 3각관계 단축급부
2:103: 임의 동의 또는 임의이행	[관련조문] 제104조 제109조 제110조	임의성 배제사유
3:101: 이득	제741조	항목별 이득개념
3:102: 손실	제741조	
4:101: 손실에 해당하는 예	제741조	인과관계 손실해당성
4:102: 간접대리		간접대리 매개인
4:103: 비채권자에 대한 채무의 이행; 선의의 전전양도	제747조 제2항 [관련조문] 제470조 제471조 제472조	
4:104: 채무자의 비채권자에 대한 이행의 추인		

4:105: 개입자의 행위로부터 발생하는 손실해당	[관련조문] 제249조 이하 제261조	
4:106: 개입자의 행위 추인		무권리자의 처분행위 추인
4:107: 유형이나 가치가 동일하지 않은 경우		
5:101: 이전가능한 이득	제749조	원물반환
5:102: 이전불가능한 이득	제747조 제1항	가액반환 노무부당이득 강요된 이득
5:103: 이득의 금전가치; 비용절감		가액산정
5:104: 이득의 果實과 사용	제748조 제2항 [관련조문] 제201조	
6:101: 이득상실	제748조 제1항 제745조 제141조 단서	이득소멸 항변 현존이익반환
6:102: 제3자와 선의로 한 법률행위	제747조 제2항	선의취득법리 연장 선의취득법리 유추
6:103: 위법성	제746조	불법원인급여
7:101: 다른 사법상 반환청구권		자유경합원칙
7:102: 경합하는 채무		이중회복금지
7:103: 공법상 청구권		

용어색인

판례색인

이 상 훈

한동대학교 법학부 졸업
서울대학교 대학원 법학석사
서울대학교 대학원 법학박사
육군사관학교 교수사관(법학전임강사)
한동대학교 법학부 강사(민법, 서양법제사 등)
서울대학교 법학연구소 조교
서울시립대학교 법학전문대학원 강사

주요논문

민법 제702조(소비임치)의 연혁적 고찰, 서울대학교 대학원 법학석사학위논문(2007. 2).
유럽민사법 공통참조기준안(DCFR) 부당이득편 연구, 서울대학교 대학원 법학박사학위
논문(2016. 8).
"계약법의 기본원리에 따른 3각관계 부당이득 사안의 해결: DCFR과의 비교를 중심으
로", 재산법연구, 제34권 제1호(2017. 5).
"부당이득법상 suum recepit 논거 검토: 고전기 로마법상 지시 사안을 중심으로", 법사
학연구, 제55호(2017. 4).
"선의취득 법리를 통한 부당이득법상 전득자 보호: DCFR과의 비교를 중심으로", 민사
법학, 제78호(2017. 2).
"스위스법상의 물권변동", 이화여자대학교 법학논집, 제14권 제1호(2009. 9).
공편역: 최병조 대표편역, 한국민법의 로마법적 배경과 기초 ― 민법 제373조~제407조 ―,
법무부 비교민법총서 3 (2013. 7).

유럽민사법 공통참조기준안(DCFR) 부당이득편 연구

초판 인쇄 ㅣ 2017년 10월 20일
초판 발행 ㅣ 2017년 10월 27일

지 은 이   이상훈

발 행 인   한정희
발 행 처   경인문화사
총괄이사   김환기
편   집   김지선 한명진 박수진 유지혜
마 케 팅   김선규 하재일 유인순
출판번호   406-1973-000003호
주   소   파주시 회동길 445-1 경인빌딩 B동 4층
전   화   031-955-9300 팩   스   031-955-9310
홈페이지   www.kyunginp.co.kr
이 메 일   kyungin@kyunginp.co.kr

ISBN   978-89-499-4297-1 93360
값 25,000원